财经易文
www.ewinbook.com

游击营销调研

（美）罗伯特·卡登 杰拉德·林达
杰伊·康拉德·莱文森 著
蒋青 译

MORE GUERRILLA MARKETING RESEARCH

中国财政经济出版社

图书在版编目（CIP）数据

游击营销调研/（美）卡登（Kaden，R. J.），（美）林达（Linda，G.），（美）莱文森（Levinson，J. C.）著；蒋青译.—北京：中国财政经济出版社，2011.6

书名原文：More guerrilla marketing research

ISBN 978－7－5095－2941－6

Ⅰ.①游… Ⅱ.①卡… ②林… ③莱… ④蒋… Ⅲ.①企业管理—市场营销学—调查研究 Ⅳ.①F274

中国版本图书馆 CIP 数据核字（2011）第 105964 号

著作权合同登记号：图字 01－2010－4924 号

责任编辑：刘占彬　　封面设计：华乐功
版式设计：孙志云　　责任校对：孙志敏

Robert J. Kaden，Gerald Linda，Jay Conrad Levinson
More Guerrilla Marketing Research
ISBN 978－0－7494－5547－7

中国财政经济出版社出版
URL：http：//www. cfeph. cn
E-mail：win@ ewinbook. com
（版权所有　翻印必究）
社址：北京海淀区阜成路甲 28 号　邮政编码：100142
发行电话：010－88190406
三河市祥达印装厂印刷　各地新华书店经销
787×1092 毫米　16 开　23.75 印张　350 千字
2011 年 8 月第 1 版　2011 年 8 月北京第 1 次印刷
定价：55.00 元
ISBN 978－7－5095－2941－6/F·2492
（图书出现印装问题，本社负责调换）

游击营销调研

目　录

作者简介

罗伯特·卡登（Robert J. Kaden）

罗伯特·卡登是《游击营销调研》（*Guerrilla Marketing Research*）一书的作者，也是营销调研公司 The Kaden Company 的总裁。

他一直致力于市场调研，多年来一直供职于多家芝加哥广告代理公司的调研部门，20 世纪 70 年代初，他成为了 Goldring 公司的总裁。Goldring 公司是芝加哥最重要的调研提供商之一，聘用了 40 多名市场调研专家。1982 年，他和他的合作伙伴将 Goldring 公司出售给了英国金融与市场调研集团——MAI 公司。1992 年，他创办了 The Kaden Company，直到今天，为其营销调研客户提供服务。

罗伯特为零售、银行、信用卡、食品、消费品、医疗保健、教育、玩具、技术和直复营销等产业提供服务。他参与了 4000 多次焦点小组调研和调研研究，并率先使用了多种独特的定量与定性市场调研方法。

多年来，他在多家商业网站和专业杂志上发表了无数篇关于市场调研和新产品开发方法的文章。他经常就范围广泛的调研主题为企业和大学发表演讲，并特别关注游击营销调研方法。他在美国的许多城市以及伦敦、巴黎和莫斯科都发表过演讲，在演讲中，他向听众强调了在直复营销产业中态度调研的应用，以及营销调研中创造性问题解决原则的运用。

罗伯特·卡登一直生活在芝加哥地区。他同 Ellie 结婚，是 Hilary 的父亲、Henry 的岳父、Samantha 的祖父。卡登在林肯大学获得副文学学士学位（AA degree），并在哥伦比亚大学获得传播学学士学位。

除了专业活动外，罗伯特还是一名打击乐手，经常和 The South of

Disorder 乐队［翻唱芝加哥老牌歌星吉米·巴菲特（Jimmy Buffett）的歌曲］一起演出。他的高尔夫球技也越来越好。

更多信息请联系：The Kaden Company，6725 N LeRoy Avenue，Lincolnwood，IL 60712，电话：847－933－9400，电子邮箱：thekadencompany@ sbcglobal. net。

杰拉德·林达（Gerald Linda）

1994 年，杰拉德·林达重新创办了营销咨询公司——Gerald Linda & Associates。该公司为各种大型老牌企业以及小型创业企业提供营销战略、规划和调研服务。其第二项服务是帮助广告和公共关系代理公司开展新业务和客户规划。公司的第三个服务领域是临时性地承担高级营销领导者/执行者的角色。

不久之前，他成为了一家调研公司的二号人物和主要负责人，该公司名列 50 大调研公司之中。除了负责公司的事务外，他还管理着两家客户服务集团，为 Miller 醇酒公司、庄臣公司和 BP/Amoco 公司等企业提供营销咨询与调研服务。

1989～1993 年间，杰拉德是 Kurtzman/Slavin/Linda 公司的共同创办人及客户与营销服务主管，这家公司从事包括广告、设计、公共关系、直复营销、促销和调研在内的综合性营销传播业务，这加强了其战略创造性。

1986～1989 年，林达成为了初次创立的 Gerald Linda & Associates 公司的总裁。

1980～1985 年间，杰拉德供职于 Marsteller 及其继任者的公司（当时这家公司是全球第 18 大广告代理公司）。他作为调研主管加入了芝加哥办公室，很快就成为了副总裁，还成为运营委员会及战略评估和创意评估委员会的成员。他被提升为营销规划与调研的地区负责人，其负责管理的范围增加了位于匹兹堡、丹佛和洛杉矶的办公室。

另一次提升使他成为了高级副总裁，直接向位于纽约的公司总裁报告。他的职责包括担任董事会秘书，专门负责新业务的获得以及提供员工技能水平，他开展了一系列专门的项目，包括开发公司的业务规划。

林达先生获得了企业管理学士学位，在波士顿东北大学获得了MBA学位，并在密歇根大学完成了其博士课程的学习，成为博士学位的候选人。他是一位高产的作家，其文章发表在几十种商业与专业杂志上。他在社团会议上进行过上百次的展示和演讲。他还担任《当代调研与广告问题》杂志（*Journal of Current Issues in Research and Advertising*）的编辑审查委员会成员。

杰拉德已经结婚，有两个孩子，生活在芝加哥郊区的Glenview。

更多信息请联系：Gerald Linda & Associates，Suite 3000，2100 Fir Street，Glenview，IL 60025，电话：847 - 729 - 3404，电子邮箱：glinda@gla-mktg. com，网址：www. gla - mktg. com。

杰伊·康拉德·莱文森（Jay Conrad Levinson）

杰伊·康拉德·莱文森是畅销书《游击营销》（*Guerrilla Marketing*）和其他58本商业类图书的作者。他的作品在全球范围内已经销售了2000多万册。他的“游击营销”观念影响十分巨大，已经被翻译成62种语言，并在世界范围内成为MBA课程的必读书。

他生于底特律，长于芝加哥，毕业于科罗拉多大学。他在心理学方面的研究使他进入了广告公司，包括在英国的李奥贝纳公司（Leo Burnett）担任创意总监。回到美国后，他以高级副总裁和创意总监的身份加入了智威汤逊公司（J. Walter Thompson）。杰伊讲授游击营销长达10年，其间发表了大量文章，同时在加州大学伯克利分校授课。

他因出色创意赢得了各种媒体的大奖，成为了令许多著名品牌家喻户晓的创意团队的一员：万宝路牛仔（Marlboro Man）、面团宝宝（Pillsbury Doughboy）、好事达好帮手（Allstate's good hands）、联邦航空“友好的天空”（Friendly Skies）、西尔斯百货的Diehard电池、挑食的猫（Morris the Cat）、汤尼虎（Tony the Tiger）、欢乐绿巨人（Jolly Green Giant）。

除了众多图书、CD和DVD之外，杰伊还进行游击营销的培训，建立了十分受欢迎的网站www. gmarketing. com，并成立了游击营销协会（The Guerrilla Marketing Association）——为小企业提供的营销支持系统。通过在全球范围内的展示，他让“游击营销”成为了营销出版历史上最强大的品牌。

在其核心作品《游击营销》一书中，他向企业所有者提供了花费更小、收获更大并能获得大量利润的方法。能够让你转变成游击营销人员的最佳“游击队员”就是“游击营销之父”——杰伊·康拉德·莱文森。

更多信息请参见 www. guerrillamarketingassociation. com。

前　言

亚里士多德（Aristotle）说我们有5种感觉，尽管在这一点上他说错了，实际上我们的感觉远不止5种，但他确实让我们注意到了生命的奇迹之一——我们的感觉本身。在动物中，感觉决定看它们的生死、成败和喜忧。一家企业的感觉器官就是它进行的调研，是对未知领域的探索。因此，调研是一个永无止境、必须不断进行的过程。

如果要想拥有一次成功的婚姻，那么了解配偶的一些情况就比全面了解婚姻状况更重要。同样，如果你想在商业中取得成功，那么你就应该更多地理解你的客户和潜在客户，而不是全面地了解管理问题。现实情况是，我们都不知道未来会发生什么，而调研是了解如何应对未来的唯一途径。

与写作和绘画一样，调研最困难的部分是知道何时停止。那些实践调研艺术同时接触过伦勃朗（Rembrandt）绘画技巧的人都知道哪些是必要的，他们不会因一些不必要的细节而使其思维和信息变得模糊。在这本杰出的著作中，罗伯特和杰拉德向读者讲述了他们需要知道哪些东西，并邀请他们进行更加深入的学习，但绝对不会让你白白浪费自己的时间或让你无法理解。

作者对本书的内容进行了精心安排，这些内容对于企业的成功至关重要。我并不是要你把其他关于调研的书都扔掉，但只有这本书以内在的品质和深刻的见解真正吸引了我。

我有一种感觉，当你读完这本书的时候，你会认为你的竞争对手被蒙上了眼睛。

杰伊·康拉德·莱文森（Jay Conrad Levinson）

于佛罗里达奥兰多

致　谢

《游击营销调研》（第 2 版）的出版要归功于成千上万购买本书第 1 版的专家们。如果没有他们，本书的第 2 版就不可能出版。

我要感谢本书的合著者杰拉德·林达，感谢他做出的巨大贡献，并容忍我的固执己见。

我要感谢本书的合著者、我的导师和朋友杰伊·康拉德·莱文森（Jay Conrad Levinson），感谢他的鼓励和洞察力。正是由于他将营销调研看成是成功的关键，各地的“游击队员”才得以从中获益。

最后，我要感谢那些为了赢得竞争胜利而夜以继日工作的人们，他们的意见无人能够取代，感谢他们认识到调研是取得成功的关键。

罗伯特·卡登

我第一次遇到罗伯特·卡登是在 20 世纪 80 年代中期，当时他是 Goldring 调研公司的总裁，而我是 Marsteller 广告公司的调研主管。我们拥有一个共同的客户——The Seigel 目录销售公司，我们有时候协作，有时候则相互竞争，以引导这家公司走上正确的调研之路。因此，我可以十分肯定地说，罗伯特·卡登是一位调研大师、一位实干家、一位精力充沛的领导者、永远的朋友和业务伙伴。

当他在 2008 年建议我们共同写作一本书时，我受宠若惊。像很多人一样，我感觉“我的头脑里有一本书”。有机会同一个早已有作品发表的朋友合作是一个很好的开始。

最初，罗伯特的第一个想法是为实践者写一本关于营销调研的高端图书，而我最初的兴趣是营销的未来。考虑到这些想法之间巨大的分歧，你现在能看到这本《游击营销调研》（第2版）真是一个奇迹。

尽管最初的想法不太吻合，但我们希望合作的想法却非常强烈。最终，在共进了很多次早餐、午餐并多次会面以后，我们终于认识到，早已取得成功的《游击营销调研》（第1版）需要更新，并对其内容进行扩展。Kogan Page 出版公司的人同意了我们的想法，我们感到非常高兴。

因此，我要感谢罗伯特，他的《游击营销调研》（第1版）为这本书提供了坚实的基础。我还要感谢杰伊·康拉德·莱文森，他的稳重与丰富的经验使我们的团队实现了一个梦想。

杰拉德·林达

灵魂与精神、活力与智慧使得本书内容丰富、令人满意、宝贵且永恒。这本书是由一位名叫罗伯特·卡登（我记得我从来没有称他为“罗伯特”）的纯粹的“游击队员”和他的写作伙伴、营销专家杰拉德·林达共同完成的。

我还记得，4年前当罗伯特第一次发现游击营销与调研之间的“化学作用”时，他的眼里闪现出光芒。我们的第一本书——《游击营销调研》（第1版）——证明他是正确的。在第1版取得成功的基础之上，我们对第2版的关键主题进行了扩展，将游击营销调研扩展到了新领域，并探讨了调研的未来。

我们永远都应该感谢团队的努力，而在写作本书时，这一团队是由两个人组成的。我很荣幸与他们进行协作。

杰伊·康拉德·莱文森

导　言

游击营销人员都是开拓者，而我们这些人则是跟随者。他们重新书写规则，找到被忽视的利基市场，颠覆保守的思维模式，并找到其他人没有发现的兴盛之路。

许多游击营销人员都是作为创业者起步的，但许多创业者根本就不知道如何从游击营销中获益。著名的大品牌如维真（Virgin）、捷蓝（Jet Blue）甚至沃尔玛（Walmart）都是从“游击队”开始的，甚至在它们成长为庞然大物后，这些企业仍然保持着其“游击队员”的本色。

游击营销人员有一个共同的信念，即成长依赖于比竞争对手更敏捷、更有创造性。它们并不以销售量、利润和员工人数为特征，而是具有一种打破旧习惯的趋势，这一趋势在其发展的各个阶段都十分有效。然而，许多游击营销人员缺乏的是对营销调研的理解，以及如何利用营销调研促进他们的成功。

杰伊·康拉德·莱文森所著的众多图书讲解了游击营销之道——如何像游击营销人员一样思考、如何像游击营销人员一样行动、如何成为游击营销人员。在其里程碑式的著作《游击营销》（*Guerrilla Marketing*）一书中，他讨论了免费市场调研（通常被称为二手资料调研）的价值。

在《游击营销调研》的第1版中，作者没有讨论二手资料调研的概念，而是更彻底地讨论了一手资料调研，即根据一家企业的特殊要求定制的调研，通常由专业调研人员完成。在那本书中，作者明确地说明了为什么一手资料调研是游击营销人员的一种基本的、经济的调研工具，以及如何进行这类调研。它致力于讲解游击营销人员如何独立地应用营销调研——至少在他们确实需要外部帮助时，可以少向调研提供商和顾问支付一些钱。

在本书中，作者将再次向你介绍经过实践检验的、有助于你的企业不断成长的调研技术。同时，本书对如果有效规划调研活动、如何进行研究以及如何利用调研结果进行了扩展讨论，读者将能够从这些讨论中获益。你会逐渐理解为什么顾客的情绪或感觉对于企业的成长比以往任何时候都更加重要。另外，你还会知道未来对这一行业的要求，以及如何使自己成为这种21世纪的营销调研方法最早的受益者之一。

市场调研的定义

市场调研或有关市场的信息可以通过两条一般途径获得。一条途径是顾客态度途径（customer attitude path），即试图确定顾客和潜在顾客的态度与感知。通过理解激励顾客和潜在顾客的因素，营销人员就能开发出提高其成功概率的规划。这经常被称为市场中的“为什么”（*why of the marketplace*）：

- 为什么我的顾客不花更多的钱购买我的产品？
- 为什么我不能更快速地赢得新顾客？
- 为什么我的广告不能更有效？

另一条途径是顾客行为途径（customer behavior path），即试图决定市场的模式。花在感兴趣的产品品类上的钱有多少？市场本身是在扩张还是在收缩？哪种品牌和产品的市场份额最大？人们观看或收听哪些电视或电台节目，阅读哪些杂志？这被称为市场中的“什么”（*what of the marketplace*）。

实际上，大量关于“为什么”和“什么”的信息是免费的，可以通过二手资料来源获得。第9章（介绍二手资料调研）详细讲述了如何利用二手资料来协助你理解市场以及你在市场中所处的位置。

但是，二手资料调研通常很难回答你的企业或品牌所有“为什么”以及“如何”之类的问题，如果你希望你的企业不断成长，理解这一点是很重要的。因此，我们始终坚信，通过清晰地理解进行直接调研的好处，你和你的公司将获得更大的收益。

《游击营销调研》（第 2 版）主要讲述了对各种“为什么”进行直接调研。本书包含了定性研究（如焦点小组）和定量研究（如因特网和电话调查），深入地讲解了如何制定调研规划、如何选择恰当的目标进行访谈，以及如何编写有效的问卷。

本书为你提供了一个确定恰当的被调查者数量的指南，并说明了如何对数据进行组织、分析。最重要的是，本书讨论了如何在你的公司中应用调研中的发现，以便为公司带来更多的利润。

读完本书后，你将明白为什么以正确的方式进行一手资料调研和二手资料调研对于企业的成长非常重要。同时，你也将知道如何以更低的成本完成这些调研。我们希望这些优势足以诱惑你购买本书。

第 1 章

为什么要关注营销调研

以前，一家名为 Service Merchandise 的目录商店曾经进行过一次调查，在调查中，该公司向其顾客提出了一个问题：在目录商店中购买东西是一种极佳的方式、良好的方式、还算可以的方式，还是一种糟糕的方式？大约有 25% 的人声称这是一种极佳的购物方式，剩下 75% 的人认为这只不过是一种良好的、还算可以的或糟糕的购物方式，而在这些人中，差不多有 1/5 的人认为这是一种糟糕的购物方式。

这一结果令人吃惊。Service Merchandise 公司自己的顾客怎么会如此不喜欢这种购物方式呢？

在展示调研结果的过程中，人们向公司管理层提出了一个问题：他们认为顾客在其目录商店中购物有什么好处。他们迷茫的目光表明他们并不肯定。同样，很明显，顾客也并不肯定。

另外两个问题出现了。Service Merchandise 公司是应该继续按照其自己的方式为客户提供服务，还是根据顾客的需求提供服务？Service Merchandise 公司存在的理由是什么？该公司从来没有能够真正回答这些问题。在那次调研之后，公司继续存在了大约 10 年的时间，仍然按以前的方式开展业务。毫无疑问，在那些年中，走进商店的人越来越少。

当顾客真的走进商店时，他们面对的是一种缓慢、麻烦的购物体验，而调研持续显示人们痛恨这种体验。Service Merchandise 公司试图通过经常性的打折和促销来吸引顾客。它把重点放在有利可图的珠宝业务上，基本上将其电子产品业务拱手让给了许多新出现的竞争者。新的公司管理团队来来去去。随着亏损越来越多，公司为了生存，不得不关闭一些亏损的店面。最后，Service Merchandise 公司倒闭了。

Service Merchandise 公司是美国的一个偶像。它是第一家批量商品折扣商店。最初的经营理念十分杰出且鼓舞人心。它使得顾客能够以很大的折扣购买商品，而他们要做的就是在一个品类中选出他们想要的商品，填写一份订货表，然后等待 10 ~ 15 分钟，等着其商品从展示室后面的一个巨大的仓库中分拣出来并放到一条传送带上。他们必须等待叫到自己的号码——如果还有人叫号的话。

当然，有很多时候，顾客在等候很长时间后，却发现他们要购买的商品没货了。最初，这还不算太糟糕，因为城里只有这一家商店，而且顾客由于其耐心而省下了很多钱。当仓储式商店（big boxes）出现时，顾客纷纷转向那些商店以获得更好的购物体验。

再看一看历史悠久、曾一度领先的 Spiegel 目录商店的例子。20 世纪 70 年代末和 80 年代，该公司开展了十分有效的营销管理，进行了大量的市场调研，认真倾听顾客的声音，并进行了有效的广告宣传。在营销调研是制定决策不可或缺的一部分的那些年代，Spiegel 能够享受其最大的成功绝不是偶然的。

Service Merchandise、Spiegel、凯玛特（K-Mart）、奥斯莫比尔（Oldsmobile）以及其他许多公司最终忘掉的一点是：当顾客变得不满意时，你最好重视这个问题。当你所做的或你所销售的对你的顾客来说已经不再是一种重要的利益时，你的日子也就屈指可数了。

1.1 倾听顾客的声音到底意味着什么？

任何事情都无法替代创业带来的鼓舞——知道在未来某一天你的愿景肯定能够成为现实后的那种快乐。的确，当你知道你的产品或服务将使你成为百万富翁时，你一定会非常兴奋。

有很多企业都是从创业者富有创造力的大脑中诞生的：伦纳德·莱文（Leonard Lavin）和 Alberto-Culver 公司（美国一家从事美容护理、家庭用品、医疗保健、头发护理等产品的开发、制造、分销和营销的公司——译者注），哈兰德·桑德斯（Harland Sanders）和肯德基

（KFC），比尔·盖茨（Bill Gates）和微软（Microsoft），罗伯特·诺伊斯（Robert Noyce）、戈登·摩尔（Gordon Moore）和英特尔公司（Intel），沃尔特·迪斯尼（Walt Disney）和米老鼠（Mickey Mouse），乔治·哈拉斯（George Halas）和 Chicago Bears 公司，等等。这些天才倾听顾客的声音了吗？可能没有——至少在开始时没有。

尽管营销调研常常能够促进突破性思想的诞生，但它并不能代替激励（inspiration）。如果能够充分利用，它可能成为连接你的顾客或潜在顾客的纽带，使你更快地到达目的地，并获得更多的盈利。

营销调研的核心是坚信倾听顾客的意见非常重要。真的很简单：如果能够提出正确的问题，顾客就会告诉你怎样做可以使的企业获得更多的盈利，而通过倾听他们的意见，你就能够比闭门造车时更聪明地做事。

还记得可口可乐公司推出新可乐（New Coke）并遭到悲惨的失败吗？关于倾听顾客的声音，时任可口可乐公司首席营销官的瑟吉奥·齐曼（Sergio Zyman）如是说（*Worth Magazine*, January 2005）：

> 我们精心安排了盛大的［新可乐］发布会，媒体报道铺天盖地……我们自鸣得意……直到销售数字反馈回来。几周之内，我们就认识到我们犯了大错。销售遭到重挫，媒体也站到了我们的对立面。新可乐诞生 77 天后，我们制定了公司历史上第二个最艰难的决策。我们停止了新可乐的销售。到底出了什么问题？答案简单得令人吃惊。我们没有充分了解我们的顾客。我们甚至不知道是什么在激励着他们购买可口可乐。我们掉到了陷阱里，幻想着创新——放弃我们现有的产品，开发一种新产品——能够治好我们的病。
>
> 在这次灾难之后，我们开始接触顾客，发现他们在进行购买时并非只是对口味有要求。喝可口可乐使他们能够感受到可口可乐公司的经历、成为可口可乐历史的一部分，并体会这一品牌的连续性与稳定性。我们不应该创新，而是应该进行改善（renovate）。我们不应该生产出一种产品并希望人们去购买它，而是应该询问他们想要什么，并把他们相要的给他们。我们刚刚开始倾听顾客的声音，他们就做出了响应，我们的销售量从每年 9 亿箱增加到了 15 亿箱。

在新可乐的例子中，倾听顾客的声音或许可以阻止一次代价高昂的灾难。然而，众多大大小小的企业通常过于自负或者十分顽固，它们不愿意倾听顾客的声音。特别是对小企业来说，它们很少考虑调研和倾听顾客声音的重要性。即使是考虑了，也很有可能因无法支付高昂的成本而被取消。

一位创业者曾经问道："我哪有钱进行调研？我甚至没有足够的钱购买足够的箱子来包装我的产品。"他不知道，他的新洗发水与几十位竞争对手的产品没有什么区别，少量的调研也许就能说服他去销售其他的产品。

当健身俱乐部在美国大受欢迎的时候，一位潜在的"游击队员"想要开办一家健身俱乐部，专门供高中年龄段的运动员训练时使用。这会为孩子们提供一个安全的地方，让他们玩儿的开心，并增加他们成为运动员的机会。他是这样想的。

他在中西部地区进行了几次焦点小组调查，但父母都反对这种想法。他们说，这会使他们每个月要支付大笔额外的费用，他们以后得开车接送孩子，并有可能浪费很多时间等待孩子完成训练。他们还说，他们很难在早已排满的日程表中再增加一项活动。

调研结果是负面的。

创业者很生气。他争辩道："焦点小组调查没有正确进行。"他还抱怨道："我的想法没有得到充分的解释。"在他的坚持下，人们在加利福尼亚进行了额外的焦点小组调查，在那里，人们对健身、锻炼的兴趣比中西部地区高。

在这些调研中，焦点小组不仅提出了同样的反对意见，而且还提出了一个新的反对意见。当加州的天气非常好的时候，父母们不愿意仅让他们的孩子在室内活动。

通过这两个例子我们了解到，实际上，对营销调研最好的应用之一就是终止一个糟糕的想法。你愿意用尽你的终生积蓄和所有信用卡的额度去为一个成功概率很低的想法投资吗？

一位在困境中挣扎的饭店所有者说："我的顾客年龄越来越大，而且吸引不到年轻人。这让我很担忧。在未来的几年中，许多人都会离我们而去。然后该怎么办?”有人建议他同附近的、最近没有光顾饭店的年轻人举办几次焦点小组。

他的回答是:“他们会告诉我什么?我应该降低价格或改变我的菜单?”

是的,也许他们会这样说。由于他过于顽固,不愿意客观地看待这种情况,因此我们不知道人们到底会怎么说。也许他们会说,饭店的装饰太过时了,或者灯光太暗,让人感到压抑。他们也许会说,他们记得几年前光顾饭店的时候饭菜不太可口。他们也许会提到一些简单的事情,如希望除了精心制作的六道菜正餐之外再提供一些饭菜,因为他们总是在离开饭店的时候感觉吃得不太舒服。

不管他们可能说些什么,饭店的所有者肯定会获得更多的信息,并更清晰地理解问题的症结所在。

倾听顾客的声音始于倾听自己的声音。这意味着要将你的自我意识和顽固放在一边。在下次你准备独自完成调研时,可以问自己下面这些问题:

1. 如果我错了,我会付出多大的代价?
2. 在花光所有钱之前,我能够维持多长时间?
3. 即使当时我有50%的可能性正确,我是否能够按我的方式来发展自己的企业?
4. 那些顾客根本就不关心我的成败,他们的意见能够协助我制定更好的决策吗?
5. 我是否向顾客/潜在顾客提出过这样的问题:我和我的企业需要做些什么,才能使他们更频繁地购买我的产品?
6. 我是否知道我还能为顾客提供什么以使他们付更多的钱——同时也更满意?
7. 我的顾客和潜在顾客知道从我的企业购买有什么好处吗?
8. 我能不能接受这样一个事实:顾客在理解自己的需求方面可能比我更明智,并能协助我发展我的企业?
9. 我知道竞争对手在哪些方面比我做得更好并逐渐抢走我最好的顾客吗?

10. 我准确知道为什么潜在顾客会投奔竞争对手吗？如果知道，我是否应该感到担忧？
11. 我是否认为顾客对我的感觉和情绪会使我失去业务？
12. 如果我的潜在顾客更喜欢竞争对手的产品，从而使我很难赢得他们的青睐，我是否应该感到担忧？
13. 我是否认为自己无力承担市场调研的费用，因而没有理由将其看成一种选择呢？
14. 我是否认为市场调研只是在浪费钱而且不会带来很好的投资回报？

如果你感到这些问题与发展自己的企业不相干，那么营销调研真的不适合你。不必再看本书后面的内容，花些时间做一些比改善自己的企业更有用的事情吧。但是，如果这些问题使你感到不安，使你认识到自己正在失去某些成长的机会，那么你就会解放自己的思想，继续读下去会让你做得更好。

1.2 顾客真的会告诉你真相吗？

这一点对于我们来说从来没有真正的意义，但我们确实遇到过许多企业，它们不使用调研，因为它们认为顾客会对它们撒谎，或者顾客或潜在顾客会过于吹毛求疵。在我们加在一起超过 60 年的市场调研生涯中，我们进行过成千上万次焦点小组讨论和调查，在精心挑选的焦点小组被调查者中，或者在对调查数据进行分析时，我们从来没有遇到过顾客或潜在顾客撒谎或恶意非难的情况。

不，顾客不会撒谎。他们真的不知道如何就你的业务撒谎，因为他们根本不知道你想要听到什么。大多数情况下，他们并不太了解你的业务，因而只会告诉你真相——也就是在你向他们提出一个问题的时候，他们的头脑中所想到的。

一个更大的问题是，你找到的顾客或潜在顾客对你正在调研的问题并没有进行深入思考。因此，在与顾客进行交谈时，真正的挑战是让他们为你提供有足够深度的思想，以使他们的回答对你有意义，使你能够据此采取行动以增加销售量。这从来都不是一个撒谎的问题，而是一个获得真正事实的问题。

看一看下面的家居装饰零售商是如何同其焦点小组交换意见的：

主持人的问题：让你更频繁地光顾我们商店的最重要的因素是什么？

顾客的回答：降低价格。

主持人的问题：除了降低价格外，还有哪些重要因素？

顾客的回答：或许是结账的速度更快一些。我到你的任何一家商店的时候，都能看到很长的队列。

主持人的问题：还有其他因素吗？

顾客的回答：如果员工能够对产品有更多的了解会更好。一般来说，他们回答不了我的问题。我感觉我比你的店员更了解产品。

回顾一下这一系列问题。主持人以完全客观的态度提出最初的问题。如果主持人停在这里而不再寻根究底，则应该采取的行动可能是降低价格。我可以告诉你，对于世界上任何一个营销问题，顾客最初的回答都会是："如果你降价，我就会多买一些。"这永远都是转移注意力的说法。它不是谎言，而是一种下意识的顾客回答——尽管合情合理，但却不能从字面上理解。

作为调研者，透过表面现象挖掘出本质——反复对顾客进行分析以揭示出鼓励他们购买更多产品的深层次因素——永远都是你的任务。想一想有很多层的洋葱。和顾客一样，它们不会撒谎。它们告诉你哪些是首要因素，而你则需要聪明一些，知道哪些应该接受并遵照执行，哪些应该抛弃。

在这个例子中，公司面临的机会是：如果客户知道他能够更快速地进出商店，他就有可能从家居装饰零售商处购买更多东西。如果员工更了解产品，他也可能更频繁地光顾商店。

顾客不会告诉我们想听的或不想听的。他们只是回答我们的问题。

因此，进行深入调查研究的关键是以正确的方式向正确的人提出正确的问题。第 11 章在讨论焦点小组时，我们将详细分析如何有效地找出顾客的激励因素。

毫无疑问，有时候降低价格的确是正确的答案，也许是唯一的答案。在很多失败的营销项目和产品中，人们只是从字面上理解顾客和潜在顾客，并简单地降价进行竞争。但是，提供更大的价值几乎总是优于提供更低的价格。通常，我们的建议是：你不必降低价格，也可以成为一名优秀的营销人员。

在进行调研的过程中，你将逐渐理解那些可以带来巨大差异的因素。有时候，在你尝试了所有其他方法、进行了深入的调查并发现没有什么能够使你具有竞争力的时候，价格就成了你唯一的手段。但是，正如航空产业所证明的，遵循价格策略可能会非常危险。

美国主要的航空公司没有能力在价值方面实现差异化，这将它们推到了悬崖的边缘。没有一家航空公司能够证明多花一点钱乘坐它的航班是值得的。结果，它们继续进行价格竞争，似乎陷入了没有尽头的财务漩涡中而不能自拔。

令人难以置信的是，它们在商品化其业务方面相互协作。有朝一日，它们当中的某家公司可能会想出办法来增加足够的价值以证明提高价格是合理的。

1.3 顾客说的和做的不一样怎么办？

顾客说的和做的可能有很大差别，这种论点确实存在而且是合理的。一项调研可能说明，如果你能提供额外的品种，顾客就会更多地购买你的产品。但是，这样做了之后，你却发现他们被众多选择搞得眼花缭乱，径直从你的产品展示台前走了过去。

焦点小组可以提供有力的证据，证明降低价格是通向顾客忠诚的唯一途径，但当你遵循这一意见之后，你最好的顾客也投向了竞争对手，因为他们认为：降价说明你的产品或服务质量更低。

作为调研人员，我们在这一点上越来越聪明。我们认识到，态度并不是全部，只有我们倾听了顾客所说的，然后将他们所说的与他们的行为结合起来，才能看到完整的图景。回想一下，在导言中我们曾经谈到调查“什么/行为”路径（what/behavior path）以及“为什么/态度”路径的重要性（why/attitude path）。

在过去的几年中，公司能够获得的顾客行为信息急剧增加。大规模的数据库使得营销人员能够获得信用卡支出模式的数据，以及顾客购买习惯和按邮政编码划分的人口数据。通过网络或者目录销售其产品的营销人员可以获得进行调查或焦点小组讨论时无法获得的顾客购买数据——在进行态度调查的时候应该考虑的信息。

强调将态度数据和实际行为信息结合起来的重要性是非常谨慎和明智的。当有可能将顾客所说的与他们实际所做的相匹配时，企业通常就可以获得更深刻的见解。

本书将顾客态度信息的收集与顾客实际行为数据结合起来，指出了游击营销人员在收集顾客信息时应该遵循的要点，以及如何有效地应用这些信息使其企业获得成长。

1.4　我真会了解一些以前不知道的事情吗？

在无数次的调研展示中，我们都曾经听到客户这样说：“你并没有告诉我什么新东西。”我们发现，这是一种防御性的、弄巧成拙的态度。它给了某些没有自信或不能坚持自己信念的人一记耳光。如果某件事情你早就知道，为什么不采取措施？

如果调研告诉你一些你认为自己早就知道的事情，但还没有采取行动——太好了！那就采取行动吧。如果它证实你正在做的事情是正确的——非常好，继续做下去，并学会如何做得更好。原因如下：

有时候，调研会证明你关于顾客、市场、竞争对手或你的产品所具有的优势与劣势的推测是正确的。如果的确如此，那么你浪费了自己的金钱吗？绝对没有！将一种推测变成一个事实是一种非常有用的结果。它使得你能够充满信心地前进。而且你还有可能发现数据中的细微差别，从而使企业成长更加顺利。要点很简单。顾客和潜在顾客是你成功与否的最终评判者。如果认真倾听他们的声音，你会听到许多有助于企业成长的建议。尽管你始终都可以决定不采用他们的建议，但不倾听他们的话是一个更严重的错误。

你需要知道什么？

所有的企业都会因为从市场中获得尽可能多的信息而获益，只要它们的时间和资源允许。相关问题的列表可以无限长，并且根据产业和营销状况或问题的不同而不同。为了使你不至离题，下面是一些相关的问题，这些问题有助于你确定从哪里着手进行营销调研：

- 你的销售历史如何？你的关键竞争对手和产品类别的销售历史如何？如果市场的趋势不断上升而你的企业不断下降，那么这让你想到了什么？如果你领先于趋势，那么你如何才能做得更好？
- 产品类别中的销售是不是按库存单位（stock-keeping unit，SKU）、地区、细分市场、季节区分？如果是这样，这说明你应该如何更有效地分配你的营销预算？有没有必须考虑的社会、宏观经济或政府等影响因素？如果是这样，把握变革的浪潮对你的企业有什么好处？
- 近年来你的营销和广告预算发生了什么变化？与竞争对手相比如何？知道你的营销预算比竞争对手多或少是否有助于你更有效地使用你的资金？
- 你知道顾客和潜在顾客对你和你的关键竞争对手的看法吗？这是否能够指导你采取可以产生最大影响的营销措施？
- 从顾客的角度看，与竞争对手相比，你的企业品牌、产品或服务具有哪些特别的利益和特点？如果知道人们的看法，是否有助于你制定更有效的营销计划？
- 你考虑了顾客和潜在顾客对你的感受吗？例如，如果知道顾客认为你的企业是一家敏感的、考虑周到的企业而不是冷漠的、不顾及别人的企业，是否能够使你获得更多的利润？

所有这些问题都值得关注，并在企业发展过程的某一时点上得到答案。如果你想永远经营下去，那么认识到下面这一点很重要：缺乏数据并不意味着不需要答案。

我们会说，如果来不及或没有资金进行具体的调研，那么认真的思考、明智的推断、基于经验的直觉再加上免费的二手资料调研就足够了。但是，我们发现，过于依赖直觉通常是偷懒的表现。

营销调研的范畴如图 1.1 所示。它包含了你需要了解的产品/服务的优势与劣势以及人们对你的品牌的认知，包括其特性，涵盖了你需要了解的关于竞争对手及其品牌的所有问题，还包括所有与顾客对各品牌和这一产品类别的需求、需要、感知、信念和体验。有意思的是，我们可以从三者的交汇处找到营销战略。

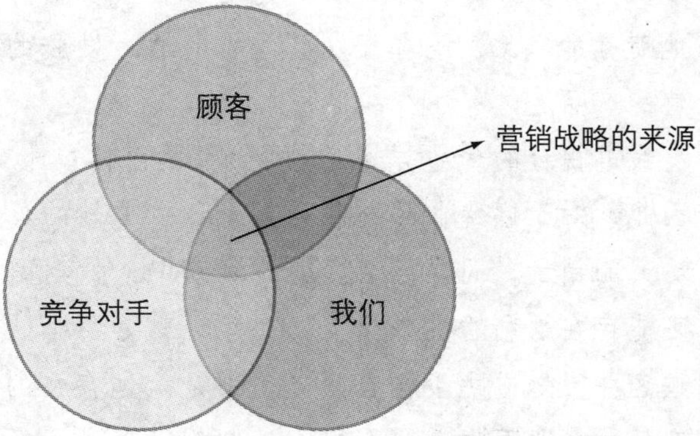

图 1.1　营销调研的范畴

1.5　洞察力

我们将在本书的第 1 章讨论这一问题，并在未来的章节中反复强调这一点。经过适当分析的调研应该能够为你提供一些关于市场的见解，使你的企业获得成长。说得更明白一些，对于我们来说，洞察就是我们大叫“啊哈”的时刻，是调研为我们提供一个绝佳机会的时刻。

下面是一些来自调研结果的有见地的观点：

- 牙膏市场多年来一直都很稳定，因此任何新增加的销售量都是从竞争对手那里抢来的。如果你正在对牙膏进行营销，这可能意味着你应该与较小的品牌进行竞争，而不是试图与佳洁士（Crest）或高露洁（Colgate）争夺市场，因为为了保持市场份额，这些公司的花费会超过任何竞争对手。
- 美国汽油价格的快速上升已经改变了公众对使用汽车的认识。因此，许多企业（如干洗店）可以通过提供取货、送货服务而获得成长的机会。
- 使用发胶的女士年龄都较大，而且使月者越来越少。因此，如果你今天处于发胶行业中，可能意味着你需要说服更年轻的女士，使用发胶是一种保持发型的时髦方法。如果这似乎是一项难以完成的任务，那么就可能需要开发新的护发类产品，或其他喷雾类产品，或者开发其他能够通过发胶的销售渠道进行销售的产品。
- 有线电视台的食品类节目使得食品的总体口味变得越来越美妙。因此，对于罐装食品的从业者来说，美妙的口味在今天会带来更大的销量。同样，在较小的城镇中，少数民族风味的饭馆也可能存在赢利的机会。
- 顾客并不知道跳蚤在自然环境中是永远存在的。生产杀灭跳蚤产品的企业面临着一个机会，它们可以告诉顾客，消灭跳蚤需要在一年中持续努力，而不是仅在温暖的季节进行。
- 农民们并不知道新型菊酯杀虫剂与传统化学杀虫剂的机理是不一样的。他们一直没有正确使用这种杀虫剂，因而没有获得良好的结果。除虫菊酯的生产商必须要对整整一代农民进行再教育。

1.6 调研对所有类型的企业都适用吗？

只要你有顾客、潜在顾客和竞争对手，调研就会发挥作用。调研有助于你得到顾客更多的关注、时间、精力和金钱。如果你想更快速地将潜在顾客转变成真正的顾客，那就可以利用调研来做到这一点。

调研在任何地点、任何企业以及对于顾客可以提供意见的任何产品或服务都能够发挥作用。即使你向自己的员工征求意见（这是一种花费极少的工具，但游击营销人员在寻找企业成长的方式时常常忽视这一工具），调研也可以发挥作用。

调研有助于任何企业确定其获取更多利润的潜力，不管这家企业是向其他制造商销售密封垫圈，还是向儿童销售谷物食品。为了更清楚地说明这一点，看一看我们的部分客户列表：

- 向电话公司销售交换机的生产商。
- 销售墓地的公司。
- 通过网络销售壁纸的公司。
- 销售办公家具的目录销售公司。
- 向体重超过 250 磅的女士销售连裤袜的公司。
- 试图说服吸烟者戒烟的公司。
- 试图说服吸烟者改变品牌的烟草公司。
- 试图说服会员购买 DVD 的邮购音乐俱乐部。
- 试图说服网站开发人员使用其软件的技术公司。
- 一家致力于创造新口味爆米花的快餐公司。
- 一家希望人们参观和捐赠的博物馆。
- 一家需要获得更多捐赠的慈善机构。
- 一家百科全书出版社，其图书每年更新一次。
- 一家销售其限量版印刷品的艺术出版社。
- 一家试图要其保单持有人参与其健康计划的医疗保险公司。
- 一家向《财富》500 强公司的 CEO 销售服务的咨询公司。
- 一家向设计人员和艺术指导销售使用权的数字照片公司。
- 一家试图改善其名声的赌博公司。
- 一家向建筑物所有者销售清洁用品的公司。
- 一家向工业企业销售切割工具的公司。
- 一家清洁高楼外表面的公司。
- 一家向赌场销售老虎机的公司。

- 一家向消费者销售洗车用品的公司。
- 一家销售 GPS 用数字地图的公司。

调研对于一些常见的公司也有效，如百货商店、有线电视、超级市场、啤酒公司、快餐店、汽车厂、手机厂、化工原料公司、制药厂、保险公司、财务规划公司、银行、食品企业、医院、电视台、家具店等。

2008 年夏初，Greenfield 在线/Ciao 调研公司估计，美国市场调研的规模为 82.95 亿美元（人口为 320144000），并以每年 2.1% 的速度增长。相比之下，欧洲的市场规模为 104.51 亿美元（人口为 804232000），每年的增长率为 2.4%；亚洲的市场规模为 32.70 亿美元（人口为 3861320000），每年的增长率为 7.4%。

现在你明白了吧：每个人都可以从营销调研中获益。由于它向许多使用者提供价值，因此营销调研产业的规模十分巨大。再强调一遍，游击营销人员也不例外。

1.7 进一步挖掘

确定你的目标受众

富有经验的营销人员会花很多时间来定义其目标受众。他们认为，有两种实现战略的方法：一种是使用更加锐利的钉子；另一种是使用更大的榔头。很少有公司能够比竞争对手花更多的钱，从而使用更大的榔头，因此大多数公司倾向于使用更尖利的钉子。这意味着它们会采取一种更加明确的战略。

下面这个列表是大公司和大型广告代理商在寻求制定明确的战略时列出的顾客和潜在顾客信息的类型：

- 态度、信念。
- 感知。
- 生活方式、心理统计特征。
- 人格特征。
- 购买频率。

- 购买量。
- 使用率。
- 使用的场合。
- 品牌忠诚度（在总购买量中你的产品所占份额）。
- 以前对品牌的体验：当前用户（使用量大、使用量中等、使用量小），以前的用户，竞争对手产品的用户（哪一个）。
- 以前对品类的体验：正在使用此类产品，以前使用过此类产品，从来没有使用过这一品类中的产品，等等。
- 价格敏感性，价格水平。
- 购买的渠道。
- 人口统计资料：年龄、性别、个人收入、受教育程度、拥有住房、职位、地理区域。
- 企业统计资料：名称、关键决策者的职责和概况、公司规模、产业分类代码、行业、销售量、公司经营时间，等等。

关于调研的常见谎言

最后，作为第1章的结束，我们同你分享一下 J. Arnold & Associates 公司（总部设在多伦多）的乔恩·阿诺德（Jon Arnold）总结的关于调研的谎言：

- 营销调研很复杂——全是胡扯。不理解的东西不能信。
- 调研需要很高的技术——我们的管理层永远也搞不懂。
- 不要去关注任何投资回报率——不要与任何价值指标或实际的结果（如增加销售量、降低成本或提高利润率等能够推动企业成长的因素）挂钩。
- 我们的产业很复杂——调研人员不理解我们的业务，因而不可能帮助我们。
- 花费时间太长——对于我们快速变化的业务无法带来帮助。
- 在我们的产业中没人进行调研，而我们做得也很好。没有看到问题的关键。

- 调研只是证明你已经知道的事情——我们知道顾客想要什么。
- 只对销售/营销重要——不是一种管理工具。
- 我们尝试在内部进行调研——帮助并不大，而且没有人阅读调研报告。
- 我们曾经聘请过调研公司——没有能够解决问题，因而以后不再这样做。

阿诺德说：“上面这些说法不应该让你远离营销调研，特别是如果你能够理解它在你的业务中的全面应用的话。”我们非常同意，并相信本书其余部分的内容能够赶走这些谎言。

第 2 章

设立调研目的和目标

不要等闲视之。建立清晰、简明的调研目的和目标对于任何调研项目的成功都是至关重要的，而做到这一点也并不像看起来那样容易。实际上，你在制定调研目标上花的时间越多，利用调研结果获得更多利润的可能性就越大。

开始的时候总要问自己这样一个问题："我想要得到答案的最重要的问题是什么？次重要的问题是什么？第三重要的问题呢？"这些问题的答案如果是由顾客/潜在顾客提供的，那么它们应该影响你需要制定的一个营销决策，否则它们就是错误的问题。

如果没有明确提出应该对什么进行调研这一问题（应该澄清一下，此处我们不是在谈论调查表的措辞），那就不可能确定你得到的答案是否有意义，你得到的答案很可能导致一些你不愿意采取或没有能力采取的行动，或者是一些无关的信息。

考虑一家通过电话或互联网销售壁纸的公司，并看一看下面的对话：

公司营销主管：我的目录一定出了什么问题，因为有很多人看过目录但并没有购买。

调 研 人 员：哪些人？

公司营销主管：许多人从公司申请了目录，但当把目录寄给他们的时候，他们却没有购买。

调 研 人 员：是哪些因素令你认为这与你的目录有关？

公司营销主管：嗯，他们申请了一份，对不对？如果没有兴趣购买，他们为什么要申请呢？

调 研 人 员：也许他们只是货比三家，并有可能在未来购买。也许他们喜欢这本目录。他们没有购买也许另有原因，与目录无关。

公司营销主管：你的建议是什么？

调 研 人 员：我建议你研究一下人们为什么购买、为什么不购买，以及目录在人们购买过程中的作用。

如果营销主管最初的陈述（“我的目录一定出了什么问题，因为有很多人看过目录但并没有购买”）被信以为真，那么调研的范围将十分狭窄。另外，调研的结果可能建议对目录进行许多成本高昂的修改，如果遵从这些建议，目录可能会更精致，但对根据目录进行购买的人数仍然没有什么影响。

通过研究更大的问题（“目录在人们购买过程中的作用”），企业就会有更大的机会搞清楚如何将目录申请者转变成购买者，以及目录的改变在这一转变过程中所起作用的大小。

下面这个例子来自一家礼品销售公司的总裁：

总　　裁：我想通过调研说服我最大的客户（一家大型零售商）更多地销售我们公司的圣诞礼物。

调研人员：如果调研显示人们不喜欢你的产品该怎么办？

总　　裁：嗯，我知道，我们的产品线比竞争对手的产品线卖得更好。一定有人喜欢我们的产品。

调研人员：你的产品线中哪种产品的销售情况更好一些？

总　　裁：装在设计师包装盒（designer box）里的产品销售很好。

调研人员：也许这与包装盒的设计关系更大一些，而与产品本身则关系不大。也许我们应该对你的包装设计和竞争对手的包装设计进行一下测试。也许是你的产品、包装的吸引力和价格结合起来才使你获得了良好的销售量。也许我们应该对这些情况都进行一番调查。

总　　裁：我知道大多数人都希望产品的包装盒很结实，这样他们就可以直接放到圣诞树下，而不必再进行包装。但是，里面的产品与销售量无关吗?

调研人员：我想我们有三条途径：第一，我们应该确定为什么人们购买装在盒子里的礼物。第二，应该对包装盒上传递出价值的最鲜明的图形设计进行测试。第三，我们应该确定哪些产品装在最结实的包装盒里销售情况最好。

总　　裁：好的。那样的话我就能够让他们相信我们的包装盒设计更好一些，并应该得到更多的展示空间，而且放到包装盒里的产品是与包装盒本身最相配的。

调研很容易为这些问题提供答案，而困难的是在开始时确定这些问题是否值得回答。在为调研生成问题时，听取他人的意见通常是一种谨慎的做法。遵循下面的指导：

1. 写下 10 个你需要制定的营销决策。
2. 写出所有要进行调研的问题。
3. 利用不同的措辞重新写出同样的问题。如果改写后的问题使你产生了不同的观点，则建立一个新的问题列表。
4. 对一位同事读出每一个问题，每次读一个。向同事提出下面这个问题："如果你得到了这个问题的答案，你会学到什么?"
5. 如果你发现同事的回答并没有让你对希望搞清楚的问题有进一步的理解，那么你的问题就不明确。重新编写这个问题。
6. 让你的同事向另一位同事提出你的问题。如果有必要的话，重新写出这个问题。

这一简单的过程会使你的调研主题重点更加突出，并清楚地表明你想要了解什么。结果，你的调研会更加有效，并以行动为导向。

2.1　赚更多钱的最大机会在哪里?

赚更多钱的方式有很多种，包括：

- 吸引新的顾客。
- 令现有的顾客在每次购买时花更多的钱。

- 令顾客购买的频率更高。
- 改善产品线。
- 增加产品线。
- 令顾客以一种新的方式来使用产品。
- 提高价格。
- 通过谈判降低供应商的价格，但保持当前的销售价格不变。
- 降低日常管理费用。
- 激励员工提高销售量。
- 扩大你销售的产品的市场（只推荐给产业领导者，否则你将要做的一切都会对竞争对手有利）。
- 增加或改变产品的销售渠道，或者降低你的分销成本，或者使顾客更容易买到你的产品。

在思考你的营销问题时，要考虑按照调研的结果来执行。如果你了解到应该增加新的产品以使你的业务得以发展，那么这对你来说可行吗？如果你需要花钱来扩大整体市场，你会进行这一投资吗？

再强调一次，你应该不断地问自己：“一旦我得到了问题的答案，按照调研结果来实施对我来说现实吗？”

在这一过程中，我们经常从客户那里得到的一个答案是：“在看到调研结果之前，我不知道我应该做什么。”尽管这似乎是一个合理的回应，但却有可能产生一些你感兴趣却永远也不会据以采取行动的调研结果。对我们来说这是一个很大的罪过：如果你没有打算根据调研的结果采取行动，那为什么要浪费时间、精力和金钱呢？

因此，得到了你感兴趣的问题的答案，却完全不会采取行动，这是不可取的！但是，如果付出了努力，并且根据调研结果采取了行动，那么这一切就是值得的。重申一遍，在提出问题之前，你应该考虑一下得到的信息会对需要制定的决策产生何种影响。

再看一看那家壁纸公司的调研。假定调研结果表明，人们在得到目录后并没有购买的真正原因是：在没有亲眼看到货品之前，他们不敢仅根据目录或网上的图片和介绍来购买壁纸。也许他们想要实际看一看颜色、看一看是否与某一房间装饰风格相协调、感觉一下它的纹理等。如果事实证明这是主要的障碍，那么公司应该采取什么行动呢？

也许公司应该开设零售店，以便让顾客在购买之前看到其产品——这个解决方案不大可能被采用。如果顾客在看到壁纸后不喜欢，也许你应该允许自由退货——一个合理但有可能减少利润的解决方案。也许他们应该多花费一些精力，把自己的政策告诉潜在顾客：如果顾客要求，他们会在购买之前邮寄免费的壁纸样品——这是一个简便易行且可能很划算的解决方案。也许公司没有钱采取任何划算的措施来解决这一问题。

尽管没有对这一困境提出明确的解决方案，但这一调研强调了为什么许多调研不是以行动为导向的。对于卡夫（Kraft）和宝洁（Procter & Gamble）公司来说，这可能不是一个问题。这类调研的成本在它们的利润中只占很小的一部分。

但是，对于小公司来说，为了支付调研的成本，可能要“拆东墙补西墙”。因此，更重要的是，调研新手要能够在进行调研之前想出解决方案或可能需要采取行动的领域。预期到可能采取的行动将更有可能使你的调研带来有利可图的结果。

2.2　理解顾客和潜在顾客的需求

顾客和潜在顾客购买产品是因为他们需要这些产品，如用于上下班的经济型轿车，或是只显示时间的简单的手表。他们购买产品因为他们想得到这些产品，如宝马汽车或劳力士手表，因为这是他们获得成功的坚实证明。他们购买产品是因为他们希望得到这些产品，因为（比如说）保时捷代表了完美的汽车。他们购买产品（比如说 PT Cruiser，克莱斯勒汽车公司推出的一款吉普车——译者注）是因为他们渴望这些产品，因为它将他们带回到童年时代。更重要的是，他们购买产品是因为他们对这些产品有一种情结，如忠诚的苹果用户强烈地认同这一品牌，而这种情结甚至难以表达。

需要、想要、希望、渴望和情结——不管一家企业是向顾客销售，还是向其他企业销售，这些都是人们购买产品必不可少的原因。不管对于理解理性的还高度情绪化的联系，这些都是至关重要的，而这些联系是保持现有顾客和吸引新顾客的关键。

考虑下面的情况：一名顾客要选择一家新的干洗店，因为他希望得到当日取件的服务，而原来的干洗店无法提供。这种情况超出了仅仅把衣服洗干净的需求。

再看一看餐馆的老主顾，他希望每次走进这家离家最近的餐馆时，都看到带着孩子就餐的家庭被安排在一个餐厅中（因为孩子都会哭闹），而安静的成年人被安排在另一个餐厅中。实际上，一位餐馆老板这样做了，结果去年到他的餐馆就餐的人数增加了20%多。

很少有顾客真的需要、想要或希望每天在咖啡上花费几美元，但他们肯定渴望每天到星巴克喝上一杯咖啡。

对于奢侈品如香水、酒、汽车以及对航空公司或酒店的选择，理解人们在购买时的希望、渴望和情结而不是需求和需要（这些需求和需要在很大程度上已经得到满足）是很重要的。即使是谷物食品、快餐或计算机，也可能有许多需求和需要没有得到满足，但希望、渴望和情结仍然在顾客的选择中起着关键的作用。

不管怎样，我们生活在一个竞争越来越激烈的全球化经济中。对于大多数产品和服务来说，我们拥有的选择已经远远超越了仅仅满足基本需求的范畴。几年前可能还是可望不可即的需求和需要，在今天为了具有竞争力已经成了产品的基本功能。

过去令你与众不同的东西现在已经成了参与这场游戏而必备的筹码。这一问题很清楚。竞争迫使各种产品提供类似的利益［这是一种"入门费"（cost of entry）］，因而进一步挖掘就显得非常重要。探索、开发新的或额外的利益、特色能够使你与众不同，让顾客保持忠诚，并让潜在顾客对你另眼相看。

在《华尔街日报》（*The Wall Street Journal*, New York, January 2005, Classroom edition）上刊登的一篇名为《我们如何帮助你》（*How can we help you? the costly challenge of discovering consumers' unmet needs-and meeting them*）的文章中，鲍尔（D. Ball）、艾利森（S. Ellison）和阿达米（J. Adamy）说："公司正在更加深入地研究顾客的家庭……以揭示出

‘未满足的需求’，并设计出新的产品来满足这些需求……”

通过发现顾客在洗车时的一个未满足的需求，宝洁公司赚了一大笔钱。顾客们告诉宝洁，他们花在洗车上的时间其实有一半是用在让车干燥从而不产生水斑上。宝洁公司为这些顾客开发了 Mr. Clean AutoDry Carwash，是由一块海绵，加上一个喷嘴、一个皂液筒和一根橡胶软管组成的。喷嘴处的一个过滤器将水中的矿物质过滤掉，以防形成水斑。

这种 AutoDry 产品在第一年的销售额超过了 1 亿美元。

优秀的调研能够发现一些不易被发现的东西。尽管它能够告诉你是否满足了顾客的基本需求，但通常这是不够的。优秀的调研应该透过一些表面上的东西，努力揭示出可利用的价值。它应该确定哪些需求未得到满足，如果能够满足这些需求，企业就能够激励顾客和潜在顾客选择自己而不是众多竞争对手之一。

2.3　将调研问题转变为调研目的和目标

为了揭示出未得到满足的需求和渴望——不管是情绪性化的还是理性的——你需要提出正确的问题。一般来说，调研的新手通常都拥有许多想要得到答案的问题，但调研通常无法以低成本同时回答所有问题。因此，将你认为重要的问题明确、简洁地转化为调研目标十分必要。

一家在零售店销售复活节礼品的客户说：

> 我想我能够以更高的价格销售我的礼品，但我需要证明人们愿意花更多的钱。我的问题是：“我能做一次调研来证明价格更高的产品是否有销路吗?”

给定这个问题后，我们就着手定义准确的调研目标。我们制定的总体目标如下：

> 为了为即将到来的复活节做好准备，Acme 公司正在为其复活节礼品产品线开发新的创意。新礼品的包装与以前的产品有很大不同。这一产品线以每件礼品 5 美元的价格进行销售。另外，Acme 公司还有一种概念化的主题礼品，价格较高，每件 10 美元，它希

望确定这种礼品与价格较低的产品相比销售量如何。

现在我们可以找出下面列出的具体调研目标：

- 与以前的产品线和竞争对手的复活节产品线相比，Acme 公司希望其 5 美元和 10 美元的复活节礼品的销量和市场份额是多少？
- 哪一个价格点产生最高的利润？与竞争对手相同价格的礼品相比，Acme 公司 5 美元和 10 美元礼品的价格敏感性如何？
- 从下列角度看，与竞争对手的礼品相比，人们对 Acme 公司价格为 5 美元和 10 美元礼品的感知如何？
  - 物有所值的礼品。
  - 礼品很好玩儿/质量很好。
  - 有良好娱乐价值的礼品。
  - 色彩丰富、让人很愿意观赏的礼品。
- Acme 公司礼品线独特的包装风格与以前的礼品包装相比如何？与用篮子或锡盒包装相比，新的包装风格是否具有相同的作为礼品赠送的潜力？

对这些目标达成一致后，用最少的问题来实现这些目标就变得很容易了。

重申一遍，对一个一般性问题或多个问题进行深入挖掘以获得明确目标的艺术需要我们付出一些努力。如果想要透过现象挖掘出本质，那么以不同的方式重新定义或重新陈述问题就是一种良好的技术。正如重新叙述自己的调研问题以确保正在解决重要的问题一样，建立一个明确的调研目标同样也很重要。

下面这种方法同样也可以透过现象挖掘出本质，以建立一个更加明确的目标：

1. 写下你的调研目标，如：“调研的总体目标是确定如何令顾客更加频繁地购买我的产品”。
2. 用另一种方式表达这一目标，如：“调研的总体目标是确定更好的客户服务是否会令顾客更加频繁地购买我的产品”。
3. 用第三种方式表达这一目标，如：“调研的总体目标是确定提供顾客激励是否能令他们更频繁地购买我的产品”。

假设上面第二个目标是最重要的调研目标。随后，你应该建立二手资料调研目标以进一步详细说明总体目标。在这个例子中，它可能是确定更好的客户服务是否会令顾客更频繁地购买。另一个二手资料调研目标可能是：

确定在下列方面顾客对客户服务的评级：知识丰富、友好、快速提供答案、能够理解我的问题、提供我没有考虑到的解决方案，等等。

如果上面第三个目标被认为是最重要的调研目标，那么二手资料调研目标就可能变成：

确定能够令顾客更频繁购买的激励因素。例如，其他公司提供了哪些激励从而使得顾客十分忠诚？对于频繁购买的顾客提供折扣这样一种顾客忠诚计划是否有效？哪种水平的折扣能够吸引顾客？针对商品、旅行等的可兑现的奖励点（awarding point）是否有效？

2.4　改善调研的目的和目标

你对调研目的和目标的改善越深入，你收集到的信息就有可能越丰富、越以行动为导向。

确定准确的调研目标和二手资料调研目标的另一种有效技术是与你的一些顾客进行3~5次深入的访谈。只要你提问，你就会对自己的客户提供的反馈感到惊讶。

你可以面对面或在电话中进行这些访谈，但一定要以一种认真的方式进行。这与成为顾客的朋友并希望他们反过来也对你好无关。同样，这种接触也与销售无关，而是要得到他们诚实、客观的反馈。另外，由于你不希望让他们觉得自己处于危险之中，所以你可以尝试用下面的方式展开谈话：

你好，约翰。我们正在顾客当中进行一些调研，并且试图确立一些目标。你愿意对我正在思考的一些问题提供客观的反馈吗？很好！

1. 有时候顾客到我们这里来是因为他们经常购买的地方断货了。如果你是我，你认为应该如何激励他们更多地从我这里购买，而不只是在竞争对手断货时才来我这里？
2. 如果你知道一名顾客有50%的时间从我这里购买，你认为如何才能令这名顾客在我这里购买的时间增加到75%？
3. 有时候，我听到人们对我们的客户服务非常满意，有时候则不太满意。在我们的产业中，你喜欢、不喜欢哪些类型的客户服务？

当然，考虑到你与顾客的关系以及你的调研问题，这些访谈可以用另一种方式进行。重要的是努力保持客观，而不是为自己辩护。倾听顾客的声音，并深入理解这些话的含义。你会发现，你的调研目标将会越来越清晰。

正如你所看到的，顾客反馈不仅对于评估你的产品和绩效来说非常重要，而且对于确定哪些领域需要首先进行评估也非常重要。

2.5 应该采取什么行动？

与大公司相比，明确可能采取的行动对于较小的公司来说要重要得多。大公司经常进行所谓的“探索性调研”（exploratory research）。进行这样的调研不必解决具体的问题。大公司进行探索性调研是因为它们知道领先于顾客的思想并在开始时就认清趋势是非常重要的。

在进行探索性调研时，大公司希望得到一种市场中有可能发生变化的暗示，或者揭示出消费者未得到满足的需求、要求、希望、渴望和情结，以便率先利用它们。由于大公司比游击营销人员有更多的金钱进行“摸底调查”（fishing expedition），因此它们通常很高兴得出结论：不会发生令人关注的明显变化。

在规划一个项目时，一家大型食品公司的调研主管说：

> 我们真的不知道可能从你的焦点小组中得到什么想法，但如果有什么事情发生变化，我们就需要知道。即使没有什么大事发生，我们也总是能够知道我们的产品或广告需要改进。我们的第一道防线是定期进行探索性焦点小组讨论。

对于游击营销人员来说，如果事先没有彻底思考如何利用一次调研，那么进行探索性调研通常是不明智的——而且成本高昂。在关注结果的时候，通常会出现这样的内部争论：调研可能会建议我们采取什么行动。通常，公司中会弥漫着这样一种情绪：除了假设和猜测之外，调研并不会真的告诉我们什么。

因此，在参与调研前，要确定几种你可能采取的行动：如果调研结果更倾向于采取A行动而不是B行动，或者认为C行动是最佳途径，但却超出了你的支付能力，你该怎么做?

明确你的行动

到现在，你已经拥有了一个明确的调研目标，并已经彻底想清楚了你的次级目标（secondary objectives）。现在，你可以开始决定当调研结果出来的时候你可能采取的行动。你可以采用下面的形式来对可能采取的行动进行研讨：

1. 说明调研要达到的总体目标。
2. 说明你希望调研能够达到的次级目标。
3. 写下你认为能够从调研的总体目标和次级目标中了解到什么：

   A. 我能够了解到____________________

   B. 我能够了解到____________________

   C. 我能够了解到____________________

   继续写下去，直到写出所有的选择。
4. 针对每一个选择，根据你了解到的情况写出可以考虑采取的三项行动：

   对于3A：行动1 ______行动2 ______行动3 ______

对于3B：行动1 ______行动2 ______行动3 ______

等等。

继续写下去，直到对每一项调研结果都写出至少三项行动。

在完成这一练习的过程中，问一问自己有没有人手、资源或资金来采取正在考虑的行动是非常重要的。如果有，那么你就建立起了以行动为导向的调研方案。如果没有，那么你就应该重新思考你的调研目标和行动步骤。

上面列出的要素将在第8章“调研计划”中进行详细论述，并在开发一个完整的调研计划时应用这些要素。

在本章中，我们一直在强调设立良好的调研目标的重要性，并提供了具体的工具以协助你做到这一点。请记住，“如果你不知道要去哪里，那么任何一条路都能到达”。有一个很有意思的卡通片，里面有一大群管理人员急得团团转。字幕是：“由于看不到自己的目标，他们付出了双倍的努力。”

2.6 更深入地挖掘

对营销调研进行投入

调研通常都是为了支持销售目标而进行的。有一种观点认为，游击营销人员采用任何形式的营销的唯一原因就是为了影响当前的销售量。尽管我们不反对将增加销售量作为终极目标，但还存在着何时能够发挥作用的问题。请记住，并非所有的零售商都能在星期天做广告后在星期一就见到销售量大增。

对于许多公司来说，为了增加销售量，首先需要提高公司的知名度或改善人们对你的产品或服务的态度。改变已经存在的态度或信念以便使顾客更积极地购买你的产品可能是在未来某个时点增加销售量的第一步。

我们理解游击营销人员有些迫不及待，希望尽快看到销售量的增加。但常见的情况是，营销传播项目并不能在一夜之间发挥作用。另外，你的目标可能不是提高中期销售量，而是将销售从一个季节转移到另一个季节，或者从一个时间段转移到另一个时间段，或者从一周中的一天转移到另一天。你的销售目标甚至可能是减少高峰时期的顾客数，或者吸引一种类型而不是另一种类型的顾客。

也许你需要改变思维模式，如鼓励从来没有投过票的人在下次选举时走进投票亭，或者进行一次医学检查，或者捐献一些时间或金钱。

你的目标也许是激励竞争对手的顾客转变成你的顾客。或者你可以得出结论，令你的忠诚顾客增加产品的使用频率是获得成长的关键。也许只有当你推动了整个市场，并令从来没有使用过你的产品类别的顾客变成新用户时，销售量的增长才会出现。

营销调研有助于实现上述所有的销售目标，但实际上，当你在某一时点针对调研结果采取措施时，销售量受到的影响可能要到几个月后才能显现出来。通常，调研提示的改变需要你在很大程度上改变自己的做法——这类改变一般来说需要一段时间才能渗透到你的目标客户的心智和头脑中。

这就是为什么许多人认为这是对营销调研进行“投资”的原因。

营销传播活动实例

在本章的前面，我们讨论了根据从调研中学到的东西来推测可能采取的营销行动的重要性。让我们用几个例子来说明我们的观点——看一看在营销传播领域可能采取的行动。

为什么要讨论营销传播（marketing communication）？实际上，营销传播——广告、公共关系、包装、促销努力、手册、直销邮件、网站内容和设计、电子营销、企业形象等——构成了游击营销人员最常采用的营销活动。下面是一些这类活动的例子：

- 告诉顾客和潜在顾客，与竞争对手相比，你的产品和服务具有哪些优势、特色及属性，并设法证明选择你的产品会给他们带来更大的价值。
- 设法改变顾客对不同优势和特色重要性的看法——让顾客更加

看重你具有竞争优势的那些方面。

- 围绕你的公司或品牌提供一个情感框架（emotional framework），使顾客更有热情选择你的而不是竞争对手的产品或服务。
- 向各类人群传递新的、重要的信息，告诉他们当前谁正在使用或谁可以使用你的产品或服务。
- 利用一些温和的理由来引诱顾客和潜在顾客，旨在使他们能够更轻松地考虑购买令人不快的产品，如长期健康保险或墓地。
- 努力稳定供应商，吸引潜在员工，激励媒体中的思想领袖，影响政府或当地官员，或者影响购买公司股票的投资者。
- 有时候，在外面做广告也有助于在内部指导员工的行为。

在思考营销传播的目标时，游击营销人员总是要考虑到能够帮助其企业成长的众多受众和顾客。对于每一个目标，营销调研都可以发挥重要作用：首先是决定如何以尽可能令人信服的方式同他们进行沟通，其次是确保沟通按计划进行。

探索性调研——最后的话

正如前面讨论的一样，探索性调研是在营销人员甚至不知道会导致什么结果的情况下进行的调研。这类调研被称为“摸底调研”（fishing expedition），其调研的目标可能很宽泛、不明确、没有清晰的定义。不过，探索性调研使得营销人员能够跟上不断变化的市场条件，并告诉他们哪些领域需要开展明确的调研活动。

如果预算允许，我们并不反对小企业进行探索性调研。实际上，调研会建议你采取某些行动，即使这些行动是你不愿意或不能采取的，但它们仍然对你有所帮助。即使你无法按照调研的结果而采取某种行动，它也能让你认识到市场的现实。即使你对这些现实无能为力，但它们仍然迫使你重新思考你的优先顺序，这样或许有助于你把有限的资源用在能够带来最大成效的地方。

另外，探索性调研可以通过令你绕开某些领域而节约资金，因为在这些领域中，你的资源只能产生有限的影响。例如，在你只能提供无差异化产品的领域中或者可能需要大笔营销传播预算的领域中冒险前进可能是一种浪费。实际上，在我们进行过的探索性调研中，差不多有一半的调研指示的行动无法实施，因为公司支付不起这笔资金。

那些令你难以实施的探索性调研结果也许会使你提前做好准备，以便应对来自更有钱的竞争对手的威胁。

第3章
学习大公司的调研方法

在付出了大量的努力之后，我们终于拥有了来之不易的关于大公司调研的观点。一方面，我们非常敬佩大公司的调研人员，他们努力让人们听到他们的声音并产生了重要的影响。在最好的情况下，他们代表了顾客的声音，他们由于为各自的公司提供了正确的前进方向而受到尊重。

另一方面，在很多公司中，调研部门处于次要地位，对此我们感到非常沮丧。在最坏的情况下，调研部门只是不情愿的、沉默的信息拥有者。他们无法透过众多的公司管理层级向愿意并且能够采取行动的人传达调研的结果。他们无法证明他们所做一切的价值，而且过于温顺，无法打赢必要的公司战争以保证他们进行的调研得到最充分的利用。

正如供职于美国最大调研公司之一的一位职位很高的管理人员所说的："参与调研的许多人所拥有的背景和特质使他们能够高度专注，并进行理智的分析，但却不一定能够为他们提供坐到大会议桌旁的技能。"

当然，这种评论可以用来描述大公司中的许多部门，但似乎特别适合调研职能。在我们提供服务的200家大公司中，我们发现只有两名调研人员成为了CEO或COO，或者进入了董事会中。通常，这种地位都会落到那些从事会计、运营、营销工作并成功地得到高级管理层关注和信任的人身上。

让我们讲一个富有启发性的故事。有一次，我们应邀参加一家大型公司的首席财务官进行的一系列展示。我们认为这将是浪费时间。作为职业营销人和调研者，我们为什么要关心如何成为一名有效率的CFO或审计员？但不管怎样，我们还是有些好奇。

所有演讲者的主题基本上都是一样的，而且可以应用于任何职能机构——他们的感觉好极了。简而言之，为了获得一席之地，对于财务人员来说，首先像商务人士一样做事然后成为数字的提供者是十分必要的。对于财务主管来说，这意味着少看一眼数字，多看一眼这些数字对企业的含义以及它们建议采取的行动。

用营销调研人员来替代财务主管，我们的建议是一样的。

发表演讲的CFO和猎头公司恳请听众深入了解各自的行业，然后成为通才。这意味着那些听众一旦成功地提供了有效的财务数字，他们就必须将注意力转向这些数字的含义。一家公司的招聘人员的话更有说服力。他说：

> 聘用最高财务主管的公司设定了技术能力水平。他们要寻找的是财务明星——这些财务主管能够接受并综合利用这些信息、对其进行解释，然后发挥强大的影响力以协助各自的公司制定重要战略决策。

营销调研人员，特别游击营销人员，应该记住这一点，因为同样的例子还有很多——实际上，有些人已经受到了启发。金佰利公司（Kimberly-Clark）的全球市场知识与情报部门（Global Market Knowledge & Intelligence）总经理约翰·里斯（John Lees）解释说："调研人员过分纠缠于技术，而没有利用这些信息。"他继续说道："（在金佰利公司）获得项目融资的途径是检验所提问题的合理性。"

所能士（Sonance，一家美国音响器材公司——译者注）的营销主管、起亚汽车公司（Kia Motors）前任调研主管丹尼尔·杰克逊（Danielle Jackson）说："调研人员过于关注方法论，而对如何使用这些数据的关注不足。他们的方法过于绝对化，应该少考虑他们生成的数据，更多地考虑提供方向性指导。"

在当今信息爆炸的时代，管理人员通常会被数字淹没，能够解释、综合利用这些数字并对制定重要战略决策指引方向的调研人员将成为超级明星。我们再一次提醒你，对于资金有限的游击营销人员来说更重要的是，只有在确信他们所提问题的答案将能够带来某些行动时才进行调研。否则，赚钱的人将是你聘用的调研人员，而你将一无所得。

不幸的是，今天，新产品的失败率几乎与 5 年、10 年、20 年、40 年前是一样的。例如，2003 年共推出了 34000 种新产品——其中 90% 失败了。2008 年，失败率仍然是 80% 左右——与 1968 年相同！没错，80% 的新产品无法带来利润！

特劳特伙伴公司（Trout & Partners）的杰克·特劳特（Jack Trout）声称，一般美国家庭利用同样的 150 种物品就可以满足其日常需要的 85%——这表明他们对营销人员抛给他们的大多数新产品不屑一顾。

具有讽刺意味的是，经过有效规划和沟通的调研，可以避免大部分不必要的金钱和精力的浪费。但是，只有当大公司的管理层开始更加专心地倾听里斯和杰克逊等调研人员的意见，并且调研人员能够更有效地吸引他们倾听的时候，才会出现这种结果。但愿这对你和你的公司来说不是问题。

不管怎样，大公司或任何公司只有两种一般调研类别供选择。实际上，它们的研究不是战略性的，就是战术性的。

3.1 战略调研与战术调研

我们已经简要说明了战略调研（strategic research）和战术调研（tactical research）之间的区别，现在我们将进行更加深入的讨论。大公司进行的调研有两种：(1) 战略调研，这种调研有助于确定最有希望、最有利可图的行动。(2) 战术调研，这种调研有助于确定如何最好地实施那些被认为最有利可图的行动。

根据一家大型调研公司的另一位首脑的观点，战略调研“由于专注于大问题而应该被公司的主要负责人所掌握”。他继续说道：

> 从本质上看，战略调研是全面的、具有代表性的调研，调研提供商通常被看成是高级咨询师。根据战略调研而采取行动的结果不会立即显现出来，可能要经过几年的时间才能被人们认识到。

我们这些游击营销人员不希望在数年后才能看到战略调研的实施结

果。与一些大公司不同，游击营销人员常常非常专注、急切、敏捷。一旦游击营销人员从一次战略调研中得到了结果，那么战略行为的转变没有理由不能带来快速的销售量变化。

战略调研力求确定下列因素：

- 市场中的需求、需要、希望、渴望和情结，以及公司如何向顾客和潜在顾客提供服务以获得他们的忠诚。
- 为正在销售的产品或服务制定可能的人口统计学目标（年老或年轻的消费者、大家庭或小家庭、高收入家庭或低收入家庭等），以及产品和服务的心理统计目标（较早的使用者、不情愿的跟随着、技术的反对者等）。
- 根据目标客户的感知来衡量的市场中公司或品牌的优势与劣势（如公司形象或品牌形象）。
- 市场中的缺口，或顾客及潜在顾客的需求没有被公司或品牌满足的领域（如存在着利用市场垄断地位和/或利用竞争对手劣势的机会）。
- 新产品业务机会。

战略调研致力于建立路线图并决定最佳前进方向。

另一方面，战术调研的目标是：在明确了要去哪里后，战术调研可以确定到达最终目的地的最佳路线。根据上面提到的那位调研主管的观点：

> 战术调研在组织的经理层进行，研究某一问题的特定方面，从本质上说受到当前事件的驱动，而且调研证据与决策之间的视角非常接近且狭窄。

因此，战术调研致力于通过确定下列事项来加强你的战略方向：

- 你的产品或服务传递的利益是否与你的战略方向相一致。
- 你的产品和服务应该进行哪些改进或改变，以加强你的战略方向。
- 你为顾客提供服务的方式应该进行哪些改进或改变，以加强你的战略方向？

- 把关于战略方向的最有说服力的信息告诉人们。
- 在为你的产品或服务做广告或进行促销时，要以最引人注目的方式进行。
- 最有效的网站设计、宣传手册和产品特色，以吸引并抓住访问者的注意力，激励他们购买你的产品。
- 最吸引人的产品包装风格，以加强你的战略方向。
- 最有特色的产品或服务名称，以加强你的战略方向。
- 人们在多大程度上看到、听到、记住了你的传播努力并据以采取行动？
- 开发出值得关注的新创意、产品或服务，以加强你的战略方向。

战术调研致力于保证一些重要细节的有效执行，而这些细节对于实现你的战略方向是至关重要的。

3.2 先进行战略调研还是战术调研

游击营销人员经常问我们应该从哪里开始调研过程——是先进行战略调研还是先进行战术调研？回答这一问题的方法之一是看一看大公司是怎么做的。

大公司经常同时进行战略调研和战术调研。对于它们来说，总是有一些重大的发展路线问题需要认真思考，还有一些广告、包装、定价、生产、电子商务或其他较小的战术问题需要制定决策。

因此，这种交替进行的调研可以使战略调研和战术调研相互受益。致力于提供战略方向的研究通常会令一些有意义的战术变化浮出水面，而战术研究也可能提出一个可供选择的或经过修正的战略方向。

根据我们的经验，大多数大型消费品生产企业每年至少为大规模战略调研制定一次预算，而且一次调研通常会围绕着几个品牌和产品类型进行。另外，卡夫（Kraft）和宝洁等巨型公司可能要为其众多业务单位进行的数十次战略调研制定预算。

大型银行（如美国银行或花旗银行）、零售商（如家得宝、史泰博或百思买)，甚至能源公司（如 Nicor 公司或埃克森石油公司）进行最重要的战略研究的频率可能略低。4 年前我们写道："这些公司不会轻易受到突然出现的新竞争或趋势快速改变的影响。"回忆一下这一声明，很明显我们错了。

想一想，当前几乎每一家大型企业都在发生显著变化。不管是金融、住宅、汽车、零售还是能源企业，以前我们认为稳定的行业很容易发生剧烈的变化。短短 4 年间发生的变化太大了。

今天，美国有 10% 的住房所有者无法偿还其抵押贷款，成千上万的人已经或将要失去他们的住宅。金融巨人如房利美（Fannie Mae）和房地美（Freddie Mac）需要政府的大量干预才能生存下去。贝尔斯登银行（Bear Stearns）和莱曼兄弟公司（Lehman Bros）已经倒闭，其他银行和贷款机构也正在努力保持其流动性。每一家零售商的销售量和利润都受到很大的影响，尤其是与房地产业相关的企业，如家得宝和劳氏公司（Lowe's）。让我们看一看造成能源产业剧变的因素对汽车产业造成了什么影响。

4 年前我们还写道：

> 与处于快速变化的竞争环境中的企业相比，处于稳定、发展缓慢的市场中的企业不大可能快速改变其战略方向。然而，它们必须始终质疑其战略，并探索通过不太费力的战术调研就可以解决问题的机会。

今天，我们需要强调一下，即使是处于稳定行业中的公司，如果它不能通过调研与其市场保持同步，不能理解对战略的暗示隐藏在曲线的后面，那么它也会落到后面。在困难的时代，与顾客的态度和情绪联系在一起并努力表达自己理解消费者痛苦的公司，在情况好转后肯定会成为领头羊。游击营销人员也是如此。

正如我们所说的，对于大公司来说，调研周期是循环的。有些公司会遵循企业的日程表，确定在一年中的哪段时间进行重大战略研究。其他公司可能计划只进行一些较小的战术研究，但发现市场条件正在发生变化，因而会得出结论：现在应该退一步，考虑一下总体战略。

还有一些公司根本就没有计划。它们只是在出现问题时才进行研究。也许存在关于改变广告方法的问题。研发部门可能决定需要对新产品进行测试，或者评估当前产品的改进。标识、包装图形、产品线扩展机会、网站的改进以及电子商务问题可能是讨论的焦点，并且需要同时进行战略调研和战术调研。

从本质上看，对于这些大公司来说，设定严格的优先级并不十分重要，重要的是将调研作为其制定决策的有价值的辅助因素。通常是在需要为某一紧迫的决策提供指导时才进行调研。这种优先级一般来说就足够了。

大公司认识到，营销调研衡量了在某一时间顾客情绪的波动，但时间转瞬即逝。它们知道，就像是只在情况变坏的时候才与顾客沟通一样，只在情况良好、一切都有条不紊的时候才进行研究性阅读（research reading）是不恰当的。它们知道，通过定期了解顾客的态度和行为，它们将能够更好地控制其企业的命运。

在这个方面，如果能够遵循大公司的做法，那么游击营销人员会做得更好。在开始调研流程时先进行重大的战略调研还是不太重要的战术调研并不重要，重要的是开始。

3.3 大公司进行何种研究?

有两种基本的市场调研：定性研究（qualitative study）和定量研究（quantitative study）。

定性研究

定性研究采用较小的样本量，在大多数此类研究中，参与者会影响其他人的想法。因此，定性研究的结果可能不如大样本调研得到的观点那样具有指导性。这种调研的结果不能可靠地推及整个客户或潜在客户群。

定性调研的结果适用于澄清目标、提供背景信息，或作为一种思想的启动器、假说的创造者，或者是哪些因素可能对顾客或潜在顾客有效的指示器。它们还可以用来倾听消费者和其他人对你的产品类别的看法。通常，它们可以告诉我们在定量研究中如何编写问卷。

定性分析是针对总体中的一个小样本进行的，包括下列形式。

焦点小组

焦点小组通常是由8~12名被调查者和1名主持人组成，围绕一些被认为非常重要的问题和论点进行2个小时的讨论。有意思的是，在美国，焦点小组中被调查者的数量通常是上述人数范围的上限，而在欧洲则很少多于8个人。

微型焦点小组

由1名主持人和4~6名被调查者对完整焦点小组关注的问题进行1~2个小时的讨论。与较大的焦点小组相比，微型焦点小组的成本较低。这种小组要求各参与者更加充分地表达自己的意见。

二人小组和三人小组

最常见的是由1名主持人和2名或3名被调查人进行1个小时的讨论。讨论的问题比焦点小组或微型焦点小组范围更窄。常见的二人小组（dyad）由一对夫妇组成。对于许多产品（如家具和汽车），不同性别的人关注购买决策的不同方面。因此，为了了解如何销售家具，你需要与夫妇二人进行交谈。可以单独与他们交谈，也可以采用二人小组的方式与他们进行交谈。

让我们继续以家具为例，女性对情绪化的标准（如整体美观性、颜色、设计以及与家中原有家具的协调程度）更感兴趣，男性则更加关注理性标准（如舒适程度、尺寸以及价格）。同时和两个人交谈可以揭示出很多问题。

深入的个人访谈

通常是1名主持人和1名被调查者进行30~60分钟的谈话，平等交换意见。当话题非常敏感、难以在小组环境中进行讨论，或者获得不受其他被调查者影响的态度非常重要时，就会采用个人访谈的形式。这些访谈通常用于准确地了解广告正在传递的信息。

观察研究

通常是 1 名调研人员在被调查者完成与营销者产品相关的任务的过程中对他进行观察。这些研究也可能包括在被调查者的家里或工作地点安装一部摄像机，以记录下他或她的活动情况以及正常条件下的行为。

调研人员已经发现，被调查者的行为有时候与他们在焦点小组中所说的不一样。这是因为他们完全没有意识到为什么会这样做，甚至也没有意识到某些习惯性活动，如在叠毛巾的时候叹气（消极地），或者在阅读处方的时候会皱起他们的脸。结果，近年来，作为另一种理解顾客的方法，观察研究越来越流行。

头脑风暴和其他形成观点的过程

头脑风暴和其他形成观点的过程在上面讨论的任何定性调研方法中都可以采用，但它们的目标是产生新的观点，而不是讨论顾客或潜在顾客的问题与动机。在第 10 章中，我们会讨论头脑风暴和思维过程（ideation process）。

定量研究

来自定量分析的结果能够表明对于总体而言什么是正确的，因为它们使用的被调查者样本量较大，足以提供统计上可靠的估计值。定性研究可以帮助人们确定需要研究的问题，而定量研究则可以确定这些问题中的哪一些最重要。

定量研究由较大的且可以推广的总体抽样组成，包括（但不限于）以下形式。

市场细分研究

主干研究（backbone study）协助大公司确定战略方向。它们能够确定人口统计学特征以及顾客和潜在顾客在进行研究的品类中制定购买决策时持有的态度。它们还能度量人们对不同公司、品牌或竞争性产品的态度或看法。你也许听到过“标杆管理”（benchmarking）这个词。实际上它是指在这类研究中对比你和竞争对手做得如何。

市场细分研究的成本高昂，通常包含复杂的统计过程，以确定存在的不同细分市场。要想理解哪些诉求对不同的市场细分最有效并赢得这些市场，进行这种调研是十分必要的。市场细分研究还被称为形象与态度研究、市场结构研究，或背景研究。

传播研究

公司、品牌或产品的战略目标确定之后，下一步通常是制定传播目标（communication goal），即制定和开发出能够传播战略方向的各种方法。传播研究确定哪种方法最有说服力、最可信，应该成为传播“战略”或传播“基础”，以激励顾客和潜在顾客购买。传播研究还被称为“概念测试”（concept test）。

广告执行研究

一个明确的传播战略将成为开发各种广告方法的指导原则。广告执行研究（advertising execution study）确定哪些广播广告（电视和广播电台）或平面广告能够最有效地对战略进行传播，并最有可能抓住顾客的注意力。广告执行研究保证了传播的信息是按预期进行的。

有一个完整的子产业致力于文案测试（copy-testing）这一主题。注意，如果你有 1 美元要花，那就应该花在概念测试上，而不是花在执行测试上。

广告认知度与跟踪研究

广告认知度研究是为了度量品牌的认知度、广告的认知度以及对存在于顾客和潜在顾客头脑中的广告内容的记忆。通常，它们还包括对在市场上进行竞争的不同公司、品牌或产品的态度或形象的度量。广告跟踪研究通常每年进行一次，但频率也可以更高一些。这取决于你所处环境的变化速度。

如果目标是跟踪稳定市场中可能发生的认知度或态度的变化，那么一年进行一次就足够了。如果目标是观察一年之内认知度可能发生的变化，那么就需要每季度甚至每个月进行一次跟踪研究。

汉堡连锁店麦当劳一直致力于所谓的“连续跟踪”（continuous tracking），公司每天都会同顾客进行面谈。有时候，这些研究也对新广告文案的影响或广告支出的变化进行评估，在广告活动开始前进行一轮调研，并在广告结束后再进行一轮调研。

在跟踪研究中，一轮调研就像是一张照片，而多轮调研则像是一部反映你的营销活动、竞争对手的营销活动以及宏观环境变化的电影。

名称研究

大公司通常会为一种即将推出的新产品或服务起多个名称。名称研究（name study）确定哪个名称最能吸引人们试用这一品牌的产品，并确定它是否能够加强公司制定的战略方向和传播目标。

包装研究

与名称研究一样，大公司也会为一种产品考虑多种包装方法。它们会考虑不同的包装尺寸、结构和图案设计。包装研究（packaging study）可以确定哪一种包装引人注目，以及它是否支持品牌的传播目标。

价格研究

价格研究（price study）可以在需求受到影响之前确定对产品收取的最优价格。它们还有助于确定高价格下较低的需求是否能够最终带来更多的利润。

筛选研究

在改善当前产品或推出新产品时，大公司通常面临着许多选择。这可能涉及几十种新产品线的扩张，或者当前产品配方的改变。它们正在考虑的新产品或服务可能多达几百种，或者有许多产品包装需要改进，或者产品的名称需要变更。筛选研究（screening study）可以确定哪些选择最有可能获得成功。

产品测试

大公司每时每刻都在进行产品开发。它可以开发一种新产品来满足某一未被满足的需求，或者对现有产品进行改善。产品测试可以确定推出一种新产品或改进现有产品是否能够带来竞争优势。

顾客满意度调研

大多数公司都知道，让顾客满意是第一要务，因为满意的顾客通常是最有利可图的顾客。就算产品没有打折，他们也会购买。一般来说，他们更加忠诚，并会反复购买，使用频率也比较高，不会纠缠客户服务人员，而且会向其他人说你们的好话。了解顾客是否满意以及他们为什么满意或不满意的最好方法是正式地通过调研来评估满意度。这个话题非常重要，我们将在第 16 章中更详细地讨论客户满意度调研。

3.4　测试市场调研

营销一种新的、广泛使用的消费品的成本很容易就会超过 5000 万美元。改变一家现有企业、一个品牌或一种产品在顾客心目中的形象的成本同样高。不管有多少次市场调研显示有可能成功，但除了实际检验之外，什么也不能模拟真实的市场条件。

测试市场（test market）是对实际生产出的（在试验工厂中进行生产，因为一般来说，新产品的最大成本是生产所需的资本投资）、经过包装、定好价格并通过分销和促销向顾客进行销售的产品进行的实际测试。这些测试在一些较小的但在地理上显著不同的市场中进行，因此发生的情况可以得到精确的控制和度量。测试市场不仅能够测试产品的销售量和接受度，还可以测试通过调研开发出的营销战略和战术。

例如，麦当劳对比萨饼的调研表明，它可以生产出一种人们喜爱的产品。但是，当在少数餐厅和市场中进行市场测试时，它发现其比萨饼无法形成必要的销售量。

同样的原则也适用于卡夫和宝洁之类的大公司。它们肯定已经为许多新产品进行了调研，公司认为这些新产品成功在即，但测试营销经常会证明事实并非如此。

前面讲述的许多调研都会在测试市场中进行。考虑到实际市场条件，只有到现在，顾客实际购买产品的频率以及许多其他共同使一种产品获得成功的要素才能够更加准确地度量。

测试市场的成本十分高昂——真实的产品、真实的广告、真实的媒体曝光率等，但是，与花费 5000 万美元、可能需要建立一座新工厂或增加一条新生产线然后再关掉它相比，在测试市场失败后停止生产一种表现不佳的产品是一个更好的主意。

3.5 开发新产品

大型公司持续利用调研来概念化新的想法。营销团队、产品开发和研发人员都在努力发现下一种销售额能够达到数百万美元的成功产品。

新产品是大型公司的生命线。众所周知，如果不能领先竞争对手一步发现并利用市场中未被满足的需求，那么它们就会落在这一强大竞争对手的后面。这就是为什么人们一直说：大多数公司50%的利润来自5年前并不存在的产品。

看看下面这些最近推出的新产品：

- Febreze Scentstories——宝洁公司开发的一种空气清新器，样子像一部CD播放器，每隔30分钟就能自动散发出一种新的气味。这一产品主要针对客户这样的抱怨：30分钟后他们就适应了环境，并且闻不到气味了。
- 百威劲柠啤酒（Bud Light Lime）——这一产品明确地将目标瞄准喝科罗娜啤酒（Corona）的人，这些人习惯于向酒瓶里挤入一些柠檬汁，以使啤酒喝起来有些柠檬的味道。
- 苹果公司的iPhone——iPhone产品线的成功不仅在电话制造领域开创了一种全新的模式，而且还引来了许多模仿者。
- 超声波狗叫制止器——Hammacher Schlemmer公司推出了一种产品，能够发射出无害的、只有狗能听到的超声波，使它们保持安静。

在这些新产品中，有一些很容易仿制，但事实是：率先推出一种新产品的公司具有强大的领先者优势，并且因为成为市场的领导者而备受尊重。

3.6 结论

大公司还会进行许多其他类型的市场调研。只有极少数公司会经常进行复杂的调研，如市场份额预测建模（market share predictive modeling）、联合分析（conjoint analysis）、离散选择分析（discrete choice analysis）等。在第 19 章讨论统计技术时，我们将对它们进行简要介绍。

游击营销人员坚持使用本书介绍的一些基本调研方法就足够了。等到掌握了这些调研方法后再使用更加先进的技术吧。

真正的调研与“粗制滥造的”调研

最后，我们要讨论这样一个领域，在这个领域中，游击营销人员可以接受大公司的教训。

我们发现，有两个常见且明显的原因使得营销调研无法为游击营销人员发挥更大的作用：时间和金钱。在很大程度上，游击营销人员不打算为营销调研分配资金，或者是即使有资金，也不会为必要的调研安排时间。

即使是考虑到了调研，但游击营销人员通常也乐于进行我们所谓的“粗制滥造的”（quick and dirty）调研，也就是那种事后进行的、本来应该在昨天就知道答案的、你所做的一切都无济于事的调研。

有意思的是，从来没有人要求一份“粗制滥造的”损益表，或者“粗制滥造的”生产流程，或者“粗制滥造的”保险项目。营销调研似乎被十分荣幸地单独提了出来。

游击营销人员能够从大公司那里学到的一件事就是：它们避免进行“粗制滥造的”调研。大公司里的营销人员与营销调研人员不会令其重要决策建立在不恰当的调研基础之上从而使他们有可能丢掉工作。他们不仅要保证他们制定正确的决策，还希望能够证明在这一过程中没有走捷径。

为了令营销调研成为“真正的调研”，应该提前进行——在关于现有产品营销方向的决策制定之前，或新产品和服务推出之前。通常，真正的调研要比“粗制滥造的”调研花费更多的时间，而这是获得有效信息必须付出的代价。

如果你没有时间，如果你把赌注押在明年的业绩上，如果你关注的是快速思考而不是明智地思考，那么“粗制滥造的”调研就可以达到目的。

你应该知道，如果因特网是收集你所需信息的良好方式，那么利用网络进行有用的一手资料调研的速度通常会使关于时间的争论变得毫无意义。

然而，调研的资金是个大问题。如果没有明确的投资回报作为担保，那就很难将钱花在调研上。但有意思的是，似乎很容易证明将钱花在支持短期促销、分发额外的目录或传单、做大量的网页广告、增加销售人员或向市场中抛出一种新产品或服务是合理的——即使回报并不确定的时候也是如此。

在回报看起来不是很明确的时候，游击营销人员如何平衡花在调研上的金钱和时间？答案与下列因素有关：公司的规模、财务状况、前几年的增长情况、你的雄心、自我意识以及把赌注押在你的创业本能上的意愿。这些问题很复杂，我们将在后面的章节中进行详细讨论。

下面的事实并没有改变：游击营销人员经常感到缺乏时间和金钱是不进行真正调研——或完全放弃进行调研——的合理借口。这些问题一直是游击营销人员面临的问题，这种情况有可能会永远持续下去。

第 4 章
如何开始

4.1 理解现有机会和潜在机会

让我们说得更清楚一些：营销调研是为营销服务的——从广义上说还要为销售、客户服务、产品开发甚至人力资源服务。进行营销调研是为了辅助制定更好的决策。这种联系十分密切，所有的调研都应该来自于它所服务的职能部门的需求。

例如，看一看如图 4.1 所示的典型的产品—市场矩阵（product-market matrix）。这是一种基本的营销规划工具，适用于任何企业的产品及其市场。它的部分威力来源于其简单性。每一个象限代表一个重要的营销任务，这些任务分别被命名为留住（retention）、获得（acquisition）、渗透（penetration）和多元化（diversification）。

	现有顾客	新顾客
现有产品/服务	**留住**：防止顾客流失或减少，增加品类购买的份额，提高购买率，提高品类购买的数量	**获得**：吸引新顾客，进入新的地区，开设新商店，增加渠道等
新产品/服务	**渗透**：向现有顾客销售更多产品，增加所有购买的份额，增加所有购买的数量	**多元化**：进入新的业务领域，向新的市场销售新的产品

图 4.1　产品—市场矩阵

例如，如果我们正在试图向现有顾客销售新产品，这就被称为“顾客渗透战略”（customer penetration strategy）。此时，你主要是努力提高现有顾客从你的公司购买的份额，以增加你的销售量。

从产品—市场矩阵中可以直接产生一些重要的调研推论，因为一旦游击营销人员在这一行业中从业数年后，他或她就会明白，他们必须在所有四个象限中都很积极。有了这一矩阵规划工具后，下面看一看可能需要进行的调研。

1. 理解如何留住现有的顾客并防止他们离你而去。
2. 理解如何吸引更多的顾客。
3. 理解哪些因素使顾客在你的产品或服务上花费更多的金钱。
4. 理解哪些因素使顾客更频繁地购买你的产品或服务。
5. 理解哪些因素使不购买你所在品类的产品的顾客开始购买这类产品——购买你的产品而不是竞争对手的产品。
6. 学习如何最好地推出一种产品或服务。

另外，游击营销人员还希望研究另外两个并非来自矩阵的重要机会：

7. 确定如果以较低的成本来生产你的产品，是否会对销售以及利润产生负面影响。
8. 确定你能否提高产品或服务的价格且不会对销售或利润产生负面影响。

除了纯粹的学术好奇之外，我们想象不出其他原因让你花钱进行调研。如果你没有试图发布新产品、吸引新顾客、吸引竞争对手的顾客、说服你的顾客更多地购买你的产品、增加市场自身的规模，或者通过降低成本或提高价格来增加利润，那么你就不需要进行市场调研。

你可以向你的顾客——或者竞争对手的顾客——提出上千个问题，但向他们提出问题的理由只有一个。这个理由就是为你指出最正确的方向，令你赚最多的钱。

但是，这并不意味着只有 8 种类型的调研。在这 8 个调研领域中可以进行各种各样的研究，调研的类型只受你的经济状况和想象力的限制。当然，关键在于确定上述 8 个领域中的哪一个能够为你提供最大的潜力，然后再提出正确的问题以创造这种优势。

4.2　懂得应该问哪些问题——再次分析

在很多情况下，来自调研的结果无法带来明确的行动。在第 2 章中，我们全面讨论了“提出正确的问题”这一话题。但认真思考一下。如果你完成了家庭作业，提出了正确的问题，而得到的信息仅仅是建议你提出其他一些该问的问题，该怎么办？

在努力搞清楚如何才能更好地为现有顾客服务或吸引新顾客的过程中，即使是规划最完善的调研有时候也无法回答你的所有问题。尽管你肯定能够获得答案并可以据此采取某些行动，但可能还会带来一些新问题。实际上，优秀的调研通常都会带来一些你还没有考虑到的问题。

“调研”中有效的部分是“调查”。在一次调查中遇到瓶颈可以准确地指出下一次调研从何处开始。

这就是说，得到答案很简单。在最初的时候提出正确的问题则可能很困难。阿基米德（Archimedes）说：“给我一个支点，我就能撬动地球。”调研也是如此。一旦你揭示出正确的问题并得到了这些问题的答案，那么清晰性（clarity）和利润就会随之而来。

大公司投入调研中的很多努力是为了得到这样一些问题的答案，即他们可以利用这些问题来预测顾客将要采取的行动。例如，假设你进行了一次善意的研究，旨在确定如果你降低产品价格会出现什么情况。假设研究结果显示，接受调研的顾客中，有 90% 声称如果降价他们就会购买更多的产品，但 30% 的人声称如果客户服务得到改善，他们就会购买更多的产品。

你会降低产品价格或改善客户服务吗？

如果没有问过顾客会在你的产品上花费多少钱，那么你很难做出决定。此时你可以进行第二项研究，在这一研究中你了解到，要求降价的群体将在未来 12 个月中平均多花费 100 美元，而要求改善客户服务的群体将在未来 12 个月内平均多花费 1000 美元。你很有可能倾向于将主要努力放在改善客户服务上。

这并不意味着你最初提出了错误的问题。即使是苏格拉底（Socrates）也没有聪明到在做出自己的假设之前预期到每一种可能的偶然性。这意味着在采取行动之前应该进行额外的调研。

确定要提问的正确问题十分重要，而有时候在第一轮调研中做不到这一点。

假设你正在为一家通过目录销售女式服装的公司进行一系列一对一的定性式访谈。让我们看一看在一次访谈中的对话：

主 持 人：你曾经通过目录购买过价格为500美元的套装吗？

被调查者：没有，我不会这样做。我需要先看一看、穿上试一试，检查一下它的质量和做工如何，因此，如果我打算花那么多钱，我有可能到附近的萨克斯百货店（Saks）去看看。

主 持 人：你是否在没有先看到样品的情况下通过目录购买过昂贵的套装，比如说价格超过500美元的？

被调查者：是的，我买过。我购买了一套Calvin Klein的套装。

主 持 人：为什么会花那么多钱购买Calvin Klein的套装？

被调查者：因为过去我购买过很多Calvin Klein品牌的衣服，知道其质量如何。它们很适合我的体形。如果我熟悉这个品牌，并且知道它是否适合我，那么我就会尝试通过目录订购一些昂贵的套装。

在这种情况下，被调查者最初的回答不应该被认为是错误的，我们也不应该不相信被调查者的回答。相反，在这种情况下，被调查者对错误的问题给出了快速回答。如果主持人将被调查者最初的反应当成是对问题的回答而不再进一步调查，目录销售公司就有可能不愿意通过引入著名的高价品牌来提升其产品线。

在这种情况下，正确的问题可能是："请告诉我你通过目录购买过哪些价格超过500美元的套装品牌，请告诉我你为什么这样做。"然而，这并不能说明第一个问题是错误的。老练的调研人员从来不根据表面的意思来理解顾客最初的回应。真相往往被埋藏起来，有时候需要提出很多不太相关的问题才能找到正确的问题。

事情就是这样的。你对顾客的动机了解得越多，你提出的问题就越有见解、越有意义。有时候，提出正确的问题意味着首先要得到错误问题的答案。

4.3　态度与行为

调研中最难的问题之一就是理解顾客常常不会为你提供完整的答案。一方面，他们会告诉你他们最喜欢去购买杂货的地方是附近的某一家商店，但另一方面，他们每周都会到几英里之外的另一家商店去。或者，他们可能说喜欢某一种富含维生素的早餐食品，但每周购买另一种裹着糖衣的早餐食品的次数超过 3 次。

我们必须坚持不懈地将顾客所说所想与其行为与活动结合起来。调研就是问一问顾客对公司、产品和服务的感受，但同时还要使他们的态度与他们的实际行为相符。有时候你会发现，那些最推崇一家公司的人却最频繁地购买其竞争对手的产品。相反，对另一家公司的评价最低的人却为其提供了最大的业务份额。

市场调研的批评家们说，顾客并不知道他们想要什么，因此也无法帮助你预测未来的趋势，这种说法引起了很大的争议。我们认为，这一争议主要是因为很多调研更多地关注正在发生的事情。它们衡量的是当前的顾客态度。

但是，这并不意味着没有能够更好地预测未来趋势的创新性调研方法。在你阅读第 11 章关于焦点小组的内容时，你就可以获得一些关于如何进行调研的理念，这些理念能够更好地揭示市场中的巨大变化，并能更好地预测趋势。

无论如何，理解当前的情况也是很有价值的，而调研能够很好地描述当前顾客的态度和行为。调研为我们提供了一份规划营销战略的详细路线图。我们坚信，在没有相反信息的情况下，对近期最好的预测就是它与现在十分相似。对于游击营销人员来说，这一点可以成为他们开拓更加成功、更加有利可图的业务的一个重要优势。

作为调研人员，我们越来越清楚顾客个人的态度何时可能不完整或对我们产生误导、何时通过观察其实际行动来调整我们听到的意见是明智的。对态度和行为进行协调的必要的调研步骤并不复杂，我们将在本书的后面进行讨论。

我们的经验是，游击营销人员为了改善业务而需要知道的大部分信息可以通过采用基本的调研方法获得，并且可以通过揭示出当前存在的态度、认知、信念和行为来获得这些信息。这样做肯定能够提高你的胜算。

4.4 选择最佳调研方法

实际上，营销调研的本质就是以正确的方式向正确的人提出正确的问题。在第 15 章中，我们将强调在问卷中“以正确的方式”提出问题，而现在，让我们先看一看收集回答的不同方法。

收集调研信息的方法只有这么多种。有焦点小组和其他定性方法。定量方法包括电话（甚至移动电话）、邮件、互联网、购物中心现场采访、座谈小组调研法，偶尔还在家里或工作地点进行访谈，或对其行为进行观察。有时候，这些方法可以结合起来使用。

从这些方法中选出最恰当的方法是进行有效调研需要克服的第一个障碍，我们将在第 11 章和第 13 章中详细讲解各种定性与定量方法，并分析如何选择最适合你的情况的方法。但现在，我们要讨论在确定正确方法之前必须要考虑的一些因素。

确定正确的问题容易吗？

通常，正确的问题并非显而易见，在进行主要的调研之前，先进行一些初步定性调研是很有必要的。

调研是应该具有可推广性，还是大致了解问题即可？

来自焦点小组的结果提供了一种“感觉”，但它们并不具有可推广性，不应该用来代表所有人的意见。焦点小组调研有助于更有效地制定问题的框架，这是非常谨慎的第一步。而在一些例子中，来自焦点小组的结果就足够了，不需要进行更深入的调研。

找到能够发表重要意见的顾客或潜在顾客是否非常困难？

对于广泛使用的产品（卫生纸、咖啡、软饮料、活期存款账户、汽车、计算机、维护用品等），找到目标顾客并进行访谈很容易，且成本不高。

对于使用不广泛的产品，由于很难找到合格的调查对象，所以访谈的成本要高得多。

例如，染头发的男性、拥有独立电影播放室的房主、使用胰岛素的糖尿病患者、一种产品的大量使用者或少量使用者都不容易找到。或者，也许调研应该密切关注某一品牌的使用者，或过去 10 天该产品的使用者，或《财富》（*Fortune*）500 强公司的高管，等等。

得到被调查者的合作是否很困难？

你想与特定调查目标交谈并不意味着他们想和你交谈。在这些情况下，可能需要提供某些激励才能得到合作，这明显增加了调研的成本。

例如，高级主管和内科医生不愿意花时间接受访谈，因而需要较多的激励，例如，在美国，内科医生接受 20 分钟访谈的要价约为 250 美元。

焦点小组的被调查者总是能得到报酬，但接受电话访谈的人很少能够得到激励。简言之，利用激励来鼓励消费者回答调研问题极端重要，通常是使调研有效的一个关键。

如何最好地收集信息？

问卷是否应该很长，或者是否必须配上图形以形成有意义的信息？由于很难使被调查者接听 20 分钟以上的电话，所以，如果你的问题需要 40 分钟的时间来回答，那么通过邮件来进行调研是最好的方法。

哪种方法会产生有效、可靠的样本？

产生有效的目标被调查者样本一直是调研中的一个挑战。如果调研要求收集 300 名顾客的数据，那么问题就变成了如何最好地找出这些顾客、获得他们的合作，并同随机选出的一名被调查者代表进行访谈。

调研必须以多快的速度完成？

某些方法要花更长的时间才能完成（如邮件调查）。另一些方法尽管比较快，但可能无法完成所有的调研目标。最恰当的方法通常取决于调研的时机。

调研预算是什么？

有些方法的成本比其他方法高得多。尽管成本最高的方法可能是最恰当的方法，但过高的成本可能令人无法承受，因此必须做出让步。制定一个支付得起的预算，但必须保证仍然能够获得必要的信息，这通常是一件很重要的事情。

在确定恰当的调研设计和方法时，调研者必须考虑到一些问题。这些问题可能看起来有些复杂且难以应对，通常需要更多的调研知识才能解决。在读完本书后，再来看看这一节。你应该能够迅速地解决每一个问题。

4.5 先做什么？

正如第3章讨论的，为公司、品牌或产品提供战略方向的调研应该先于其他任何类型的调研。再强调一次，“战略”调研决定了需要遵循的总体方向或“要做什么”，而且这种调研需要相当高水平的财务承诺。

思考“战略意味着什么”的另一种方法是进行调研以解决长期的问题和关注点。记住，如果你不知道自己的目的地，那么任何一条路都可以带你去那里。游击营销人员应该在某个时候进行必要的战略调研以理解如何更有效地进行竞争。

但是，对于游击营销人员来说，通常较小规模的战术研究是最适合的初始调研。重申一次，“战术”是指解决短期问题或“如何做”的调研，而且通常比“战略调研”的成本更低。

也许有多种新产品创意或服务需要考虑。也许顾客流量下降了，或者每份订单的金额减少了。也许广告的有效性和传播的信息有问题。不管情况如何，在开始理解调研的价值时，这些以及其他有限的、范围较窄的战术调研可能是游击营销人员迈出的最好的第一步。

对于战术调研来说，有意思的是，其结果总是会带来意料之外的见解。想要搞清楚广告清晰性的焦点小组可能会提出关于公司总体营销方法的问题。例如，焦点小组中的一位顾客可能会说：“广告告诉我，他们商店里的产品价格是最低的。这很好，但我去他们那里的真正原因是他们优质的服务。如果他们让我想到其优质的服务，我甚至愿意多花一些钱购买他们的产品。”

在本例中，如果广告想要传播低价格这一信息，那就可以被看成是成功的。但现在，强调客户服务（而不是价格）这一更具战略性的问题被提了出来。

需要记住的要点是：不要根据范围受到限制的小规模研究结果而过早地对宽泛的、意义深远的公司方向问题下结论。

4.6　确定产品是否满足了顾客的预期

在调研中需要优先考虑的一件事情是你销售的产品或提供的服务在多大程度上满足了顾客的需求和预期。市场上充斥着数以千计的产品，它们出现在市场上，然后又消失了，因为竞争性产品提供了更好的利益或更丰富的功能，或者提供了相同的利益和功能，但价格更低。确保你至少在这一点上具有竞争力是调研的重要的第一步。

在沃尔玛（Walmart）和Target公司证明它们能够更便宜、更方便地提供同样的产品后，Service Merchandise就破产了。当Glade公司推出设计更好的产品后，Air Wick公司就失去了空气清新机市场很大的份额。随着微型计算机抢占了庞大、笨重、昂贵的大型计算机的市场，Sperry-Rand公司的业绩开始直线下降。当个人计算机代替小型计算机的时候，DEC公司消失了。戴尔公司（Dell）正在努力争夺市场份额，因为其竞争对手已经开发出了一种有效的直接面向顾客的渠道，削弱了戴尔公司独特的优势。

理解变化的时代对你来说将非常有用。苹果、宝洁、凯洛格（Kellogg）、杜邦（DuPont）和西门子（Siemens）公司的生命线在于其能够满足顾客需要与需求的新产品，而顾客并不知道自己有这些需求。人们在不停地进行调研，创造并测试新的产品理念，希望能够发现一种可以抓住顾客想象力的利益。

无法满足市场上的需求会使你失去大量顾客，而且也不可能吸引新顾客。如果不努力开发新产品和服务（包括这样一些产品和服务：在展现给顾客之前，他们自己也不知道会有这样的需求），你就会发现自己不得不去追赶竞争对手。不管你销售什么，调研都能保证你与时俱进，从而不会被市场抛在后面。

跟踪顾客满意度

假如你非常清楚你的公司将走向何方，而且你也知道你的产品很对路，那么你就可以把注意力转向如何把工作做得更好。

营销的一个定义是：理解然后满足顾客的需要与需求，并使企业获利。因此，不断地度量顾客满意度是至关重要的。必须对其进行特殊调研的原因在于：反复向同一顾客销售可能并不表明客户是满意的。有些顾客继续光顾你的商店或购买你的产品，是因为他们还没有找到一个更好的或更方便的替代选择。一旦有了这种选择，他们就会飞快地离你而去。

对于游击营销人员来说，理解你是否令顾客满意是非常重要的，我们将利用第 16 章来讨论这个话题。

人们听到你的信息了吗？

有一家公司名叫 Micro-Switch，它向电话公司销售大型、昂贵的交换机。其顾客都是训练有素、技术高超的采购者。每年 Micro-Switch 公司都要花费大约 250 万美元在技术杂志上做广告。年复一年，公司的广告都在强调其丰富的产品线。有一年，公司提出了这样一个问题：是否有人在阅读其广告，或者知道公司销售的众多产品。

几次市场调研表明，大多数采购者无法回忆起他们曾经看到过公司的广告。那些看到过广告的人说，他们知道 Micro-Switch 公司拥有丰富的产品线，但并不知道更多关于这家公司的信息。他们不知道公司如何为其销售的产品提供服务，也不知道销售人员向打算购买交换机的企业提供了何种专家意见。另外，他们说，重要的是，这些问题必须在打电话向该公司进行咨询前就要解决。

在这个例子中，公司花费了数百万美元的广告预算，但其传递的信息不仅没有人看到，而且也没有以恰当的方式进行传播。调研的成本是30000美元。

我们一直感到奇怪，许多公司例行公事地花费成千上万甚至上百万美元来做广告，却不愿花费这笔钱的零头来确认它们所传递的信息是否有人听到或看到，或者广告是否传递出了重要的信息。

在考虑你的调研优先顺序时，想一想你在广告、直接邮件、促销、公共关系、电话营销或其他特殊活动上花了多少钱，并问一问自己这笔钱花得是否值得。如果你不知道答案，那么调研可以帮助你。

4.7　从当前顾客身上产生更多的业务

我们再强调一遍，在设定调研优先顺序的时候，先为研究当前顾客分配资金是明智的。假设你非常了解你的顾客，那么你的下一个成长机会就是向那些顾客销售更多的产品。

当公司有什么事情要说的时候，现有顾客与公司的关系使得他们更愿意倾听。与打动全新的顾客相比，说服现有顾客购买产品线中额外的产品、购买更多的同一种产品、尝试新产品或更加充分地享受你提供的服务要容易得多。而且，你“知道他们身在何处”，因此与其他细分市场相比，你更容易同他们进行沟通。

当然，如何从现有顾客身上产生更多业务取决于你销售的产品。但是，假设你有潜力向他们销售更多的产品，那么确定哪个顾客细分拥有最大的销售潜力就变得非常重要。

如果你拥有一家目录销售公司或网上商店，那么当前顾客可能是一位曾经在过去30天、60天、90天或更长时间内从你的公司购买产品的人。如果你在销售汽车、家庭装饰用品或其他不经常购买的产品，那么你可能倾向于把过去1年、2年或3年内购买过产品的顾客定义成当前顾客。

现有顾客没有明确的定义或时期要求，必须通过常识和对现有顾客数据库的分析来确定——当然，我们假定你拥有一个顾客数据库可以获得这些信息。不论如何定义现有顾客，你都必须要现实地确定一个时间段，在这段时间之后，你可以可靠地假设存在着再次向这位顾客进行销售的可能性。

让我们以Cabela公司为例，这家公司利用目录销售钓鱼、打猎和户外产品。Cabela公司可能将现有顾客定义成在过去30天内至少通过其目录或网站购买过一次的人。调研和实际测试还表明，如果它能更有力地吸引30天内的购买者，那么其营销支出就会得到最高的回报。公司可能还知道，吸引过去60天内或90天内的购买者也会带来回报，但回报会少一些。吸引90天之外的购买者则无利可图。

因此，Cabela公司可以将过去30天内的购买者定义为其现有最佳顾客，将过去31~90天内的购买者定义为现有良好顾客，将90天之外的购买者看成是不活跃顾客。在设定调研优先顺序时，Cabela公司可能认为，理解如何向其最佳顾客和良好顾客销售更多的产品会带来最大的直接回报——尽管这些顾客的数量少于不活跃顾客的总数。

对于不活跃顾客来说，Cabela公司需要理解他们对公司的态度以及在重新激活相互关系之前必须解决的问题。对于潜在顾客或那些从来没有购买过公司产品的人来说，理解第一次购买的障碍可能会使Cabela公司采用一种完全不同的方法。

每次找到一名顾客或潜在顾客，你都要考虑到不同细分市场的态度和感知存在差别的可能性，也要想到在不同细分市场中采取的营销活动也会有所不同。另外要记住，在你没有能力采取不同行动的时候，同时对不同的细分市场进行调研是在浪费金钱。

4.8 把竞争对手的顾客抢过来

在确定调研优先顺序的过程中，在巩固了与当前顾客的关系后，下一步就是要研究一下如何做才能将竞争对手的顾客抢过来。这并不是说吸引竞争对手的顾客不重要。相反，公司花费广告支出或促销预算，或者销售队伍努力将对手的顾客吸引过来，但很快又失去他们，这样做没有任何意义。一旦你完成了家庭作业并确定你的产品或服务能够满足现有顾客的需求，那么你就可以开始考虑进行有关吸引新顾客的调研。

在努力吸引竞争对手的顾客时，研究自己的顾客时使用的调研方法同样有效。但是，此时你的目标被调查者包括竞争对手的顾客，因此你能够获得有关竞争对手优势与劣势的情况。这类调研会变成一张路线图，指导你制定一些战略，利用这些战略，你可以有效地确定哪些竞争对手的弱点最明显，以及哪些信息最能说服竞争对手的顾客购买你的产品。

4.9　增加市场的规模

一个警告

对于几乎所有企业来说，都存在着一些人，他们从来没有购买过某些类型的产品。有时候，这一群体在人口中占据着最大的比例，而且由于其绝对数字非常巨大，因此将他们引入市场中是一个很诱人的想法。有一句老话值得重复一下："不要试图喂养瘦狗，狗瘦有其原因。"

但是，在所有的事情中，将新顾客吸引到你的市场中并成为你的顾客是市场营销人员面临的最困难的问题。说服潜在顾客购买你销售的产品的门槛通常很高。例如，要说服没有购买过低热量包装食品或没有购买过家用健身器材的顾客购买这些产品比说服购买过这些产品的顾客要难得多，成本也要高得多。

即使你通过说服顾客购买你销售的产品从而跳过了第一道门槛，但你还面临着第二道门槛——说服他们：你销售的产品是他们最好的选择。记住，你花在说服新顾客购买你销售的产品类别上的营销费用同样也为竞争对手创造了方便。例如，顾客并不会因为你说服他们需要购买健身设备，他们就会购买你销售的产品。

因此，我们警告你，试图将新顾客吸引到你的市场中应该是你付出营销努力、花费营销调研费用的最后领域之一。

我们的确认识到，有时候，一种产品或服务太新了，以至于还不存在一个现成的市场。或者你的市场份额太大了，增加销售的唯一途径就是扩大市场容量。在这些情况下，你就必须理解顾客没有进入你的产品类别的原因或者如何做才能吸引顾客购买你的新产品或服务。

但是，如果你对一些不感兴趣的人进行调研，发现他们没什么可说的、并不关心你和你的产品，或者对你的问题也没有什么观点，不要感到惊讶。这本身就是一个重要发现，说明要实现这一困难的目标，你需要克服很多障碍。

第 5 章
如何制定调研预算

为调研制定预算不是一门精确的科学。下面是一些制定营销预算时可以考虑的指导原则。

1. 从总体营销预算中分配一部分给调研

如果一家公司在营销活动上要花费 5000 万美元，那么可以将 0.5%（25 万美元）至 5%（250 万美元）分配给调研。拥有许多不同品牌的企业（如卡夫和宝洁）通常是根据上述百分比范围为每个品牌分配调研费用。

2. 将全部营销传播预算的一部分分配给调研

有时候，企业只将广告预算或营销传播预算中的一部分分配给调研。在分配营销费用时也采用上面的比例（0.5% ~5%）。

实际上，有时候合同要求广告代理商将一定比例的广告费花在其客户的广告信息的调研上。许多人认为，他们的代理商有责任证明其创造性的工作引起了顾客的共鸣。

通过广告或营销代理商在营销传播上花费了大量金钱的游击营销人员可能会坚持要求其代理商将一定比例的费用用于营销调研。

顺便说一下，商业杂志通常会向其购买广告空间的客户分配所谓的“促销津贴”（promotional allowances）。它们提供的“免费”产品之一是在杂志读者间进行的调研。

3. 将销售额的一部分分配给调研

有些企业（特别是工业企业或 B2B 企业）没有大量的营销或广告预算，它们一般将销售额的一部分分配给调研，分配的比例通常是

0.5% ~1%。

4. 评估需求

确定调研费用分配的一种常见方法是列出来年将要实施的项目，并为每一个项目分配费用。最初的列表要由那些将要使用调研结果的人进行审核。人数没有限制，公司的经销商可以提供其专家意见。通过这种协作评估，在必要的时候可以增加项目，没有必要的时候则可以减少项目。

5. 特别调研费用

在大型企业中，调研人员存在的原因是：每当一个调研问题出现时，需要说服预算的持有者为这一特别项目分配资金。在这种情况下，调研预算可能已经分配完毕，但调研人员仍然被迫持续调整对资金的使用。然而，这也并非完全不好，因为它强迫调研人员考虑一下是否真的有必要进行这项调研，以及这笔费用带来的结果是否具有可操作性。

进行特别调研的问题与公司的战略重点关系不大，它们不是为了使公司或品牌不断成长而必须解决的前瞻性问题。进行特别调研的问题通常都是战术性的，是为了应对紧急情况，因此不会影响战略决策的制定。

6. 上述情况的组合

通常，企业的调研预算是为了为来年进行一系列战略、战术研究。另外，当意外的事情出现并需要进行调研的时候，企业还要准备一笔特别的“秘密资金”。

7. 根本就没有调研预算

与特别预算分配类似，有许多公司根本就不为调研分配预算。在这种情况下，预算可能出自总裁、营销主管或品牌、产品、广告管理部门之手。只有当管理层认为非进行不可时，调研才会开始进行。不幸的是，没有调研预算表明了管理层对调研价值的态度。

不管采用哪一个预算分配流程，保持某种程度的灵活性是非常重要的。任何人都无法完全确定地预测在第四季度预算分配流程中规划的每一个调研项目在来年 6 月都是必要的。

同样，还有可能出现一些意外的情况并成为需要优先考虑的事情。在调研预算分配中，最重要的是承诺通过花费调研费用来改善决策的制定。公司可以决定选择哪一种预算编制流程，以最好地实现这一目标。

5.1 制定有意义的调研预算

对于小企业和创业企业来说，调研是它们最后才会考虑的事情之一。在大部分企业中，调研被看成是一种可以自由决定的支出，这笔支出很难被证明是合理的，因为调研支出不大容易立即产生回报。

一家小型制造企业的所有者曾经说过："如果我在调研上花费 5 万美元，能得到 10 万美元的回报吗?" 回答是："如果你不在调研上花这笔钱，你怎么知道你没有浪费 50 万美元利用错误的信息为你的产品做广告呢? 或者，你怎么知道你丧失了赚回 50 万美元的机会呢?"

另一个人说："利用调研费用，我可以聘用两名销售人员。如果这样做，我知道我能得到多少销售额和利润。" 回答是："也许你应该聘用一名销售人员，将原来打算支付给第二名销售人员的钱用来了解你的顾客，以及他们为什么不更多地购买你销售的产品。通过这种方式，你就可以在当前基础上提高销售人员的效率。如果你的销售人员具有了更充分的信息，他们就会更加努力地进行销售。现在就聘用更多的销售人员可能没有什么用处。"

对于游击营销人员来说，相信营销调研会带来有意义的投资回报总是一个问题。作为调研人员，我们坚信，计划周密的调研将使你做出更明智的决策，而这反过来又会增加销售量和利润。这使得对调研进行规划以及预期到调研完成后将要采取的行动变得更加重要。

同样重要的是，要认识到，调研也有可能向我们提议一些不应该采取的行动。在考虑进行新的投资或改变经营方式时，总是伴随着成本和风险。通常，调研将会指出一个想法不值得实施，或者为有效实现这种想法而要花费的金钱超出了公司的承受能力。在这些情况下，调研的回报就是防止犯代价高昂的错误。

从本质上说，一笔有意义的调研预算就是使调研能够完成的预算——获得制定更加明智的决策所需要的信息。有时候，这一预算只需要几千美元，而且我们发现，最初的调研投入很少有超过 25000 美元的时候。

在编制预算时需要考虑的另一个重要因素是调研是否由你自己来进行，这样做可以省下与聘用调研公司或咨询人员相关的成本。只有当你对调研过程有更深入的理解后（也就是在读完本书后），你才能做出这一决策。

5.2 逐渐控制一笔预算

在决定调研预算时通常有 3 个场景：

1. “执行第一个项目看一看”预算。
2. “感觉正确”的预算。
3. “让我们把它做好”预算

1. “执行第一个项目看一看”

这种方法适用于那些从来没有在调研上花过钱的公司。这些公司可能会看到，在尝试了无数种解决方法后，某个问题仍然存在。或者某一问题需要新的思维方式和不同的观点来解决，并且需要进行调研来寻找解决方案。

“执行第一个项目看一看”（First project look-see）中有代表性的想法是：“让我们在这上面投些钱，也许我们能够学到些东西”。事实是，第一次使用调研的人尽管准备不足，但仍然希望取得成功。这不一定不好。发现调研给你带来的机会是向前迈出的一大步。

显然，焦点小组是初次调研使用者最常采用的方法。听顾客和潜在顾客谈论你以及你的产品几乎总是能引起人们的兴趣，而且非常具有启发性。一家在多个州开展业务的拥有 20 年经验的住宅建筑商在观察了其第一个焦点小组后说：“过去的两个小时让我学到了最多的东西。”通常，初次使用者都会认为，赢得新顾客是他们面临的最大问题，也是他们想要进行调研的问题。

如上所述，对于初次使用者来说，增加自己业务的最快捷的方法就是在当前顾客身上下更多的工夫。

然而，初次使用者往往不去深入分析来自其第一个项目的结果。尽管他们也许认为不偏不倚地看待某一个烦人的问题是必要的，但他们并没有将使用调研当成是一种生活方式。通常，他们是在寻找一种简单的、一劳永逸的、必然成功的方法，以实现企业的成长。当调研指出他们需要关注很多个领域的时候，他们通常非常失望。

如果你处在一家“执行第一个项目看一看”这样的公司里，并且需要由外部调研公司进行调研，那么你应该把第一个项目的预算设定在 15000 ~ 20000 美元左右。如果你认为在没有外部帮助的情况下能够完成同样的项目，那么就把这一数字减少一半。

2. “感觉正确”

也许你正在试图制定 12 个月的调研预算。你可以看一看公司的销售额，然后选择行业中常用的比例（销售额的 0.5% ~ 1%）来确定调研的预算。你也以从营销或广告预算中分出一部分，或者是通过其他运算得出一个数字。

通常，试图为一个调研项目制定预算的新使用者会以“感觉正确”（It feels about right）为基础来完成这一任务。最有可能的情况是，在“执行第一个项目看一看”中已经取得了一些成功，而且现在调研被看成是一种有价值的工具。公司将调研更多地看成是一系列项目，而不仅仅是一个偶尔为之的项目——调研是一种工具，能够为制定决策提供一种更有条理的方法。

提交任何形式的年度调研预算都是向前迈出了一大步。而得到一个特定的数字很可能需要一系列的妥协。

由于调研费用必须有出处，因此这就变成了一个“取舍”的过程。也许要减少用在加薪、新设备或研发方面的预算。也许这笔费用应该来自公司的利润。

在决定如何为调研编制预算时，要遵循下面的思路：

> 进行市场调研的最佳理由之一是：它是一种低成本的企业保

险。你可以通过明智的调研为企业上保险，以避免犯下重大错误——甚至是威胁企业生存的错误。你可以取消一个糟糕的主意，或者推迟一种新产品的上市以便对其进行修正。记住，10 种新产品中至少有 8 种会以失败告终，如果你不进行一些调研，你就不可能获得出乎意料的成功。

不管最终遵循哪种方式，考虑用每年 10 万美元的调研预算进行 4 ~ 7 次有意义的研究。如果你认为能够在没有外界帮助的情况下独自完成这些调研，那就可以将这一数字削减 40% ~ 50%，或者使完成的调研次数增加 1 倍。

3. “让我们把它做好”

根据公司的目标编制调研预算通常是最便捷的一条路。如果你选择了这条路，那就在制定预算时聘用专业调研人员。考察一下未来 12 个月中你打算完成哪些任务，并集中于调研能够协助你实现目标的那些领域。考虑一下战略和战术问题。列出一份清单，把你打算做的事情写在上面。

在这一过程中，通过聘用调研专家，你就有可能很高兴地发现，一项大型战略调研可以支持一个宽泛的调研目标，以及大量的次要目标，其成本低于完成一系列小型调研的成本。你还可能发现，如果将几个小型战术调研结合起来进行，其成本也会低得多。

再强调一次，在任何预算编制过程中，毫无疑问，你都要做出妥协。如果你选择“把它做好”（Let’s do it right）的方式，你就会认识到，调研对于你的经营方式来说是至关重要的。因此你会发现，不管你分配给调研的预算是多少，这笔钱花得都很值。

当然，这取决于公司的规模和你所拥有的资源，但以正确的方式进行调研的预算很可能超过 6 位数。

5.3 你所在的企业属于哪种类型?

你的调研预算显然会受到你所在企业的规模和本质的影响。

与生产消费类包装商品的公司相比，B2B 营销者可以进行调研的顾客与潜在顾客数量更加有限，但也更难接触到。与全国性公司相比，当地或区域性公司的顾客数量也比较少。

然而，不论你处于哪一类行业，都有一个与你有可能调研的每一个潜在目标相关的价格标签。下面是一些任何企业都可能进行研究的目标：

- 研究当前顾客可能必须考虑下列目标：
  - 最好的或最有利可图的顾客，而不是最差的或最无利可图的顾客。
  - 可能在不久之前购买过一次，但没有第二次购买。
  - 当前从你的公司中购买，但同时也从竞争对手那里购买大量产品。
  - 作为各种销售活动（如销售人员的劝说、直接邮件/网络的诱惑、电话营销的诱惑、别人推荐等）的结果，先来到你的公司的顾客。
- 研究竞争对手的顾客需要考虑以下目标：
  - 一年前或更早的时候从你的公司购买过，但已经不再活跃的顾客。
  - 对你的竞争对手高度满意或高度不满意的顾客。
  - 从不止一家竞争对手处购买过，但还没有考虑从你处购买的顾客。
- 研究没有购买过你的产品类别中的产品的顾客应该考虑以下目标：
  - 购买过产品类别中的产品，但那是很久以前的事了。
  - 从未购买过产品类别中的产品，但你认为很有可能购买的顾客。

尽管企业的规模和本质会影响你能将多少钱用于调研，但这些因素不会指定你的调研优先顺序。这就是为什么你是一名游击营销人员的原因。然而，你将发现，年复一年，随着知识的增加，你会希望进行更加深入的挖掘。今天看起来不能提供很多回报的调研目标明天就可能为你提供最大的增长潜力。

5.4 深入挖掘

计算营销调研回报

在营销中最热门的话题是计算营销支出的投资回报率（ROI）。这一观念很明确。CEO、董事会和游击营销人员希望知道他们花出去的营销费用将为他们带来哪些回报。如果一个新资本项目的回报可以计算，那么为什么不能计算总体以及个别营销活动（如调研）的营销支出回报呢?

ROI 是投资回报率（return on investment）的缩写，也就是用来自投资的利润除以投资额，用百分比表示。例如，如果一家大型公司获得了 100 万美元的利润，而在营销上花费了 1000 万美元，那么营销的投资回报率就是 10%。如果一位游击营销人员从其产品中获得了 10 万美元，在营销上花费了 100 万美元，那么投资回报率也是 10%。

一般来说，营销费用总额不难计算，而且在年末计算出总收益也不难。但是，问题是，总营销成本或营销调研投资回报率要预先计算出来，也就是说，要计算出与不支出这笔费用或将这笔费用用于其他用途相比，利用这笔费用进行调研是否有可能带来更多的利润。

与大公司相比，拥有有限财务资源的游击营销人员估计出来自营销传播支出、开发新网站或者营销调研费用的回报更加重要。

对于营销的某些方面，投资回报率相对容易计算。例如，直接营销中，顾客列表的获得（list acquisition），目录或邮件包的设计、印刷以及邮资等要素的成本都可以准确地计算出来——由此产生的收入也可以计算出来。通常，电子营销的回报可以比较准确地进行计算，辅助营销手段如发放优惠券、回扣、在特定的展览会上露面或顾客增值计划等的收入也是如此。

问题在于，为了带来收入，所有的营销活动需要共同发挥作用。因此，度量广告或公共关系项目、销售人员的激励计划和营销调研等要素的个别贡献将非常困难。

编制一份清单并检查两次

估计营销调研回报的一种方式是列出在特定预算内你可能进行的所有调研。假设你的销售额是 500 万美元，在调研上花费了 75000 美元，也就是将销售额的 1.5% 用于调研。具体来说，你的调研费用花在下面 4 个方面：

1. 在你的顾客和潜在顾客之间进行焦点小组讨论，以确定顾客从你的公司购买而潜在顾客从竞争对手处购买的诸多原因。
2. 在顾客间进行一次调查，请他们就“为什么不像以前那样频繁地从你的公司购买”的原因进行排序。
3. 对 4 种营销传播方法中的哪一个最强大做出判断。
4. 进行一次客户满意度研究，看一看你的客户服务代表在哪些方面具有优势，在哪些方面存在不足。

这些活动值 75000 美元吗？它会指出你的劣势或弱点吗（这些弱点会妨碍顾客和潜在顾客了解你）？它会引导你改变沟通方向以鼓励潜在顾客尝试购买你销售的产品吗？它会指出你的客户服务代表在哪些方面较弱并有可能造成业务增长困难吗？

这些问题很有可能都能解决。如果你咬紧牙关花费了这 75000 美元，那么你很可能感到惊讶：在没有这些调研带来的知识的情况下，企业是如何经营的呢？

计算盈亏平衡点

另一种很实用的方法是计算出为了支付调研费用而必须达到的销量增加的盈亏平衡点。

假设你供职于一家叉车生产厂，并计划推出一种新的叉车。你的目标是开发出一种新的型号，以吸引那些从你的竞争对手那里购买叉车的顾客。

你判断潜在顾客最多为你的新型叉车支付20000美元，而生产和销售每一辆叉车的成本是15000美元。你正在考虑进行焦点小组讨论，以便使设计团队知道潜在顾客希望新叉车具有哪些特点，以及哪些营销传播信息会吸引人们的注意力。你计划进行6次焦点小组讨论，以全面代表你希望吸引的潜在顾客类型。调研的成本将是35000美元。

在这里，调研的投资回报率很容易确定。如果每辆叉车的毛利润是5000美元，那么与不进行调研相比，进行调研时则需要多销售7辆叉车。这听起来合理吗？你是否认为从调研中得到的信息能使你多销售不止7辆叉车？如果答案是肯定的，那就进行调研。

下面是计算营销调研盈亏平衡数量的公式。下次当你面临是否进行营销调研的决策时，试试这个公式。

盈亏平衡数量 = 营销调研成本 ÷ 单位产品毛利润

盈亏平衡数量 = 营销调研成本 ÷（单位产品销售价格 − 售出产品的单位成本）

盈亏平衡数量 = 35000美元 ÷（20000美元 − 15000美元）

盈亏平衡数量 = 35000美元 ÷ 5000美元 = 7（辆）

你感到不安了吗？

从最纯粹的意义上说，调研就是为了指导公司制定最佳决策。那么，你什么时候开始参与调研呢？金佰利公司的约翰·里斯（John Lees）是这样说的：

> 我们被迫在进行或不进行营销调研的情况下制定决策。我们面临着不得不做出的决策，以及如果出错我们将付出的代价。如果确信决策正确是非常重要的，那么我们就会进行调研。

我们的想法很简单：如果犯错误的代价令你感到十分不安，那么就花钱进行调研，这相当于上了保险。交多少保险费呢？我们建议交潜在损失的5%～10%。

假设你正打算花35万美元扩大你的酒店。花费17500～35000美元同当前的老顾客交谈看看他们是否愿意更频繁地光顾，并问一问住在附近但最近没有光临的人在你的酒店重新开业后是否会光顾，这样做是值得的。当然，调研应该致力于调查诸如运营时间、装饰风格及菜单选择、进行特别的促销以增加顾客量、为住在附近的顾客提供优惠价格等问题。

有一点信念

广告是一项关键支出，通常根据销售额的一定比例分配预算。但是，当销售非常疲软的时候，许多游击营销人员会明智地增加其广告预算。有时候，他们并不知道增加广告预算是否会有作用，但他们知道，丧失在顾客中的知名度会使销售量进一步下滑。换句话说，他们相信广告会发挥作用。

促销预算通常被认为是一种回报难以度量的支出。游击营销人员可以长时间不进行调研，但不会允许长时间没有销售宣传单和优惠券。他们相信，如果经常进行促销，销售量肯定会有所增加。

增加运营人员以更好地为顾客提供服务肯定被认为是一种支出，但人们相信，更优质的服务将增加销售量。

对于所有这些领域来说，拥有信念通常就足够了。回报则不必计算。

进行一次测试

这里有一个观点……

选择你销售的一种产品或服务，至少给自己 6 个月的时间。坚持下去，用良好的调研来指导你的营销方向。再选择另一种产品或服务，不对其进行任何调研，并根据你的胆识、直觉和创业本能按正常的方式制定营销决策。

如果你的公司只销售一种产品或服务，但在多个市场或区域进行销售，那么在一些地区利用调研指导运营方向，在其他地区则不这样做。比较这两种情况下销售量和利润的增加。如果销售量的增长大于调研的成本，而且大于未进行营销调研的市场增长，那么你就会得到自己的答案。

许多游击营销人员在一个地区拥有独立的业务。如果情况的确如此，那就应该在你能够承受的范围内尽可能多地了解当前顾客，并在6个月的测试期内遵循调研为你指出的方向。然后，将这一时期的销售量与上年同期进行比较。

我们知道，营销调研的终极价值是指导人们制定明智的决策。我们确信，你现在已经认识到营销调研和明智的决策是密切相关的。我们相信，如果将两者结合在一起，那么调研投资为你带来的惊喜一定会超出你的想象。

现在，你已经阅读完本书的第5章了。到此时，我们相信你一定认为调研会在你的企业中发挥作用!

第 6 章 聘请调研专家

6.1 游击营销人员应该自己进行调研吗？也许吧！

我们都知道，一位优秀的调研专家和黄金一样珍贵。但是，如果你有时间也有兴趣学习如何进行有效的调研，那你就没有理由不能成为一名调研专家，并以很低的成本（相当于聘请专家成本的一个零头）自己完成这些调研。至少，你可以找出那些你感到不能胜任的领域，然后再聘请这一领域的调研咨询人员。

假设你至少在某些调研中或在最初的几个调研项目中需要聘请专业人员，直到你学会“单飞”为止，本章后面的部分将帮助你找到最佳人选或最佳的公司，并确定向其支付多少钱。如果你倾向于自己完成调研工作，那么本章仍然会协助你实现这一目标，因为它展示出了常规调研项目的关键成本要素，你可以据此在你从事的项目中找出在哪些方面能够省钱。

6.2 如何判断资质

美国营销协会（American Marketing Association，AMA）是美国专业营销调研人员的主要协会。AMA 的数据库中存有 4 万多家会员企业和超过 75 万名个人会员，其会员中有 1100 家市场调研提供商。看一看芝加哥的 B2B 黄页，在“市场调研与分析”标题下有 200 多家企业。因此，你身边并不缺调研提供商。另外，如果你真的想找到更多的选择，那就在你最喜欢的搜索引擎中输入“市场调研公司”，就可以在上百万家企业中进行筛选了。

西欧、亚洲、拉丁美洲也有很多专业调研机构。例如，在欧洲，你可以登录 www. esomar. org、www. aemri. org 或者 www. efamro. org，从中找到成千上万家专业营销调研公司和现场服务公司。如果你想在亚洲、拉丁美洲或东欧进行调研，只需要在搜索引擎中输入“营销调研公司”并在前面加上你感兴趣的国家的名字（如“亚洲营销调研公司”），就能够找到需要的资源。

市场上并不缺乏能够帮助你完成调研的营销调研提供商或个人调研顾问。问题是要找到那些最适合你的资源。为了找到它们并尽可能少地向它们支付调研费用，请遵循下面的原则。

1. 找到一家规模较小的调研提供商

即使是只有一个人的调研提供商或咨询公司都可以。个人会在家里办公，在制定其服务价格时不必过多考虑日常开支。毫无疑问，调研公司越大，分摊到项目定价中的日常开支就越多。

2. 考查资质

显然，通过查看调研提供商的网站或阅读其文献资料，你可以了解它们提供的服务，但这些并不能完全帮助你确定这家公司是否适合你。它们更多地说明了提供商公司的情况，而不是为你进行调研的个人的情况。如果某家提供商看起来适合你，就给它打电话，解释你面临的情况，并要求同将要为你的企业进行调研的人谈话。

3. 亲自会见调研提供商

如果电话交谈让你感觉这家调研公司还不错，就要求进行一次面谈。在面谈之前，要一份将来要同你合作的人的简历或个人简介，以及其客户公司的名称和电话列表，以便同它们联系。你要确保下列事项：

为你进行调研的人至少要有 10 年的经验

尽管经验少一些也可以，但要确保与你合作的人工作时间足够长并见识过各种问题。期望大型调研提供商的调研人员每年至少参与 50 个项目是合理的。拥有 10 年工作经验的人很可能已经见识过你遇到的任何问题。如果你正在考虑的是一家一个人的公司，那么你肯定希望这个人是在调研领域从业 10 年以上的老手。

这个人应该对你的行业和/或你的目标顾客有一定的经验

如果你身处零售业，那么你不大可能聘请那些专门从事食品或饮料公司调研的人。如果你销售的是与科技相关的产品，那么聘请那些有技术背景和/或有技术公司调研经验的人是明智的。找到一家曾经为你的竞争对手工作的调研提供商会非常有利，但也不是必需的。调研人员会有意或无意地应用其丰富的经验使你的项目更顺利地进行。

聘用拥有用户方经验的人

如果你正在考虑聘用只有一个人的调研提供商或咨询公司，一定要确保他或她以前在大型公司或广告公司的调研部门工作过。这两类背景会为他们提供将你的营销问题转化为营销调研目标并最终转化为有效的市场调研方法的深刻见解。聘用一名仅有供应方经验的调研人员时应该小心一点。他们中的许多人在将重要的营销战略转化为特定市场调研目标时存在着局限。因此，要确保你聘用的调研提供商既有能力为客户提供咨询，又有能力执行项目。

你要聘用的人应该同各类客户进行过合作

那个人应该与一家以上、不同规模、不同行业的公司合作过。如果你发现某人只知道苹果、卡夫、通用汽车、宝洁或微软进行调研的方式，那么你得到的很可能是大公司解决你所面临问题的方法。另外，如果一名调研人员只与巨型公司合作过，那么他或她的观点就会有局限性。大公司的调研人员肯定是一些非常聪明的人，但来自卡夫或宝洁公司的人很可能会用花费大笔预算的心态来处理你的项目。最好聘请那些为小型、中型、大型公司都进行过调研的人。

你要聘用的人应该是全面的调研者

有些调研人员只知道如何进行焦点小组讨论，却不知道如何对数据集进行分析。有些人只会进行某些类型的调研（如产品测试、广告测试、认知调查），这使他们具有某种局限性。最重要的是，你不想聘用这样一个人：他只会把自己掌握的方法套用到你的问题上。

聘用一名教授

如果你能在附近的大学里找到一名营销调研方面的教师或教授，那么你就可能会在无意间发现一些新的问题。在这里，我们谈论的不是营销学教授，而是营销调研教授。

要想成为一名优秀的营销调研教师，通常要有一些实践经验。倾向于教学工作的实践者通常都拥有丰富多样的背景，具有大量的相关经验。有些教授的收费低于调研专家，因为这是一笔额外的收入。在考虑聘用一位教授作为你的调研者时，同样要遵循上面的原则。千万不要选择那些向你讲一大堆术语并向你推荐书本上不实用方法的书呆子。

6.3 是否一定需要调研提供商或咨询人员?

如果有时间，也有兴趣，你完全可以成为一名令人满意的调研人员，就像你可以写一些广告文案、制作一个有线电视广告、拍摄一些用于广告中的产品图片，或用计算机为公司记账一样。重要的是要量力而行，不要冒进或浪费金钱。

在一个合理的时间段内，你能够学会如何进行一次有效的焦点小组讨论、编写一份有效的问卷、进行现场数据收集、聘请公司来处理你的数据，并学会如何解释调研的结果。但是，如果你毫无准备地进行尝试，那么就很有可能会犯许多错误，并浪费大量的时间和金钱。

如果你发现某个人可以依赖，并认为他或她可以帮助你，那就需要学会如何以最合理的价格获得他或她的服务。

6.4　理解调研提供商的定价方法

在将调研外包的时候，了解其流程是很重要的。一般来说，调研公司有两种。一种是全方位的调研提供商，它们主要提供下列服务：问题的定义、帮助你制定调研目的和目标、项目的执行与控制，以及分析与报告。还有一种现场服务提供商，其主要职能是向全方位调研提供商或直接向终端用户提供数据收集服务。

全方位调研提供商向现场服务提供商提供项目说明，其中包括调研的类型、要完成的问卷的期望长度、要采访的调查对象的概况及数量，以及收集数据的方式。

反过来，现场服务提供商向全方位调研提供商或终端用户报价。全方位调研提供商的利润有很大一部分来自对现场服务成本的加成。如果你成为现场服务提供商的直接客户，那就可以省下这部分加成。你还应该明白，现场服务提供商知道它们通常会面临竞争者的报价，因此大多数愿意就价格进行谈判。

还有一些全方位调研提供商拥有自己的数据收集现场服务部门。这些公司的规模通常都很大，如盖洛普公司（The Gallup Organization）、思纬公司（Synovate）、全国家庭意见调查公司（National Family Opinion）、JD Powers 公司以及 Roper 公司。这些都是声誉良好的调研机构，主要为《财富》1000 强公司提供服务。

尽管这些公司肯定能够胜任规划并执行调研的任务，但与规模较小、没有现场服务部门的全方位调研公司相比，这些大公司的管理费用要高出许多。高管理费用意味着成本增加了，而这些成本必然会体现在其项目的定价上。对于游击营销人员来说，在某些类型的项目中聘用这些公司是划算的（我们将在第 13 章讨论），但正如我们在前面讲过的，这些高成本不是必要的。

6.5 计算项目的成本

在全方位调研提供商的项目报价中，有50%或更多的费用转给了咨询公司的现场服务提供商，而没有进入咨询公司的账户。在焦点小组或其他定性调研项目中，咨询公司将向现场服务提供商支付下列费用：

- 召开焦点小组讨论会议的场地租赁费用。
- 招聘现场服务人员以筛选恰当的被调查者并确保他们准时出席的费用。
- 鼓励被调查者积极参与的货币激励。
- 杂费，如为被调查者和客户准备食品的费用、进行录像/制作DVD的费用或者完成项目所需的其他材料成本。

就一次调研来说，咨询公司要向现场服务公司支付以下费用：

- 电话号码、邮寄地址等列表的获取成本。
- 公司提供的专业访谈者，这些访谈者可以筛选合适的被调查者，并向适当数量的被调查者发放问卷。
- 与电话调研相关的电话费用以及通过自动化平台进行调研时的编程成本，与通过在购物中心采访消费者以收集数据相关的购物场所成本，与进行邮件调研相关的印刷和邮寄成本，与因特网调研相关的编程及站点维护成本，发送电子邀请的成本，以及建立和管理问卷链接的成本。
- 根据调研方法不同，可能需要单独的数据输入费用，在多轮调研（multiple-wave study）中可能还需要数据维护费。
- 在调研中为了保证被调查者的合作可能需要货币激励。
- 如果存在开放式问题，要对回答进行编辑和编码，以便进行定量分析。
- 对问卷进行数据处理的费用。
- 在分析数据时统计过程的费用。

如果你选择与现场服务提供商直接合作，那么你就要准备好直接向其说明你想要他们做什么。你很少会聘用现场服务提供商来提供如何进行调研或如何分析调研结果的建议。现场服务人员通常不具备设计或分析调研数据的经验。最重要的是，他们主要是调研对象提供商，当告诉他们需要完成什么任务时，他们就能够最大限度地发挥作用。

在美国，由于只有自发的行业组织，如 AMA 和 CASRO，而没有正式的认证机构，所以你会发现很容易成为一家全方位调研提供商，因为你要做的就是挂出一块招牌，声称“我是一个调研提供商”，就会有客户相信你。为了给一项调研定价，你所要做的就是确定要求你的现场服务提供商做些什么，并确定向他们支付多少费用以使他们向你提供调研所需的若干访谈结果。拥有了这些信息，再加上少量其他的成本，你就可以决定就某一项目向你的客户收多少钱。

在英国、西班牙和法国，调研提供商可以通过遵守 EFAMRO 于 1999 年制定的《市场调研质量标准》（*Market Research Quality Standard*）来证明自己具备了资格。在这些国家进行调研的时候，问一问调研提供商是否通过了 EFAMRO 的认证是非常明智的。最近，ISO 20252 标准得以颁布。你可以在全世界范围内寻找那些声称自己遵循这一标准的积极进取的企业。

所有调研提供商都按一种方式为其项目定价吗？

不是。为了最好地利用你的调研费用支出，你必须理解提供商的定价方式。只有在知道了一项调研的各种要素后，你才能确定自己的费用花得是否值得。

我们基本上可以通过两种方式从一家提供商处购买营销调研。第一种是作为一个固定成本项目进行采购。固定成本项目包含了所有的成本。也就是说，提供商会报出一个成本，这一成本包括以下项目：协助你定义调研目标、为调查编写问卷或为焦点小组编写讨论指南、收集数据、分析结果、书写报告并给出建议。

固定成本报价中还包括调研提供商向其现场服务提供商支付的成本，其中包括现场服务成本（为你的项目进行实际访谈）、数据处理成本（排列数据以便进行分析）、统计人员成本（如果需要特别的统计过程)、其他成本（与完成项目相关的其他任何成本，包括复印和印刷服务、准备必要的展示等）。

固定价格成本法是全方位调研提供商最常用的定价方法。由于调研购买者实际上无法知道在固定价格报价中的加成和利润是多少，因此想要知道自己是否支付过高价款的唯一方法就是获得竞争性报价。如果你从另一家公司得到了一个较低的报价，那么你可能会非常满意自己得到了一个好价格。但实际上，这一切只意味着第二家公司的定价方法更具竞争力，而不一定意味着你得到了最好的价格，因为第三家提供商的价格可能会更低。

购买营销调研的第二种方式是根据一定的小时费率再加上其他一些支出成本。此时，提供商将为各种服务报出每小时的费率。有些提供商对任何任务都收取同样的小时费率，有些提供商则对定义问题和设定调研目标、编写问卷、质量控制、数据分析、提出建议等所花费的时间收取不同的费率。然后，提供商会报出完成服务所需时间和成本的估计值，再加上他们需要支付给其现场服务以及其他服务提供商的成本。

利用这种成本核算方法，你可以准确地知道自己支付的成本以及专业服务成本。这使得人们更容易判断一家公司的收费是否高于另一家。尽管有些提供商收取更高的价格是合理的，但至少在制定决策的时候你可以拥有一个公平竞争的环境。

正如我们指出的，绝大多数调研提供商都喜欢以固定成本为基础。通常，固定成本定价法会比按小时定价带来更多的收入。实际上，有些调研提供商拒绝为其服务报出每小时的费率，因为这样做就暴露出了其加成结构。如果你遇到了这样一家公司，我们建议你离它远点儿。

焦点小组的成本

在一个焦点小组项目中，主持人将赚到多少钱?

让我们先看看固定成本定价法，并考虑一个焦点小组项目。

一个典型的焦点小组可能由 4 次为期两个小时的焦点小组会议构成。如果现场服务提供商进行的焦点小组研究“质量一般”，那么调研提供商支付给它的成本大致如表6.1所示。

表6.1　焦点小组成本示例

成　本	金额（美元）
1. 焦点小组会议室租金：4个小组，每个小组450美元	1800
2. 招募被调查者：每个小组10名成员，每个成员100美元，共40名成员	4000
3. 被调查者的激励：40名被调查者，每人75美元	3000
4. 食物、录音及茶点	300
总成本	9100

我们假定焦点小组主持人每个小组平均收费2500美元，其中包括项目设计/规划/管理、编写筛选问卷、准备讨论指南、主持会议、分析、准备报告和建议。4个焦点小组的总费用为10000美元。向客户的报价（不包括差旅费）如下：

主持人费用	10000美元
焦点小组成本	9100美元
总固定价格报价	19100美元

这19100美元的成本还会上下波动。有些主持人主持一个焦点小组的收费远高于2500美元。很多主持人的收费高达4000美元，特别是那些来自纽约、芝加哥或伦敦等大城市的主持人。当然，根据其工作量、与客户的关系、将此次调研推广至其他调研的可能性、其经验水平等，有些人的收费也可能低于2500美元。

另外，一些主持人可能倾向于在其现场服务提供商收费的基础上加收20%的费用。这会使固定价格报价再增加1800美元。

主持人还会在他们制定的被调查者激励预算中赚更多的钱。在这个例子中，表6.1显示出，为40名被调查者提供激励的预算为3000美元。主持人很少会把全部3000美元发出去，因为这40名被调查者不大可能全部到场。如果每个焦点小组只有8名被调查者到场，这意味着只有2400美元被分发出去。要注意，很少有主持人会把剩下的600美元还给客户。

同样，根据被调查者的类型不同，现场服务成本也会有很大不同。公司管理人员、商业专家、采购代理、医生或牙医、律师以及财务规划师的聘请和激励成本要远高于一般消费者。聘请其他一些很难找到的消费者，如特定品牌的购买者、很少有人购买的产品的使用者，或者收入极高的消费者等，其成本要高得多。

在焦点小组调研中节约成本

如果你提出要求，许多主持人会以小时为单位来工作，并很乐意让你直接支付现场服务成本，或者让你看到他们从现场服务提供商那里收到的成本估计的书面文件。为了节约焦点小组项目的成本，我们为你提供下面这些建议。

1. 获得竞争性成本。找到至少两名合意的主持人，要求他们报出固定价格的竞争性报价。
2. 要求第三名主持人报出每小时的收费。要求这名主持人至少给出两个焦点小组现场服务提供商的书面成本估计。比较固定价格报价和以小时为单位的报价，你会发现其中的差别。
3. 要求固定成本报价和按小时报价的主持人分别报出一份完整报告和一份摘要的成本。通常，从摘要中你就可以得到你需要的大部分信息，特别是在你亲自观察（或评估）了焦点小组并进行了完整记录的情况下。如果焦点小组项目的目标是帮助你为后续调查写出一份更加有效的问卷，那么就需要提供一份完整的报告。如果主持人不需要写报告，则它的收费应该降低500美元。
4. 请主持人给你提供分级报价。在进行完前两次焦点小组讨论之后，许多主持人可能愿意接受较低的价格。特别是在拥有6个或8个小组的较大规模的焦点小组调研中，利用分级定价可以大幅降低支付给主持人的费用。
5. 想尽一切办法要求主持人归还已经编入预算但没有使用的被调查者激励资金。
6. 确定是否可以在规模较小、成本较低的市场中进行焦点小组讨论。在美国，应该努力避开超大型市场如纽约、芝加哥、波士顿、洛杉矶或旧金山，因为其现场服务成本比其他地方高出10%～20%。甚至在亚特兰大、密尔沃基、坦帕、那什维尔、圣安东尼奥和萨克拉门托等大型市场中进行调研都比在这些市场中进行调研更划算。在得梅因（Des Moines）、诺克斯维尔（Knoxville）、杰克逊维尔（Jacksonville）、韦恩堡（Fort Wayne）等较小市场中进行调研的成本更低。

这一点在世界上几乎所有的国家都是正确的。例如，在伦敦或巴黎进行焦点小组讨论会比在巴思（Bath）或里昂的成本更高。这里的关键是：市场越大，进行焦点小组调研的成本就越高。因此，如果较小的城市足以实现你的目标，那就避免在大城市进行调研，以节约成本。

7. 确定是否需要录像。许多主持人会建议对焦点小组进行录像或录制 DVD。你首先应该决定录下被调查者的影像是否有价值。如果进行录像，你就可以为那些没有参加焦点小组的人播放录像，或者在销售或规划会议上强调重点，这样的话，额外的支出就是值得的——特别是在身体语言有助于解释发言的涵义或者需要看到会议中使用的样品或展示品才能理解人们的响应时更是如此。

   但是，越来越多的焦点小组设施提供商免费提供录像服务（或者将这笔费用捆绑在诸如会议室租金之类的价格中），这种节约的余地越来越小。

   另外，还要考虑是否需要 FocusVision 或 ActiveGroup 的服务。这些服务可以将会议实时传送到一个安全的网站上，以便人们可以在其他地方观看。它们还会将会议录像存放在网络上以便以后观看。这种服务的成本大约为每天 1500 美元。

8. 注意食品和茶点的成本。当被收取了 50 美元但只能吃到 15 美元的比萨饼时，客户总是非常吃惊。许多公司会在提供给你或被调查者的食品上加价，而另一些公司则只收取实际发生的费用。要搞清楚你在食品和茶点上的支出。

在电话调研中服务提供商能赚多少钱?

你从电话调研提供商那里得到的固定成本报价的计算与焦点小组项目类似。再重复一遍，它是由三个要素构成的：

1. 全方位服务提供商将向其现场服务提供商和其他服务提供商支付多少成本。
2. 在项目中与你协作的提供商人员的费用。
3. 对第一个和第二个要素的利润加成是多少。

下面举个例子。假设你需要进行一项电话调研，希望对上一周在一家快餐店吃过东西的300名顾客进行调查。表6.2给出了一家全方位服务提供商计算其成本的典型方法。

表6.2　电话调研定价实例

成本要素	
a. 需要支付的成本	
电话访谈现场服务（300人，每次访谈20分钟，每完成一次访谈35美元）	10500美元
购买电话号码随机样本	900美元
数据处理	1000美元
统计分析（3次回归分析）	900美元
快递费用	100美元
印刷报告	75美元
电话、传真等内部成本分摊	50美元
用品/其他杂项费用	50美元
总支出费用	13575美元
b. 内部劳务	
项目规划（10个小时，每小时150美元）	1500美元
问卷开发（10个小时，每小时200美元）	2000美元
现场服务项目管理（5个小时，每小时100美元）	500美元
报告与建议（25个小时，每小时250美元）	6250美元
总内部劳务成本	10250美元
总支出成本+内部劳务成本（a+b）	23825美元
项目加成（50%）	11912美元
总计	35737美元
向客户的报价	35700美元
每次访谈的成本（35700美元除以300次访谈）	119美元

在这一报价中，有一些主要因素会影响最终成本：

- 提供商与电话访谈服务公司是否就成本进行了认真的谈判。完成一次电话访谈收费 35 美元可能高也可能低。显然，这一成本是最终价格的主要组成部分，人们总是会怀疑咨询公司是否与合格的电话访谈服务公司进行了谈判并获得了一个有竞争力的价格。
- 估计工作小时数以及各职能的每小时费率。调研提供商无法绝对肯定地知道他们在一个项目上花费的时间是否超过估计值。在固定成本报价中，当项目出现问题且需要额外的时间来解决却不能向你收费时，他们的收入就会减少。这些时间本来可以用于其他客户的其他项目。由于这一原因，调研提供商倾向于对完成项目所需时间估计长一些。如果他们比预计的更有效率，他们将在这一研究中得获得极高的利润。
- 其员工的工资水平。各提供商之间的员工每小时工资率差别很大。有些提供商会派遣资历较浅的员工来完成你的项目，并收取较低的费用。有些提供商会派出高级职员来完成项目，收费自然会比较高。当然也有一些公司会按资深职员的标准收费，但却派出资历较浅的员工来完成你的项目。
- 加成。大型全方位服务调研公司的管理费用更高，其加成肯定比较小的公司更高。大型公司的工资率也比较高。大公司和小公司通常都加成 50%，有些则要加成 60%，但还有一些公司的加成只有 40% 或 30%。当业务比较清淡的时候，加成就会降低，因为提供商不得不拿到一些项目来支付其固定的管理费用和工资。当业务繁忙的时候，加成有可能提高，因为放弃某些项目是值得的。在特别繁忙的时候，对一些毫无戒心的客户提高加成将为全方位服务提供商带来惊人的利润。

节约调研资金

虽然这一切可能很有意思，但你或许想知道它们对你意味着什么。如果你不具备这样的背景知识，那么以较低的成本购买到高质量的调研将十分困难。当你知道该如何应对的时候，毫无疑问，你会达成一笔更好的交易。下一次对调研进行询价时，请遵循下面介绍的方法。

1. 从你筛选出来并感觉不错的全方位服务提供商处获得两个或三个固定成本估计值。要保证所有的调研提供商都在针对相同的项目报价。尽管调研提供商很讨厌这样做，但把项目说明书分别提交给不同的提供商是必需的。

   如果你这样做了，要告诉提供商，你同样也把这一说明书交给了其他提供商，但仍然希望他们报出一个有竞争力的成本。他们会理解和赞赏你的坦诚，并有很可能会降低其加成，因为有人在和他们竞争。还要告诉他们，如果他们不同意你的做法，也可以提出其他方法。这样，你仍然能够在相同的基础上进行比较，而且还能够借鉴其他方法。

2. 要求另一家提供商就项目报价，但把要支出的成本从劳动力成本中分离出来。你可能会发现，以这种方式获得的项目报价与你收到的固定价格报价非常接近。但是，在以这种方式计算成本时，许多提供商会降低对其劳动力的收费，或者减少对其支出成本的加成。

3. 比较数据收集方法。对于许多调研来说，收集数据的方法不只一种，如可以通过电话、互联网和邮件收集数据。如果在提问问题的时候没有特殊的要求［如你无法通过电话展示图片，无法通过邮件有把握地提出无提示认知问题（unaided awareness question）］或时间要求（如电话、互联网的速度很快，邮件则比较慢），因而不会排除或偏好某种特定的数据收集方法，那就请提供商根据不同的方法报价。

4. 预先支付 75% 的项目成本，并要求提供折扣。调研服务提供商，特别是规模较小的公司，都会面临现金流的问题。在项目得到认可后，调研提供商通常会要求你在 30 天内支付 50% 的费用。在你收到最终报告并感到满意后，再支付剩下 50% 的费用。在收到你支付的款项之前，提供商可能不得不垫付一大笔费用。

同样，调研提供商还可能担心某一客户的还款记录甚至支付能力。你也许可以考虑告诉提供商，在收到其发票的时候就签发一张支票，以换取对项目费用的折扣。通过在这方面体现出关怀和诚信，服务提供商（特别是规模较小的公司）就可能愿意为你打折。

5. 找到你信任的一个人的调研公司。假设那个人没有忙于其他项目，那么毫无疑问，他报出的价格肯定会低于大型调研提供商的报价。
6. 推迟项目。如果你感觉调研提供商的报价超出了你的预算，而且你也不急于获得调研结果，那么可以问一问他们能否在不忙的时候（比如一两个月后）再进行调研并降低价格。
7. 考虑多个项目。认真考虑进行一项以上调研的可能性，这些项目可以同时进行，也可以令第二个项目推后几个月进行。如果调研提供商认识到第一个项目会带来第二个项目，并且准备把其他项目交给自己完成，那么他有可能降低所有项目的价格。如果在未来12个月你会支出大笔的调研预算，那么情况更是如此。与其他服务提供商和咨询公司一样，调研提供商对长期关系更感兴趣，而不仅仅是在一个项目中赚你多少钱。与仅为一个项目报价相比，同时为多个项目报价时，大多数调研公司都愿意接受较低的加成。
8. 向另一位客户推荐调研提供商。将该提供商引见给另一位客户，看看你最终收到的发票有什么变化。
9. 拿回10%。调研提供商通常会对其调研报价增加或减少10%，例如，19100美元+/-10%或者35700美元+/-10%。讲道德的调研提供商除非遇到极大的支出，否则永远都不会拿额外10%的费用。如果在项目进行过程中，项目的意外成本增加，调研提供商应该通知你出现的问题。这样你就可以决定是否追加费用，或者在其他地方做出妥协。

你应该知道，如果调研提供商的工作完成得比预期的还好，那么他们把意外支出返还给你是极不寻常的。在项目结束时，特别是你很满意并打算再次聘用这家调研提供商的时候，说明这一点，并问一问项目是如何完成的。提一下10%的意外支出，看看有没有可能在最终发票上打一些折扣。

10. 主动向调研提供商支付所需的费用。你愿意承担的任何财务负担都有可能成为调研提供商降低其收费的原因。

6.6 调研提供商的收费合理吗？

既合理也不合理。

如果你聘用了一个规模较大的调研提供商——任何超过5名雇员的提供商——那么很可能是由一名资历较浅的员工为你进行调研，而且调研提供商的规模越大，这种可能性就越大。这意味着向你推销这一项目的那个人和你非常信任的那个人并不像你想象的那样重视项目的执行情况。如果那个人的专业知识至关重要，而且他也有时间完成你的调研，那么情况就不会太糟糕。当然，你永远都无法确定事情会如你所愿。

大型、全方位调研提供商拥有权威的、令人信服的项目负责人，而项目的执行者则通常在能力和经验方面有所欠缺。如果由缺乏经验的项目执行人为你编写问卷、分析数据并提出建议，那么你花的钱就有些不值。

我们相信，游击营销人员最佳的选择是规模较小的调研提供商。在这些公司中，执行项目的人就是帮助你规划项目的那个人。一般来说，这意味着与公司的所有人或合伙人打交道。在这种情况下，为你编写问卷的人曾经编写过成百上千份问卷，并为上百次或上千次的调研进行过数据分析。

任何东西都不能替代这种实践经验。向这些调研咨询人员支付大笔费用值得吗？当然值得。

了解你在为什么付钱

如果与一个规模较小但经验十分丰富的调研提供商打交道，那么你从调研投资中获得的回报将远远超过你的投资。对于小型调研提供商来说，你是一个非常重要的客户。你的调研取得成功以及由此带来的企业成长将会为其带来额外的机会，这种机会对于规模较小的调研提供商的意义比大公司要大得多。

大型调研公司更加关注卡夫、宝洁、西门子或可口可乐等企业，这些企业每年的调研预算高达上百万美元。例如，2006 年，联合利华在调研上的支出据说是 6 亿美元。对于一家大型调研公司来说，这一数字的 5% 就意味着 3000 万美元的收入。

为了正确地看待这 3000 万美元，利用 CASRO（美国调查研究组织委员会）的数据，我们估计，2005 年美国花在一手资料调研（primary research）上的总营销调研支出超过了 44 亿美元。CASRO 称，在其成员中，只有 14% 的公司收入超过 3000 万美元。很明显，大型调研公司对大型企业的关注肯定超过了对小型企业的关注。

对于许多（但肯定不是全部）大型调研提供商来说，小规模调研客户更多的是麻烦而不是机会。如果你发现一家大型调研公司更有能力完成你的项目，那么就要千方百计地利用它。要确保由经验丰富的人员来完成你的项目。

6.7　成为一个好客户

你已经完成了你的尽职调查（due diligence）。你已经找到了值得信任的调研提供商、设计出了你的调研方案、对价格进行了谈判，并下命令开始执行项目。但是，如果你不是一名好客户，这一切努力就会变得无效。为了从预算中和调研提供商处获得最多的收益，你需要遵循表 6.3 中所示的“应该做”与“不应该做”的列表。

这是一条双行线。最优秀的调研提供商对于令你的项目尽可能多地获得深刻见解具有强烈的兴趣。最佳客户应该十分尊重这一努力。

表 6.3　成为一名好客户

应该做	不应该做
关注调研日程安排	很难取得联系，对于商定的时间安排反应迟钝或者不太关心
确保让其他人参与该项目	表面上向其他人分配了职责，这些人在制定决策之前必须同你协商
了解调研的进展情况	真讨厌。如果有情况需要你关注，调研公司才会通知你
期望看到承诺的结果	催促更快获得结果。这只会让调研提供商尽可能缩短用于分析数据的时间
在得到结果后尽快同来自调研提供商的人召开会议或请他们进行展示	将报告束之高阁
在制定决策的过程中让调研提供商参与	忽视调研提供商或咨询人员的作用，不让他或她参与制定有关如何使用调研结果的决策
在他们希望的时候付款	让咨询人员担心你的支付能力，或者担心会令发票过期

第 7 章

你应该进行多少调研?

7.1 少量的调研就可以发挥很大的作用

开始调研过程的方式有很多种，成本不高的顾客满意度调查或一系列焦点小组是最常见的方式。你能够走多远通常取决于在第一次调研中你获得了多少利益。

我们曾经见到过有些客户从过去 6 个月进行的几次焦点小组讨论中获益，他们改变了与客户服务进行交流的方式、广告传达出的信息以及销售人员接近潜在顾客的方法。我们还看到了仅花费 15000 美元进行调研所获得的信息就足够公司花费 1 年甚至更长的时间才能完全消化和整合。当然，我们还见到过一些公司花费了巨额调研成本，但却将获得的结果束之高阁。

一项花费了 25 万美元对酒店业市场结构进行的调研一点儿都没有得到重视，因为在客户的董事会会议室里，调研公司没有向到场的董事长、总裁和其他高管们说明调研的发现。他们开始讨论晦涩难解的统计过程，在最初的 5 分钟里就失去了听众，并被命令离开会议室。后面的会议被取消了，从那以后任何人都不允许再提那次调研。

在另一家客户中我们发现，调研是由几个部门以及这些部门中不同的管理人员完成的，但没有一个人将这些调研进行综合。公司对其市场的理解并不比寓言中摸大象的盲人更好。这些盲人每人抓住大象身体的一部分，然后就宣布大象像条蛇（象鼻）、扇子（耳朵）、墙壁（身体侧面）、矛（象牙）、树（象腿）和绳子（尾巴）。

在一家公司中，我们经常会遇到新员工不知道以前的调研有什么用处的情况。

在第4章中，我们讨论了如何开始调研。我们认为，留住当前顾客的最佳方法、鼓励他们更频繁地购买、从竞争对手处吸引新顾客等都是一些很好的选择。然而，关于进行多少调研的问题通常是一个你从调研努力中获得多少价值的问题。

从第一次甚至最后一次调研努力中获得最大收益的重要性值得反复强调。我们再说一遍：最大化你的调研努力十分重要，如果失败了，那么你就可能把钱留在桌子上。

7.2 调研的“保质期”可能很长

大多数调研在相当长的时期内都不会失效。人们学到的知识有一个很长的“有效期”。但是，有时候技术改变市场的速度似乎比高速飞行的子弹还快，让我们实际看一看：

- 星巴克（Starbucks）成立于1971年，到1992年就拥有192家店面。
- Costco公司1976年成立，至今已经有30多年的历史。
- 亚马逊公司（Amazon）创立于1994年，但最近它将自己从一家图书销售商转变成了众多产品的销售平台。
- Absolut公司于1995年推出了风味伏特加。
- Google于1998年第一次出现在我们的计算机屏幕上，但公司花了一段时间才明白，其客户不是进行搜索的人，而是被搜索的企业。
- iPod于2001年推出。
- 黑莓手机（Blackberry）从2002年开始流行。
- Facebook网站于2004年开始运营。

如今，这些企业可能都可以被划入“成熟”企业之列。成熟的市场被定义为重复销售等于或多于向新顾客销售的市场。成熟还意味着一定程度的运营复杂性。今天为那些成熟企业进行的营销调研肯定会在未来

12个月甚至更长的时间内有效。

你认为这些企业以及规模类似的企业会在调研完成1个月后（更不要说1年后）重温调研的结果吗？一般不会！

就营销调研的价值而言，游击营销人员可以从大公司学到一些东西。在这个例子中，他们可以学到不能做什么。如果不出现剧变，市场也不会出现快速的变化。另外，由于大公司对其调研采取了"用一次就行"的态度，因此它们在调研上花费了许多金钱，在这一点上，游击营销人员不应该向它们学习。

在我们写这部分内容时，美国和其他国家正在经验一次经济灾难。尽管消费者正在减少其支出，但这并不能从根本上改变他们对购买的产品和服务的认知或者品牌的象征意义。尽管今天市场正在呼吁生产一种全新的能源效率高的汽车，但这些重大变化需要数年的时间才能发生。

即使是这些在每代人中都会发生的金融危机也不会令你最近进行的调研完全无效。然而，我们面临着一个更加艰难的商业环境，这种环境使我们更加难以令顾客满意并留在你身边。这就是为什么重温过去的调研并从中发现新的见解在当今世界中更加有意义的原因。

因此，我们再强调一次，不要重蹈许多大公司的覆辙。不要因为开了一两次会来认真讨论最近的重要调研，就假设你已经挖掘出了调研的所有价值。要认识到，你应该遵循一个流程，以便最大限度地利用每一次调研的成果。

7.3　如何最大化调研的回报

假设你希望从其他人那里获得一些意见，我们建议你遵循下面的一些步骤（如果你自力更生，那么在完成第一步和第二步后就跳到第六步）：

1. 你和其他人应该在宽松的氛围中单独对调研进行评估。坐下来，别紧张。像读小说一样，不要过早下结论。
2. 再一次认真地分析一下调研结果，记下你的发现以及可能采取的行动。为所有人完成第一步和第二步规定一个日期。我们建议这段时间不应该超过5个工作日。

3. 随后，如果调研提供商为你进行调研，那就要求他们向你和其他人介绍这些调研成果，并让他们思考你应该采取的行动。如果你在内部进行调研，那就要求调研负责人进行展示。
4. 展示过程中，每个人都应该添加他们认为可能的行动。
5. 在第二天或在展示结束后同小组会面，并指定一名记录员。要求记录员将每个人的潜在行动步骤公开列示在一块画板上。针对这些想法进行头脑风暴（参见第10章讲解的头脑风暴技术）。
6. 单独或在其他人的帮助下决定未来12个月可能采取的行动步骤。另外，列出那些完成时间可能超过12个月而你认为非常重要的行动步骤。
7. 写出一份简要的行动计划（不要超过3页），注明每一行动的完成时间和负责人。从那些你可以马上实施的行动开始。要有原则。将每项行动的完成日期在日历上标注出来。先是30天内要完成的，然后是60天内要完成的，最后是180天以后要完成的。在第一个日期来临的时候，希望你的团队已经完成了第一项行动。如果没有完成，那就赶紧完成。
8. 改变行动计划和日程安排。时间总是会改变你对调研的预期以及对结果的看法。在你偶尔重新阅读以前的调研报告时，对你来说有些发现与建议将变得更加重要，而有些则变得不太重要。如果市场条件（你是无法控制这些条件的）十分明确——如石油价格飞速上涨，那么这一点尤其正确。
9. 继续遵循这一流程。每隔几个月就重新阅读一份调研报告。在获得新的见解并采取必要的行动之前，那份调研报告都是有效的。

每次重温一份调研报告，你都可以获得新的见解。你尚未采取的行动或多或少地变得更加重要。你会设想出以前没有考虑到的新行动和新的优先顺序。毫无疑问，对调研支出最大的浪费就是在阅读一次之后就将调研报告束之高阁。对每一项完成的调研越关注，你的企业获得的改善就越大。

7.4　到底应该进行多少调研？

只要你愿意，多少次都可以

调研报告是无私的（egoless）。是阅读者患上了“非我发明”（not invented here）症。如果你不愿意客观地对待调研报告的结论，如果你不愿意承认以前的决策错了，如果你不愿意尝试调研报告建议的新方法，那么你不仅是在浪费花在上一次调研上的金钱，而且也应该知道还要再做多少调研。

答案是：“不要再进行调研了”。

比竞争对手多一些

当然，我们很难知道竞争对手进行的调研数量。但是，在完成第一次调研后，你就会有一个非常好的想法。你很可能会了解一些有关竞争对手顾客的情况，而这些情况以前你并不知道。你将理解竞争对手是如何做广告的，以及为什么要那样做广告，也会理解竞争对手如何与其顾客接触。

你将深刻地理解其营销项目，并更好地理解为什么在某些领域他们比你做得更好或更糟。你将理解他们对定价的看法，或者为什么他们的客户服务人员或销售人员的做法与你的员工的做法不同。重要的是，你将开始明白为什么你的潜在顾客只不过是潜在顾客，而没有成为真正的顾客，即为什么他们会从你的竞争对手而不是你那里进行购买。

你也许会看到，竞争对手早已拥有了你刚获得的情报，这就解释了为什么在市场上他们比你更强大——或者说明了他们为什么相对弱小。同样，重要的是，你将拥有新的信息，这些信息能够使你更有效地同对手进行竞争。

你还有可能非常走运。你可能会看到竞争对手忽视了一些显而易见的因素，或者犯了与你一样的错误。你可能会发现市场中没有得到满足的需求。也许你会看到一个机会，只要重点稍做改变，就能产生巨大的优势。

你可以假设竞争对手面临着同你一样的问题，并且可能正在进行调研以解决这些问题。如果没有这些情报，那么你将处于明显的劣势之中。

聚焦于最大的竞争对手

假设你一切都有条不紊，提供了令当前顾客满意的服务，那么最重要的就是时刻了解最大的竞争对手在做什么。大的竞争对手应该会尽可能地令顾客满意，并保持他们的忠诚。但是，规模常常带来自满，它们会忽视一些显而易见的东西。事实证明，作为游击营销人员的你，攻击大竞争对手的弱点并诱使顾客发生转变比战胜那些较小的、更加饥饿的竞争对手容易得多。

大的竞争对手通常会设定吸引和失去顾客的标准。它们的营销能力或许十分可怕，顾客也会成群结队地追随它们。但是，如果它们更加关注赢得顾客而不留住顾客，那么大公司就很容易将业务拱手让给规模较小且更加敏捷的竞争对手。

即使你的调研预算有限，也应该拿出一部分来研究最大的竞争对手的所作所为。如果竞争对手做得比你好，而且你可以采取措施扭转这一局面，那就去做。找出它们的弱点并加以利用，如开发一种新的产品或改进现有产品、提供不同的利益和/或产品特色，或者引入一种客户服务方式来满足并吸引大竞争对手的顾客。

在此，我们要向你提出一点忠告。如果你选择向市场领导者发起攻击，那么作为游击营销人员，我们相信，你一定知道进攻应该从侧翼发起。当规模较小的竞争对手从正面向其赖以生存的产品发起进攻时，实力雄厚的市场领导者有能力也愿意通过花更多的钱毫不留情地将其击溃。

下一步要关注较小的竞争对手

学会了如何攻击最大的竞争对手后，就要将目光转向较小的竞争对手。理解与你旗鼓相当或规模更小的竞争对手如何赢得并留住顾客总是有价值的，而且就这一点而言，它们肯定面临着同你一样的问题。理解顾客选择比你更小或旗鼓相当的竞争对手而不选择你的原因，将开阔你的眼界，并为你提供“弹药”，以便同它们进行更有力的竞争。

以星巴克为例。如果你打算在你家附近开一家咖啡店，那么直接同星巴克进行竞争将毫无胜算。此时，向一些当地的咖啡店（如 Joe’s 咖啡店、Barbara’s 咖啡店或 Pete’s 咖啡店）学习是非常明智的。学学它们为什么能够生存下来。为什么它们的顾客还会光顾这些咖啡店，而不是去附近的星巴克？模仿或超越其成功之道可能会成为你的成功模式。

这一原则是可靠的。通常，市场非常分散。尽管大公司可能会占有优势，但有可能它控制的市场不超过总体市场的 20% 或 30%。找出一些方法来击败同样是竞争对手的众多小公司。赢得它们的顾客比赢得大竞争对手的顾客可能更容易。

7.5　那么到底需要进行多少调研呢？

外科医生要做手术。木匠要钉钉子。对于调研人员来说，所有的营销问题都可以通过调研得到解决。

实际上，对于应该进行多少调研这一问题没有正确的答案。这就像是在试图回答“我应该有多健康”这个问题。你真的从医生那里得到过一份完全没有问题的健康证明书吗？你总是可以做些什么使自己更健康、更长寿。

调研也是如此。你总是可以找到一些使企业获得成长的方法。你永远都不会真的结束。最终，答案存在于你应用调研获得信息的能力以及可用预算之间。

一位客户最近告诉我们，他不打算为来年分配调研预算，因为他所在行业出现的衰退伤害了他的销售，这反过来使他没有钱进行调研。他继续告诉我们，从上一年的调研支出中，他获得了很多的价值。

我们对这位客户的决定有两种反映。第一种反映是，他只不过是在讲客气话。如果他真的认识到上一年的支出为他带来了巨大的价值，那么他就会知道，如果不进行调研，他就有可能丧失已经获得的业务，因此应该继续进行能够为他带来收入的调研。

第二种反映是，在困难的时候，有必要更好地、更聪明地做事。调研能够帮助他确定其前进的方向，从这一点来看，这位客户有些短视。即使是在不断收缩的市场中也存在着机会。实际上，市场不景气的时候是学习如何超越竞争对手的最佳时机。最终，在帮助这位客户理解他从上一次调研中获得的收益方面，我们做得不太好。

何时停止调研

下面是我们的 10 大问题列表，可以用来判断何时停止进行调研。如果你对所有问题都回答“是”，那么就去为自己购买一辆新车、一艘游艇、一所别墅或其他东西。你肯定不需要用这笔钱进行调研：

1. 你的企业凭借纯粹的惯性就能提高盈利能力吗？
2. 你的企业不进行改善也能成长吗？
3. 你知道竞争对手可能会采取的阻止你成长的所有措施吗？
4. 你是否确信自己不会失去顾客或肯定能够赢得新顾客？
5. 你是否确信没有任何事情会使你的产品被淘汰？
6. 你是否确信你的企业不受趋势变化的影响？
7. 你是否确信只有你才能够形成使企业获得成长的观念？
8. 你有预见能力吗？你能从今天的报纸上看出明天的股票市场报告吗？
9. 你是否已经签署了一份能够使你成为百万富翁的销售协议？
10. 你今年是否已经将销售额的 0.5% ~1.5% 用于调研？

第 8 章
调研规划

8.1 什么是调研规划

在制定调研目标以及某一特定调研的行动步骤与开发一个完整的调研规划之间存在着一定的差别。调研规划要考虑在某一特定期间（通常是 12 个月）你需要的所有信息，以及如何使用这些信息。

即使是对于预算有限，而且预计在下一年只能进行一次调研的游击营销人员来说，从事这一活动仍然是有益的。

制定一个完整的调研规划的目的是对你面临的所有营销问题提供一个全面的观点，为了确定如何解决这些问题，额外的信息是非常有用的。不管在未来 12 个月你准备进行 2 次调研还是 10 次调研，制定一个规划都会强迫你提出这样的问题：理解顾客、潜在顾客、员工或其他目标人员的态度和/或行为的哪些方面会有助于企业的成长?

一份完整的调研规划可以用来评估你所期望的企业发展方向，同时也可以用来评估信息收集步骤，这些步骤有助于企业快速、明智地取得成功。

在制定规划的过程中，我们鼓励你拓展你的思维，即使你感觉已经超出了财务允许的范围也没关系。在这一过程中，你有可能找出能够对企业的业绩产生最大影响的领域。你的视角越全面，就越容易确定在某一业务领域中收集信息的方法对其他领域的影响。

8.2 制定规划

首先要确定时间期限——6 个月、12 个月，甚至 24 个月。现在，为你将要进行的每一项调研起一个名字，例如：

- 确定为什么曾经购买过的顾客没有再次购买的研究。
- 对我最优秀的顾客进行研究，以确定要采取什么措施才能使他们更多地购买我的产品。
- 对在竞争对手处购买而从来都不在我的公司购买的潜在顾客的研究。
- 对员工进行的研究，以确定他们拥有的能够使企业成长的观点。
- 对分销商进行的研究，以揭示人们对一种新产品上市的认知。
- 对销售人员进行的研究，以预测顾客对政策变化的反应。

对于你打算进行的每一项调研，调研规划应该包括7个部分：

1. 总体调研目标。
2. 具体调研目标。
3. 目标市场的被调查者（要从他们那里收集数据）。
4. 潜在的学习（potential learning）。
5. 你可能采取的行动。
6. 调研方法。
7. 成本。

项目进行的顺序由两个原则决定：需要制定的营销决策的重要性或紧迫性，以及日期上的要求，如调研必须在某一展销会开始之前完成，或者要有助于从银行或投资者那里获得你希望的贷款，或者在销售会议召开之前完成，以便能够向销售人员通报市场的变化以及为什么必须采取新的方法。

你可能希望首先进行成本最低、最容易完成的调研项目，但一定要认真地想一想这是不是你最佳的选择。我们发现，首先进行影响最大的调研项目是非常重要的，尽管这样做成本可能会比较高。

8.3 总体调研目标

正如我们在前面讨论的，每一个调研项目的总体目标应该反映更宏观的状况。在制定总体调研目标的过程中，你可能希望复习一下第 2 章中的“将调研问题转化为调研目的和目标”一节。

总体调研目标通常是一句或两句陈述，它们概括出了你希望了解的重点。以下是我们进行的 4 项不同调研的总体目标。

1. 空调调研

这一调研的总体目标是确定顾客购买窗式空调时的重要标准，还要了解我的公司与竞争对手的公司在这些标准上的表现如何。

以这种方式表述目标使得调研重点集中在以下两个方面：（1）揭示出当顾客购买空调时哪些因素重要。（2）理解你的公司和竞争对手公司的表现。

2. 礼品盒调研

这一调研的总体目标是确定缩小礼品盒的尺寸会对顾客考虑购买一种礼品时的感知价值有什么影响（如果有影响的话）。

在这个例子中，公司希望利用成本更低、尺寸更小的包装盒来包装其礼品，这会增加其利润。他们的要求很明确：建立包装盒大小与感知价值之间的关系。

3. 五金店调研

这一调研的总体目标是根据广告的可信度和使自己的商店区别于竞争对手商店的能力，确定 3 种广告方法中的哪一种能够最有效地吸引新顾客首次光顾五金店。要进行测试的 3 种方法分别传达出了以下信息：（1）最优惠的价格。（2）最佳客户服务。（3）品种最多。

此处的目标很容易理解，而且很简单：吸引那些从来没有光顾过你的商店的新顾客。同时，我们假设价格、客户服务和品种是吸引新顾客最有效的信息。重要的是，要明确制定衡量广告效果的原则。

4. 牙科医生调研

这一调研的总体目标是确定当患者在决定更换牙医时需要考虑的因素，以及在确定更换当前牙医时使用的准则与选择新牙医时使用的准则是否相同。

本调研的目标有些宽泛，且具有探索性。它其实是为了更好地理解与选择牙医相关的决策过程。同样，它不会提出具体的行动步骤。

通过写出总体目标，你将被迫说明调研的明确目标。我们的一名同事为其一位客户感到难过，他说："他们在其调研中总是很激进。他们想要了解需要了解的一切。"这个例子表明，试图关注所有的问题会使调研在每一个方面都过于肤浅，而更加深入的信息会更有用。

如果不清楚自己的总体调研目标，那么你更有可能是为了收集信息而收集信息，而不是为了采取行动。如果你拥有对所有问题进行调研的预算，那么这可能不是什么大问题。但是，一般来说，游击营销人员拿不出这笔费用。

8.4 具体调研目标

正如第 2 章所述，具体目标来自于总体目标。它们对总体目标进行了详细的阐述，并列出了需要包含在调研中的重要领域。

以空调的调研为例。在这一例子中，"总体目标是确定顾客购买窗式空调时的重要原则，还要了解我的公司与竞争对手的公司在这些原则上的表现如何"。

这一调研的具体目标如下：

1. 确定在购买窗式空调时哪些特定的属性最重要：
   - 易于安装。
   - 品牌名称。
   - 价格。
   - 产品担保。
   - 经销商的知识。
   - 亲朋好友的推荐。
   - 使用成本。
   - 能够在附近的商店里买到。
2. 确定人们最有可能购买下列哪个品牌的产品：
   - 通用电气（GE）牌空调。

- Frigidaire 牌空调。
- Kenmore 牌空调。
- 惠而浦（Whirlpool）牌空调。
- Maytag 牌空调。

3. 对于最有可能被购买的品牌，确定其在各属性重要性方面的评级如何。
4. 对比去年购买了窗式空调的顾客与 5 年前购买了窗式空调并打算在不久的将来购买一台新空调的顾客，确定他们对品牌的认知有何不同。
5. 确定是否存在着与消费者生活的地区相关的认知差别。

以礼品盒调研的总体目标为例："这一调研的总体目标是确定缩小礼品盒的尺寸会对顾客考虑购买一种礼品时的感知价值有什么影响（如果有影响的话)"。

这一调研的具体目标如下：

1. 人们对大包装盒礼品和小包装盒礼品的总体购买兴趣如何？"购买的意向"会不会因为礼品被装到较小的盒子里而降低？
2. 与大包装盒礼品相比，两种不同尺寸的小包装盒礼品在下列方面被认为是更好、更糟还是没有差别：
   - 物有所值的礼品。
   - 高质量的礼品。
   - 让送礼者感到很自豪的礼品。
   - 放在盒子里看起来很漂亮的礼品。
   - 包装起来后可能最吸引人并且是最早被打开的礼品。
3. 对于尺寸较小的包装盒来说，三种图形表达方式中的哪一种能够更好地传送出价值、品质和其他属性？
4. 如果包装盒尺寸缩小了，从来没有购买过包装礼品的顾客会不会更有可能购买？

以这种明确的方式来说明具体目标列出了将要进行度量的小包装盒和大包装盒的所有因素。这样一来，它就可以提供制定最终决策所需的各种数据。

假设总体购买意向（如目标1所述）并不能为我们提供关于哪种尺寸的包装盒将胜出的决定性信息，那么我们可以利用目标2、目标3、目标4收集到的额外信息来打破僵局。如果购买意向相同，但小包装盒在其他方面胜过大包装盒，这就为制定决策提供了额外信息。另外，如果小包装盒并没有减少受礼品吸引而购买的顾客数量，那么制定决策就更容易了。

现在再以牙科医生的调研为例："这一调研的总体目标是确定当患者在决定更换牙医时需要考虑的因素，以及在确定更换当前牙医时使用的准则与选择新牙医时使用的准则是否相同"。

这一调研的具体目标如下：

1. 当患者第一次考虑更换牙医的时候，他会考虑哪些因素？
2. 在思考更换牙医的过程中这些考虑因素会不会改变？
3. 在更换牙医之前的一段时间内新的因素是否会成为重要的考虑因素？
4. 在更换之前患者是否会向其牙医表达不满？为什么会，或者为什么不会？如果患者表达了自己的意见，牙医的反应是什么？
5. 在更换之前患者是否会同一名或多名新牙医进行面谈？如果是这样的话，那么关于更换牙医这一问题，患者和可能被选择的牙医会说些什么？
6. 当更换真的发生时，被解雇的牙医是否会使这一更换过程变得困难或不顺利？

这一调研的具体目标被认为具有探索性。它们并没有假定某些必须反复进行分析的因素或问题。相反，调研是要说明更换牙医的过程，并找出这一过程中哪些因素可能比较重要。

8.5 目标市场被调查者

每一项市场调研都有目标市场的被调查者。这些被调查者的意见或行为被认为是最重要的。目标市场被调查者可以具有众多特征，如：

- 具有特殊的人口统计学/企业统计学（firmographic）特征（单身或已婚、拥有大家庭或小家庭、大学毕业或只受过高中教育、每年的收入超过或低于某一数额、在某一行业中工作、拥有特定的头衔，等等）。
- 使用特定的产品或品牌。
- 只从你的公司购买、只从竞争对手处购买，或从双方公司购买等。
- 从你的公司购买过一次或多次的顾客。
- 过去从你的公司购买过很多产品但不再购买的顾客。

在调研中，能够成为你的目标的顾客和潜在顾客的范围可能非常宽泛。因此，在规划你的调研时，确定优先顺序并缩小被调查者的范围是有必要的。

考虑下面这些情况：

- 如果你正在进行一次民意测验，以确定在即将到来的选举中哪位候选人将获得选票，你的目标对象可以很宽泛，包括所有已登记的选民，也可以非常具体，如年龄在 18～35 岁之间、在上次选举中投过票并且声称在下次投票中继续投票的女性已登记选民。
- 如果你想快速增加销量，那么你可能希望与那些同样在竞争对手处购买的顾客进行访谈。你的目的很明确，就是要了解如何说服顾客将其额外的支出花在你的产品而不是竞争对手的产品上。
- 如果你正在努力说服那些从来没有购买过你销售的产品的顾客，你可能希望将那些从来没有购买过此类产品但人口统计学特征与你的当前顾客十分相似的人作为被调查者。
- 如果你正在努力开发和销售新产品或服务，那么你可能希望将那些富有想象力、口齿伶俐、更有可能为你提供好主意的人当成你的被调查者。
- 如果你希望通过目录销售更多的产品，那么你的目标被调查者可能是那些向你索要过目录但从来没有通过目录购买产品的顾客。

- 如果你正在考虑通过 ISO 认证以提升你的品质认知度，那么你可会对你当前的分销商进行调研。
- 如果你正在准备发布一种价格昂贵、复杂的软件产品，那么你可能会同那些销售额超过 1 亿美元的公司中的 IT 主管讨论这种产品的定位选择。

在确定目标市场时，你需要问自己几个问题：

1. 哪些目标市场会为你提供能够使你的企业成长最快的机会？
2. 哪些目标市场对于长期增长最重要？
3. 哪些目标顾客的说服成本最低？
4. 哪些目标市场中有你需要知道的信息？
5. 哪些目标市场能够为你提供一些好消息，但占领这一市场的成本很高？
6. 如果你知道某一目标市场的态度，你能将这种态度外推到其他目标市场而不需要对它们进行研究吗？
7. 你有足够的调研预算进行宽泛的调研吗？

调研计划是一种强大的工具。它有助于你专注于你最初的思想，也可以作为一种讨论文档（discussion document）。毫无疑问，你的公司中的其他人员也会提出一些关于调研目的、目标和目标客户的重要意见。当然，你的销售商，特别是广告代理商、促销或公共关系代理也会提出建议。不要犹豫，一定要接受这些“顾问”的意见。

调研计划有助于所有人集中思考那些能够带来最大影响并具有长期影响的信息。它为我们提供了清晰的视野，使我们能够看到来自一项调研的信息如何协助人们确立目的和目标，以及在另一项调研中可能采取的潜在行动。

制定调研计划从根本上消除了猜测。它为所有人提供了一个框架，对需要调研的重要领域达成共识。它确立了调研在协助企业成长方面的重要作用。另外，正如你将在后面的章节中看到的，选择正确的调研方法是至关重要的。

你可以利用下面的步骤制定最终调研计划。

1. 说明你的总体调研目标：

____

2. 说明你的次要调研目标：

A.

B.

C.

D.

3. 尽可能详细地描述你希望进行调研的目标市场：

第一个目标市场：

第二个目标市场：

第三个目标市场：

……

4. 说一说从主要调研目标和次要调研目标获得的信息中你能够学到什么：

A. 我可以学到________________________

B. 我可以学到________________________

C. 我可以学到________________________

继续写，直到所有的选择都被写出来为止。

5. 对于每一个选择，写出你根据掌握的信息而打算采取的 3 种行动：

对于 4A：行动一________________________

行动二________________________

行动三________________________

对于 4B：行动一________________________

行动二________________________

行动三________________________

等等

继续写下去，直到针对所有掌握的信息都写出可能采取的行动为止。

6. 调研方法：

对于一些游击营销人员来说，完成上述第一步、第二步、第三步后，开始调研过程所需的准备工作也就完成了。如果你正在与调研提供商或咨询公司合作，那么你现在就可以把你的目标和行动说明交给它们，并要求它们制定一套高效率、低成本的调研方法。进行这种规划活动附带的好处是可以省下调研提供商或咨询公司协助你制定目标（以行动为导向）的成本。

但是，如果你打算自己进行调研，那么在完成这一部分之前，你应该读一读本书第 11 章和第 14 章（讲述了焦点小组讨论和调研的执行）。在学习了那些章节之后，你将能够更好地完成你的规划。

7. **成本：**

最后，你要估算出每一项调研的成本。有些调研的成本可能高得令你无法承受，你可以根据目标对其进行削减，或者在调研方法上进行妥协。其他低成本的调研项目也可能会为你带来一些惊喜。不论是哪种情况，你都能对那些你认为可以使你的企业有效成长的信息有一个全面的观点。

8.6 最后的话

你可以回顾一下本章的内容并得出结论：制定一份完整的调研计划需要付出相当多的时间和努力。我们同意你的看法。一份优秀的计划的确需要进行周密的思考。

但是，我们还要补充几句：在这一过程中付出一些努力，你就会得到数倍的回报。不管你是花了几天、几周或几个月来完成你的计划都没有关系，重要的是尝试的意愿。通过列出你希望进行的各项调研并认真对待这些调研要实现的目标，你就可以走上正轨。

那些能够让你的企业不断成长的信息就摆在你的面前。

我们曾经遇到过这样的游击营销人员，他们开始制定调研规划，列出了几项要进行的调研，然后把规划扔到一边，直到完成一项或数项调研为止。当他们根据来自这些调研的结果重新检查其规划时，他们对未来的调研需求有了一个全新的且更加深刻的见解。他们发现，规划的其余部分差不多可以“自然完成”了。

第 9 章

二手资料调研

9.1 什么是二手信息?

二手资料调研（secondary research）是由其他人在公共领域（public domain）进行的调研。这一调研可能会对你有用，而且你可以免费或者以极低的费用来使用其结果。

对于游击营销人员来说，二手资料调研通常是开始营销调研的一个极佳的入手点。它使你能够开始调查你面临的市场状况，并利用一般信息协助自己制定明确的营销目标，并据此制定清晰的一手资料调研目标（primary research objective）。在确定何时进行二手资料调研时，请参考下列建议：

- 当你考虑进入一个市场，并且有兴趣尽可能多地了解市场中的领导者时。
- 当你希望了解市场中的主要竞争对手的营销与广告方法的一般信息时。
- 当你试图理解市场中的潜在缺口以及你可以集中力量满足顾客的哪些需求时。
- 当你试图理解如何激励顾客购买特定的产品或服务，并希望理解哪些类型的一手资料调研有助于你制定营销战略时。
- 当你寻找市场趋势，以便更好地确定这一市场是否正在不断成长，以及你是否可以成为这一市场中的一股潜在力量时。

上面的列表一点儿也不完整，它只是想要让你知道二手资料调研在什么时候对你有益。但是，由于二手资料调研最初的目的并不是为了满足你的需求，因此在决定它提供的信息能否可靠地应用于你的企业时，你需要考虑几个问题。

在确定二手资料调研的价值时，要记住以下几点。

1. 信息是来自正确的人吗？

如果你需要同男性户主讨论你的产品或服务，而你发现在调研中答案是由女性户主提供的，那么这一调研就没有什么用处。但是，如果你需要知道公司 CEO 对某一话题的意见，而在一项调研中你发现了 CFO 对这一话题的意见，那么这一调研可能也很有用。

2. 提出的问题正确吗？

显然，如果你经营的是一家当地的汽车修理厂，那么在男性户主中进行的关于去饭店和外出就餐的态度调查就不会有什么用处。另一方面，如果你是一座城市经济发展部门的主管，并且希望公司到这座城市中落户，那么与预定的资本支出相关的一般公司信息也会有所帮助——即使你主要对建新工厂的规划或公司总部的搬迁感兴趣也是如此。

3. 调研的质量符合你的标准吗？

与任何事情一样，调研的质量也各不相同。大样本量的调研肯定比小样本量的调研更可靠。聘请以高质量著称的公司进行调研肯定比聘请不知名的公司好。专注于某些行业的组织进行的调研肯定比首次研究某一行业的组织所进行的调研更权威。你还应该明确下面的问题：收集信息的方法是在采用了良好的抽样过程后确定的，而且样本量要足够大，以形成可靠的判断。

4. 进行调研的公司有工作计划吗？

通常，进行一手资料调研的公司只会公布对自己有利的信息。例如，广告和公共关系公司可能会试图说服潜在客户它们对市场中的某个问题更了解，因而应该被看成是一个重要的调研提供商，应该被聘用或者公司想要提高其产品质量在顾客心目中的地位，因此只在某些目标顾客中（如满意的顾客）进行调研。

5. 调研是否部分引用了报纸、杂志或网站上的文章？

报纸、杂志、电视网和大公司的网站通常会在其文章、社论或白皮书中引用其调研得到的数据——所有这些都有可能存在着某些偏见。尽管数字不会撒谎，但说谎的人会以他们认为合适的方式来使用这些数据。在你感到这些数字的来源可疑时，不要相信这些数字。如果只有一个数字用来说明某一问题，那么你也要持怀疑态度。重要的是数据的模式（patterns of data），而不是单个数字。

6. 调研及时吗？

在你需要的时候，许多二手资料调研已经过时了。一篇发表于2006年的关于 MP3 播放器的文章将不会谈到自苹果公司的 iPod Nano 推出以来市场上出现的巨变。一定要注意，不要相信那些过时的信息。

在使用二手资料来源时，你必须警惕那些提供信息的公司以及用来收集数据的方法。另外，在评估调研的质量以及是否可以相信它之前，你必须认真考虑提出问题的方式以及对数据进行的分析。

上面的内容可以概括为一句话：是否由恰当的人以恰当的方式提出了恰当的问题？如果在评估这些问题的答案时你感到不满意，那么在使用数据时就要非常谨慎。

9.2　二手信息的吸引力

二手资料调研的优势之一是它可能是免费的。例如，美国人口普查局（US Census of the Population）、美国商业普查局（US Census of Business）以及其他机构的大量报告都非常权威，而且完全免费。同样，每个州都会提供大量的免费调研资料，大城市也是如此。许多小城市会公布来自当地商会的调研资料。

二手资料调研的另一个优势是：即使不是免费的，但与针对同一主题进行一手资料调研所需的费用相比，使用其结果的成本也要低得多。在 www.marketresearch.com 网站上，你会发现成千上万个正在出售的调研报告的链接，内容涉及你能想象到的每一个商业话题。这些报告由不同的组织发布，发布时间通常不超过3年，十分全面，售价为几千美元——许多报告的价格要低得多。

二手资料调研的第三个优势是可以立刻得到。它们中有很多是放在网络上，可以随时下载。marketresearch. com 上的报告有很多是可以下载的，其他的也可以很快送到你手里。

因此我们可以说，收集二手调研数据总是会比进行一手资料调研更快，而且成本更低。但再强调一次，你必须对信息的实用性和质量进行认真评估。

9.3 常见的有价值的二手信息来源

本章不打算提供一个全面的二手资料来源清单。实际上，有几本书专门讨论了这一问题。但是，下面的列表会为你提供一个很好的出发点。

- 政府：如前所述，一般来说，美国政府、联邦政府是二手信息的主要来源，也是开始了解一个产业或了解消费者人口统计资料的很好的地方。政府还发布了许多可能适合你的情况的特别调研报告。尽管这些研究不是每年进行，但政府的统计学家们通常会在非大选年份对其进行重新评估。因此，2000年人口普查的数据仍然有用。
- 州政府：各个州会重复那些在国家层面上进行的研究，但主要针对当地的情况。
- 市政府：也进行这些研究，但地理范围更小。
- 横向商业媒体（horizontal business media）：在美国，有一些横向商业媒体每天、每周或每月都会提供关于宏观经济、产业甚至特定公司的信息。《华尔街日报》、《金融时报》、《投资者日报》、《商业周刊》、《福布斯》、《财富》以及《纽约时报》商业版都是其中的例子。不仅是它们的常规出版物非常有价值，其特刊和报告也非常有用。

- **行业协会**：行业协会是二手信息极好的来源——有些是免费的，有些对会员免费，有一些也向非会员出售。实际上，有些行业协会的存在只是为了各公司交换数据。这样，有关行业规模、增长率及其他重要事实就可以很容易得到。
- **行业出版物**：不管你所在的行业有多小，都会有至少一种行业出版物——大多数行业拥有多种杂志和网站。这些出版物是极佳的信息来源，其每月的新闻报道与分析非常有价值，而其出版的年鉴或年底出版的那一期则特别重要。有些出版物还会定期在其读者中进行调研，并在其文章中公正地使用这些调研结果。

  在行业出版物中有时候被忽视的一个信息来源是与编辑或记者直接交谈。你可以打电话找到他们并提出问题（严格地说，这种做法是一手资料调研的一种形式）。
- www. marketresearch. com：如上所述，这是一个门户网站，通过它你可以买到许多已经发布的调研报告。即使你决定不花钱购买，该网站通常也允许你下载目录，这些目录或许会为你提供一些暗示，告诉你正在发生什么事情，至少可以让你知道其他人认为行业中哪些话题很重要。
- **股票/投资经纪人**：如果你在股票经纪人处有一个账户，你就可以获得他们对各商业部门和特定企业非常细致的分析。
- **公司网站**：不言而喻，寻找竞争对手信息的首选之一就是其网站。训练有素的人可以从它们公开的信息中挖掘出其营销战略。另外，有些公司的网站很大，公司中很多分部和部门各自负责网站的某一部分内容。有时候，这会导致缺乏协作以及网站管理不力，使一些有价值的机密信息被泄露到网站上。仅这一点就值得定期访问竞争对手的网站（聪明人一点即明——你可不要犯同样的错误）。
- **博客**：有些博客写手会追踪一些大公司，希望泄露它们的相关信息。例如，苹果和微软就吸引了众多的博客写手，这些博客写手对这两家公司既有正面的评价，也有负面的评价。在你对大公司进行分析时，应该充分利用这些博客。

- **互联网**：显然，上面讨论的大多数信息都可以通过网络获得。我们建议你使用多种搜索引擎来充分挖掘一个话题，并强烈建议你在搜索时使用多种关键词的组合。

  别忘了维基百科（Wikipedia）。输入一个问题，你会得到很多与这一问题相关的信息和相关链接。

- **图书馆**：当地图书馆也是收集二手信息的一个极佳场所。那里不仅有完整的参考书库，而且还有熟练的专业人员帮助你找到需要的信息。大多数大城市还会有一个中心商务图书馆，那里的资源更丰富。

  另外，大多数图书馆还拥有特殊的搜索引擎和数据来源，这些资源是你在办公室里或家里进行在线调研时无法获得的（最大的城市图书馆甚至允许将其资源链接到你家里或办公室里的计算机上，因此别忘了问一问）。

9.4 先进行哪种调研——一手资料调研还是二手资料调研？

这个问题不难回答。你应该总是从利用二手数据开始进行信息的搜集。正如我们在前面说过的，二手信息资源通常可以很快地获得，而且成本肯定比一手资料调研低。实际上，由于二手资料调研如此有价值，我们建议你至少每年对与你的业务相关的二手信息来源进行一次大规模的评估。

但要牢记，在对你的特定顾客或潜在顾客进行调研时，以及在考察他们对你的产品和服务的态度与感受、对特定竞争对手的态度时，都需要进行定制的一手资料调研。

第 10 章

头脑风暴和其他思维过程

有时候，你或许会进行头脑风暴——这是一种小组技术，在这一小组中，人们怎么做都行，没有观念的限制，任何“愚蠢的”想法都可以说出来。

头脑风暴通常是调研的先导，因此值得在这里进行讨论。不管公司是在寻找新产品、新的广告方法或是从现有顾客手中得到更多业务的办法，头脑风暴都是一种能够产生大量观点并对其进行合理排序以便日后实施的常用技术。

我们对头脑风暴有一种复杂的感情。一方面，头脑风暴会议十分常见，易于召集，而且通常能够产生很多想法。另一方面，根据我们的经验，产生的这些想法都比较肤浅，而且并非独一无二。

头脑风暴会议常常效果不佳的原因有几个。一般来说，会议持续的时间不够长（通常为 2 ~ 4 个小时）。有些想法刚刚形成，会议就结束了。另外，要想完全理解头脑风暴会议的规则，需要接受某种水平的培训。典型的头脑风暴小组通常不会花很多精力来学习创造性规则以便使这一会议取得最大的成果。

尽管如此，许多不熟悉调研的游击营销人员可能也不熟悉头脑风暴。正如首次进行调研会令你开阔眼界一样，在你的公司中或在你的顾客之中召集头脑风暴会议也能起到同样的作用。如果这仅仅是一个重温仍有价值的旧观点的讨论会，那么这一时间花得仍然值得，而且你还有可能获得一些新的观念，你的员工和顾客没有提出这些观点，是因为他们缺少一个平台。

10.1 召集头脑风暴会议

下面是召集头脑风暴会议时需要遵循的一些简单原则：

1. 目标要明确。召开头脑风暴会议时要有一个明确的目标。例如，明确的目标可以是：
   - 产生市场上还没有的新产品的创意。
   - 产生改善现有产品的意见。
   - 产生改善客户服务的意见。
   - 产生改善当前广告的意见。
   - 产生有助于销售人员提高效率的意见。
2. 下一次再考虑分支目标。在产生关于一个目标的意见时，不可避免地会产生一些与特定目标不直接相关的想法。出现这种情况的时候，人们的讨论就有可能偏离最初的会议目标。尽管这不一定是一个很大的负面因素，但我们认为还是保持专注并把出现的想法记录下来供以后讨论为好。随着你对各种头脑风暴技术越来越熟悉，你将能够更有效地处理离题问题，从而在出现新的、偏离战略的机会时仍然使会议富有成效。
3. 指定一位记录人。这个人要站在黑板架旁边并写下人们提出的想法。记录人通常要避免写下自己的观点。他应该对人们提出的想法不偏不倚，同时要确保参与者遵守头脑风暴的规则。对于公司头脑风暴会议来说，最佳记录者人选是公司的老板或会议室中级别最高的人。这就发出了一个信号：老板不会摇摆不定，而且他真的对其他人的观点感兴趣。
4. 协议。只有那些希望参与头脑风暴会议的人才能参加。畏首畏尾的人或别有用心的人不能加入这个小组。必须有明确的协议，保证参加会议的人将自己的观点暂时搁置起来，将自己的判断力放在一边。
5. 安全空间。如果参与者感到他们提供的想法可能被用来对付他们自己，或以任何方式对他们产生负面影响时，头脑风暴会议就不会有成效。级别最高的人应该消除所有人对这一基本问题的疑虑。

6. 不要做出判断，不要说“是的，但是”。人们彼此之间经常说“是的，但是”。在正常的商业过程中，有人可能会提出一个想法或主意，其他人会立刻对其进行评判，这是很正常的。一个观点被提出来后，有人会说：“是的，但是我们去年尝试过。”或者说：“是的，但是成本太高。”“是的，但是”这种说法会扼杀头脑风暴会议。因此，记录者需要认真倾听，当有人说“是的，但是”时，要提醒参与者不要对观点进行评判。“扼杀想法”是令头脑风暴会议无效的最快捷的方式。
7. “我欣赏这一想法的哪些方面?”一旦小组远离“是的，但是”这种思维方式，转向“我欣赏这一想法的哪些方面”这种思维方式，那么观点就会被源源不断地提出来。小组越早学会表达对各种观点的欣赏，这些观点就会越完美。当一种想法被提出来后，记录者应该要求小组表达对这种想法的正面意见，并请他们提出如何改善这一想法的意见。
8. 倾听与记录。最好的想法通常是在其他人谈论的时候出现的。积极倾听就是全神贯注地聆听别人表达自己的观点，并在其他人谈论的时候把你的想法记录下来。记录者应该不断鼓励参与者倾听人们在说什么，并把他们想到的问题写下来。我们有时候提醒参与者：“我们有两只耳朵和一张嘴是有原因的。”如果人们都争先恐后地想要第一个提出诱人的想法，那么积极倾听就很难做到。
9. 有点儿乐趣。当某种观点被首次提出来时，人们可能会认为它很可笑、很愚蠢。通常，看似愚蠢的观点恰恰是新的观点，并且应该受到鼓励。学会通过人们大笑的次数来判断头脑风暴会议的效果。更多的乐趣总是能带来更完美的观点。

上述原则是召集一次有效的头脑风暴会议的基础——不管你采用哪种具体的头脑风暴方法。头脑风暴的方法有很多种，而且有很多关于这一主题的网站。www. unc. edu/depts/wcweb/handouts/brainstorming. html 这个网站详细讲解了使头脑风暴会议更富有成效的技术。在搜索引擎中输入关键字“头脑风暴”或“头脑风暴技术”，你就可以搜索到许多专注于头脑风暴的网站。

10.2 其他思维过程

长期以来，我们一直认为传统的头脑风暴有助于产生大量的想法，但这些想法的质量通常不高，而且并不太新。实际情况是，要想达到头脑风暴要求的创新性和与众不同是非常困难的。如果很容易，那么你就可以随时想出一些好主意，我们就都成富翁了。

另外，假设给你几个小时的时间，并告诉你下一年的利润取决你在这几个小时内想出突破性想法的能力，那么你很有可能为防止损失而两边下赌注（hedge your bet）。头脑风暴也是如此。结果，在头脑风暴会议中产生的想法通常是那些“悬挂在最下面的果实”。这些想法都能够很快想到并易于表达，但不一定出类拔萃。

为了能够超越头脑风暴会议产生的这些想法，我们有必要扩展思维过程。这意味着延长用于产生想法的时间框架，并扩展使用的技术。这还意味着不要假设在一次相当简短的会议中你能得到你想要的一切。

BBDO（Batton，Barton，Durstine，and Osborn）广告公司的亚历克斯·奥斯伯恩（Alex Osborn）于 1954 年创办了创意教育基金会（Creative Education Foundation，CEF）。奥斯伯恩还发明了头脑风暴。CEF“鼓励一种开放、有活力、多样的文化。它是一个充满创造性思维、学习和分享创意热情的社团”。

自 CEF 成立之日起，关于创造性过程以及产生突破性想法的知识就不断增加。CEF 自身就成为了学习创造性过程的圣地。另外，著名的思想家如爱德华·德·波诺（Edward de Bono）、罗杰·冯·欧克（Roger von Oech）以及迈克尔·米哈尔科（Michel Michalko）在这方面的著述颇丰。美国管理协会（American Management Association）出版了很多有关这一主题的图书，其中《训练者行为指南》（*Trainer's Activity Book*）

一书在应用创造性原则方面特别有用。

尽管花几年的时间学习、研究创造性的本质和创造性过程非常诱人，但这并不适用于游击营销人员。有了最低限度的理解和一点点拉拉队长的心态后，你就可以带领你的员工产生你做梦都没有想到过的创意。

CEF 和许多专注于创造性的教育家使大量关于突破性思维的常识浮出了水面。最有意思的是一次著名的创造性测试的结果。从 5 岁的儿童到 45 岁的成年人都接受了测试。结果是：45 岁的成年人中只有不到 10% 的人得分表明其有创造性，而 5 岁的儿童中则有 50% 以上具有创造性。

尽管在不断改变，但我们的教育体系在很大程度上强调所谓的“纵向和逻辑思维”（vertical and logical thinking），这很可能是一种犯罪。纵向思维和解决问题在努力求解科学、技术或医学问题的时候很有效，但如果你是一位艺术家、音乐家、小说家或试图成为一名营销天才，那么这种思维方式就非常可怕——所有这些都需要更高水平的横向和创造性思维（lateral and creative thinking）。

显然，创造性在科学家和医生身上也是一种非常有价值的品质。爱因斯坦曾经说过：“想象力比知识更重要。因为知识局限于我们知道和理解的东西，而想象力则可以包含整个世界，那里拥有我们想要知道和理解的一切。”

我们从创造性原则中学到的东西可以用爱德华·德·波诺所著《严肃的创造力》（*Serious Creativity*）一书中的一句话来概括：“在最简单的层面上，‘创造性’意味着引入一些以前不存在的东西。从某种意义上说，‘创造一堆垃圾’是创造性的一个例子。以前，这里并不存在这堆垃圾，它是被创造出来的。”

在商业中，创造一堆垃圾有些令人奇怪，也有些危险。尽管 5 岁的孩子在创造一堆“头脑垃圾”（mental mess）与制造看起来十分可笑的“创造性”关联时不会遇到什么麻烦，但一个 40 岁的人在董事会成员面前做同样的事则很可能会遇到麻烦。关键在于，如果你正在努力产生新的想法、变得有创造性并与众不同，你最好先学习，然后遵循一些不同的规则。

但是，本书不是一本讲述创造性的书，因此我们在此只建议你多了解一些与这一主题相关的内容。除头脑风暴以外，还有很多其他产生新想法的技术——有许多公司专门研究思维过程。

下面是其中一些思维过程：

- 持续一两天的更加专注于头脑风暴的过程。
- 有顾客或潜在顾客参与的研讨会和互动过程。
- 新产品或产品原型的图形描述（graphic depiction）或实际开发过程。
- 包括二手资料调研、家庭作业以及利用其他激励材料以产生想法的过程。
- 包括创造性培训以及在形成新想法时超越表象的过程。
- 持续数月的长期过程，这就扩展了产生想法的时间框架。

不管流程是怎样的，它都应该具有下列3个共同特点：

1. 允许有孵化时间。为人们提供时间，新想法就会浮出水面。因此，制定头脑风暴规划时将其看成是一个长期过程。要认识到，短时间的活动无法获得深刻的见解。
2. 鼓励观察。要求你的内部头脑风暴小组写日记、购买竞争对手的产品、和朋友交谈（如果顾客或分销商也包含在这一过程中，那么也要求他们这样做），尽一切努力鼓励他们参与，并让他们认识到你的目标是产生新观点。要想获得深刻的见解，就必须将人们所有的观点都囊括进来。要做到这一点，一种很好的方式是激励内部人员更多地观察它们自己的行为以及由此导致的结果——并且在有新想法产生的时候记录下来。
3. 深入了解潜意识。在我们认为最不可能产生新想法的时候，如在我们洗澡的时候、在睡梦中的时候，新想法却出现了，这是有原因的。这是因为我们的头脑在有意识和无意识的时候都在处理信息。因此，团队对你的产品和服务越了解，他们的潜意识就越有可能对新的需求"闪现出"新的想法。我们称之为

“有计划的意外”（planned serendipity）。

不论过程如何，它都对你有效。你所要做的就是允许一个较长的孵化期，鼓励你的员工进行观察并持续为他们提供表达自己观点的机会。

总结如下：

- 头脑风暴或其他思维过程是产生新想法的有效工具，能够刺激新想法的产生。
- 来自头脑风暴或其他思维过程的想法几乎总是需要现实的检验（reality check）。一般来说，人们关注的是这些想法是否真的满足了顾客未得到满足的需要与需求。
- 来自头脑风暴或其他思维过程的大多数想法需要根据顾客的观点进行修订。而焦点小组等可以提供这样的观点。
- 创造性不可能招之即来。因此，延长头脑风暴的时间框架后，这一思维过程更有可能产生更具潜力的想法。
- 思维过程应该是持续的。当参与者定期参与产生新想法的过程时，他们就能更好地适应外界的变化，更好地把握未被满足的需求。在探索突破性想法的过程中，他们可能会意识到一些能够造成重大差别的小事。拥有一个能够持续表达和建立新想法的平台是极其重要的。
- 如果你不首先进行定量调研以确定顾客对于你正在考虑的想法有多少兴趣，而是直接对来自头脑风暴或其他思维过程的想法投入大量资金，这样做是不明智的。

第 11 章
焦点小组与定性调研

11.1 它们到底是什么？

当大多数人想到市场调研的时候，他们很可能会想到焦点小组。在大选之年，你曾经有多少次听到过这样的话："好吧，我们的焦点小组告诉我们这与经济有关。"或者听一位商界的朋友说："我们召集了焦点小组，人们真的很喜欢新的口味。"或在文章中读到这样的信息："焦点小组讨论表明，女士比男士更喜欢这种产品。"

尽管人人都知道焦点小组，但人人都对焦点小组存在着误解。正如我们在第 3 章中所讨论的，焦点小组是一个定性的工具。从形式上看，"定性"是指调研的样本量太小，不足以可靠地对统计总体做出预测。但实际上，"定性"一词暗示会得出暂时性的结论，这是指：

- 意识到思维模式、评估事物的标准，以及这些标准的相对重要性。
- 意识到形象与认知。
- 了解喜欢与不喜欢的范围。
- 倾听建议和想法。
- 倾听赞成和反对的意见。
- 倾听好的或不好的故事。
- 了解人们对你的企业、市场等问题的看法。
- 揭示行为模式。
- 了解决策过程的本质以及有谁参与制定决策。

- 揭示出正面和负面的观点。

在揭示问题的时候，不应该假设一个问题比另一个问题更重要。从定性调研中你无法确切地知道一个问题对一个人来说是真实的，还是对 100 万人来说是真实的。原因在于样本量太小，以及焦点小组过程高度互动的本质。

在焦点小组中，一位被调查者很容易影响到其他人。从本质上说，焦点小组过程是动态的，而这种交互过程的目的是揭示出一些完全不同的且通常是相互冲突的意见。因为我们希望参与者能够轻松地在其他人面前表达自己真实的想法，因此我们要接受被调查者会在不同观点之间摇摆这一事实。所以，在定性调研中的投票活动和问卷的使用会受到潜在偏见的影响。另外，即使选择了具有同样人口统计学特征或使用相同产品或服务的被调查者，也不可能有两个焦点小组是相同的。

出于这些原因，我们在对问题进行一般化时要特别谨慎。

当然，知道存在什么问题非常重要，但这往往只是第一步。如果能够最有效地使用，焦点小组和其他定性调研方式应该被看成是一个产生假设的过程，而为了证明那些假设合理的定量调研需要遵循这些过程。

那么，应该如何应用焦点小组呢？方式如下：

1. 建立一个平台或者环境。焦点小组是第一步。从本质上说，它们是探索性的，其主要目的是考虑关于一个问题的意见，“把握”那些影响较大的因素，并更好地理解存在于顾客和潜在顾客心中的先决条件。
2. 澄清观点并设立目标。焦点小组力图澄清关于一个问题的观点，以便设定明确的定量调研目标。它们使你能够判定你不知道什么以及应该努力了解哪些信息。
3. 确定正确的问题。焦点小组有助于确定在定量问卷中提出什么问题以及如何提出这些问题。
4. 指出哪里存在机会。焦点小组可以指出哪些可行、哪些不可行。它们指出在哪些领域可以进行改善或做出改变，或者在哪些领域存在着未得到满足的需求。

5. 检验可能性。焦点小组允许我们提出"如果……会怎么样"这一问题。如果我们在那件事上付出更多或更少的努力会怎么样——我们的业务会增长吗？如果我们尝试一些会为我们带来竞争优势或增加成功机会的新观点会怎么样？

人们都认为，焦点小组的主要价值在于发现正在发生的事情。但是，在关于焦点小组本身是否应该用于制定决策这一点上，研究机构存在着意见分歧。

11.2 焦点小组能否独自提供制定营销决策的基础？

毫无疑问，信赖在焦点小组中表达出的观点和想法存在着营销与财务风险。但有些调研人员认为，仅根据焦点小组讨论制定一个重大决策，你就应该可以节约金钱并做出一个有依据的推测。

另一些人则认为，当调研的结果与可以获得的信息一致且风险被认识到时，经验丰富的高层管理者可以仅利用定性调研来指导其营销决策。美国西北大学凯洛格管理学院的院长、营销学教授迪帕克·詹恩（Dipak Jain）是这样说的："大致正确比完全错误要好一些。"换句话说，他认为，进行一些调研（即使是仅进行焦点小组调研）比完全不进行调研要好。我们不能为你消除这一争论，你应该认识到这种争论的存在。

实际上，焦点小组的报告通常以下面这种警示性的话语作为开头：

> 焦点小组调研从本质上说是定性的。其结果最多被看成是假设。样本量太小——即使是将几个小组的结果结合起来也是如此——小组的动态过程太不稳定，因此其结果不足以提供关于真实市场状况的可靠预测。

但是，这并不意味着我们无法观察到大多数被调查者都有相同的感受，或者只有一名被调查者反对，或者男士有一种感受而女士有另一种感受，或者人们更偏向于一种广告方法。其局限性在于这类结果有可能出现明显的变化。例如，在一个国家的某一区域进行的焦点小组调研可能会与在其他地方进行的调研结果完全相反。

关于只利用焦点小组协助制定决策的争论

在所有的营销调研技术中，焦点小组是最令人着迷的。它们为你与顾客和潜在顾客之间提供了一种直接的、不受限制的连接，使你有机会亲自看一看顾客和潜在顾客是什么样的，亲耳听一听他们的声音，并仔细观察他们的肢体语言和面部表情。

但是，如果你把你的公司、工作或营销预算的赌注押在焦点小组所说的话上，而且成功了，那么千万不要以为你自己很聪明。你只能认为自己太幸运了。

“啊哈”综合症

你正在观察一个焦点小组，并且突然闪现出一些灵感。或者同样糟糕的是，你正在阅读一份文采出众的焦点小组报告，一切都似乎非常清晰。你对自己说：“啊哈，就是它。我就该这样做。”

不幸的是，这种情况我们看到过很多次。有时候，它会压倒一切，结果造成公司花费成千上万甚至上百万美元。我们的建议是：对待这类顿悟以及焦点小组的此类反应，要像对待瘟疫一样。

尽管有人强烈反对，但一家目录销售商曾经决定改变其全部产品组合，因为其焦点小组中的女士们说它没有提供足够多的高价服装。一家住宅装修用品商店取消了其快速结账通道，因为装修承包商们说如果能够得到 10% 的折扣，他们愿意和其他人一起等待结账。一家零食生产商听到女士们说她们想要更健康的零食，并且愿意为全天然成分的零食付更高的价格时，它做出了响应。

所有这些行动的结果都是彻头彻尾的灾难。

千万要记住，在焦点小组中，人们所说的与他们随后的所作所为可能恰好相反。在面对来自焦点小组的压倒性的共识时，许多营销人员会忘记这一事实。因此，将下面这个建议看成是一个公平的建议——如果你打算将公司大量的金钱投入到来自焦点小组的与众不同但十分诱人的观点上，那么深呼吸5分钟，然后躺下来，直接这种强烈的欲望消失为止。

正如我们所说的，焦点小组应该被用于获得深刻的见解和假设。它们有助于更准确地定义问题、探索可供选择的解决方案，以及为更有效地分析“可能是什么”提供素材。它们不能够用于决定是否对你的产品或营销计划做出重大改变，也不能用于确定一种你认为能够在竞争中获胜的新产品或服务能否真的实现这一目标。

我们曾经多次向客户讲过同样的话，但在某种程度上，这些话从来没有被真正地理解。我们强烈地认为：

> 焦点小组中的被调查者声称他们购买你们的产品，因为与你的公司做生意令他们十分兴奋，这并不重要。如果他们坐在那里打哈欠、乱画或者面无表情，因为他们对谈话感到厌倦，这也不重要。

重要的是，你揭示出的问题有可能引领企业获得更大的成功，或者能够有效地预防失败。但是，如果焦点小组赞同他们的想法，那么客户总是会迫不及待地开始计算利润，而如果焦点小组不赞同他们的想法，他们就会感到绝望。

那么，如果从你的焦点小组那里得到了一个“惊喜”，你该怎么做呢？我们的建议是：可以暗自庆幸，假设你的做法正确，但要谨慎地前进。如果你没有得到希望的响应，那就要在谨慎前进之前改变自己的方向。换句话说，不要盲目地因一个似乎很好的观点而努力，相反，也不要扼杀一个稍加修正即能带来丰硕成果的想法。

经常有人问我们，进行焦点小组讨论是否比什么都不做好一些。例如，如果调研资金有限，是否应该召集一次花费不高的焦点小组讨论？答案是：“绝对应该。”在这种情况下，焦点小组可以为你提供一个强烈的警示信号：你认为很好的营销、广告或产品创意可能是在浪费时间和金钱。实际上，焦点小组发出了一个强烈的停止信号。在这种情况下，“灾难检查”（disaster checks）提供了价值。

但仅此而已。焦点小组永远也不能被用来制定“以职业生涯为赌注”的决策。它们只不过是激发创造力的一种工具而已。

因此，我们再强调一次，下一次你从焦点小组得到一个巨大的“惊喜”时，你应该做的是进行一次调研，以了解你的“惊喜”是否真的能够为你赚钱。

利用焦点小组来辅助制定决策

这一论点的基础是：来自焦点小组和其他定性调研的发现并不是定量调研发现的“精简版”，而是一种完全不同的形式。实际上，定性见解非常丰富，通常无法以其他方式获得。让我们看一些仅根据定性信息就可以制定营销决策的情况。

有时候，定性调研必须应对非常复杂的主题（如对死亡、堕胎的态度等）。在这种情况下，需要一名心理学、社会学或人类学博士以便理解消费者的情绪。记住弗洛伊德（Freud）的话：情感的动机和原因甚至连被调查者自己都不知道，因为那可能是他们下意识的心理活动。

即使被调查者知道这些动机，谁又能说被调查者在讲真话呢？在这种复杂的情况下，需要一名受过专业训练的专家利用各种工具和方法揭示出根深蒂固的消费者动机。这种定性的结果通常是独一无二的。

如前所述，定性结果常常与“似乎是真的”这种说法有些类似。在一个涉及核能产业控制室设备供应商的例子中，我们了解到，在具体设计方面，咨询工程师的影响力不断下降，而公司内部工程师的作用则越来越重要。

这对那位客户具有直接的意义，因为它感觉到针对咨询工程师的广告的有效性逐渐降低，但不明白其中的原因。在进行了定量调研后，他们得到的结论与高层管理者获得的其他信息一致。他们决定向内部工程师分配大量的资金。结果，这家公司的咨询业务大幅增加。

有一个被称为“向均值回归”（regression towards the mean）的定量概念。这一概念认为，样本数量越多，根据这些样本得出的结论就越能代表总体。

如果样本量为 10，那么它有可能很好地描述总体，也有可能无法很好地描述总体。如果样本量增加到 100 或 1000，那么它就能越来越准确地描述总体。随着样本量的增加，统计结果也越来越准确。按书呆子们的说法，这就是“向均值回归”。

这一观点也适用于定量调研。如果你进行 3 次焦点小组调研，那么你很有可能从每一次焦点小组调研中获得不同的信息。如果进行 6 次，你不仅可以了解到新的东西，而且也可以对以前学到的东西更有信心。如果进行 10 次，那么你很可能了解很多新的东西，并证明它们中的很多是正确的。

因此，对于一家洗车坊客户来说，针对 6 个市场中的当前顾客、竞争对手的顾客和没有洗过车的人，分别进行两次焦点小组调研，就足以改变其定价策略和服务组合。对于一家气枪生产商来说，在 5 个市场中分别进行两次焦点小组调研，就能够知道如何开展一次有效的新广告活动。

还有一种定性调研的形式，它建立在所谓的“不断旅行”（going on a safari）概念之上。其做法是不断在各处召开会议，直到听不到新想法为止。到那时，你的任务就完成了，并且知道了想要了解的所有信息。

最后，再看看 9 个中学学区为其学校足球队购买人工草皮的例子。这是一笔资本支出，因为其购买的产品可以使用多年。人们在 3 座不同的城市同负责人、校长和教育委员会的成员一起进行了 3 次焦点小组讨论。这 3 个焦点小组包含了所有相关人员，因此不需要进行更多的小组讨论。

到目前为止，我们的大多数讨论都假设定性调研或者被当成是调研的第一步，或者是独立进行的。然而有时候，定性调研是在定量调研之后进行的。这被称为“探索含义”（a search for meaning）。一家重型卡车生产商在分析其卡车登记数据库时发现了一些异常情况。公司在中型卡车（也就是家具店送货用的那类卡车）市场中的份额不断下降，而进口卡车的市场份额不断上升，公司不知道其中的原因。

在自产中型卡车的购买者和竞争对手卡车的购买者中进行的焦点小组讨论表明，竞争对手的卡车是在国外生产的，其装备齐全，但不能选择。与之相反，这家生产商的卡车要在与销售人员进行详细的沟通之后才能购买，包括引擎的类型与大小、传动装置的类型、驾驶室的特点、载重量等。对于像家具店之类的企业来说（它们不属于货运行业），购买进口卡车很容易，它们就停在停车场中。购买美国产卡车不仅很麻烦，需要回答一些不太确定的问题，而且还要等待生产出来。

在这个例子中，焦点小组带来了重大战略变革，公司根据一般规格要求装配出一些中型卡车，并将其中一些存放在其经销商的停车场里。

总之，将焦点小组作为辅助决策的唯一调研方式有可能取得成功，但如果不能认识到并理解其中的风险，你就无法做到这一点。

11.3　焦点小组与头脑风暴

在第 10 章中我们讨论了头脑风暴及思维过程，但由于进行焦点小组讨论通常被认为是产生新想法的优秀方法，因此我们需要对其进行一些额外的讨论。

我们认为，为了产生能够使企业获得成长的观点而召集顾客焦点小组是对金钱和时间的浪费。不管你是希望产生新产品或服务的概念，还是为了寻找实施营销规划的新方法，焦点小组都不足以产生真正突破性的、独一无二的新观点。

出现这一情况的原因很多，但可以归纳为这样一个事实：招募顾客和潜在顾客参加为期两小时的焦点小组讨论，假设他们“在需要的时候就能产生创造力”，并能够形成前所未有的全新观点，这是不现实的。焦点小组的参与者在其各自领域中是专家，但在其他领域中则不是。他们更擅长于做出反应，而不是创造。

尽管我们不迷恋于利用顾客产生新的观念，但我们将在本章“焦点小组讨论前的家庭作业”和“召回被调查者”等小节中讨论如何使被调查者在响应新产品创意时更具创造性。

制定焦点小组的目标和讨论指南

下面是典型的焦点小组调研的目标，我们以 Apex 公司的一家壁纸目录销售商为例。这个例子是第 8 章讨论调研规划时使用的那个案例的延续。

总体目标是双重的：（1）理解顾客对通过目录购买壁纸的态度。（2）探索如何改善人们对目录的态度，以使顾客更有可能通过目录进行购买。

与目录销售相关的具体目标包括：

- 确定能够使顾客更容易接受并翻看送到家中的壁纸目录的因素。
- 确定顾客对 80 页目录和 40 页目录的态度。
- 确定不存在市场竞争关系的多种目录各有哪些优势和劣势。
- 找出 Apex 公司的目录能够寄到的区域，以使这些目录成为人们在购买壁纸时的信息来源。

讨论指南（Discussion Guide）致力于实现调研目标，可以用于进行焦点小组讨论。讨论指南是如何使用时间的路线图。它指出了需要涵盖的主题以及一步步进行对话的方式，还指出了在每一个话题上要花费的时间。但是，它没有必要指定主持人使用何种话语。

任何两名主持人都不可能以完全相同的方式来准备讨论指南，因此你作为讨论指南评估者或准备者的工作就是保证它能满足调研的总体目标和具体目标。

讨论指南是一份路线图，但常言道："地图不等于疆域。"这意味着小组讨论一旦开始，就要根据实际情况进行调整。被调查者可能会更早地转向另一个话题，因此讨论的顺序就需要做出改变。计划中的话题有可能引不起人们太多的响应，并且需要加入新的材料，或者主持人发现了一系列有希望获得成功的新问题，而这些问题最初并没有被认识到。或者观察室中的某个人对某一问题有了新观点，并把这一观点转达给了主持人。

这些情况以及其他各种情况经常会发生。焦点小组是一个有机体，参与者是活生生的人，他们很少会严格按照讨论指南构建的方式做出响应。

讨论指南

1. **背景：**

> 介绍情况等。
> 喜欢/不喜欢从目录商店中购买壁纸。
> 最近是否购买过/正在考虑购买壁纸。
> 从目录商店中购买或到零售店中购买的决定因素。

2. **目录：**

> 当壁纸目录被送到你的家里时，哪些因素会吸引你的注意力？是哪些因素决定你翻阅某些目录而不翻阅其他目录？
> 目录封面上的哪些要素会吸引你的注意力？哪些因素吸引你认真阅读某些目录，而对其他目录则只是浏览一下？

探讨下列因素的重要性：

> 一个众所周知的名字在决定是否认真翻阅一份壁纸目录时的重要性。
> 新产品、独特产品以及在其他地方没有见过的产品的重要性。
> 价格、描述清晰的重要性。
> 除了正常的信用卡之外，公司拥有自己的信贷计划的重要性。
> 能够通过电话或在线跟踪订单的重要性。

3. **目录销售公司：**

> 你知道哪些壁纸目录销售公司？从哪些公司中购买过壁纸？为什么在这些公司购买？
> 你是否知道一些壁纸销售公司，但从来没有从这些公司购买过？为什么？是哪些因素吸引你在一些公司购买而不在其他公司购买？
> 列出你从中购买过产品或者是你知道的目录销售公司。比较它们在下列因素中的差别：

- 商品的质量。
- 购物的便捷性。
- 低价格/大规模促销。
- 客户服务
- 声誉。
- 价格。

4. **Apex 公司与竞争对手：**

> 分别发放两份 Apex 公司的目录和两家竞争对手的目录。给被调查者 15 分钟的时间进行评估。要求被调查者记录下他们喜欢/不喜欢各个目录的哪些因素。
> 按吸引力的高低对目录进行排名。你认为哪份目录最有吸引力（选出最有吸引力的一份）？为什么？列出你喜欢/不喜欢的因素。

要调查的问题：

> 目录是否令制定购买决策更加容易？
> 目录在哪些方面能够提供帮助？
> 目录易于阅读吗？反映在哪些方面？
> 目录是否独一无二，或者与其他目录有所不同？反映在哪些方面？
> 你对介绍和展示产品的方式有什么看法？产品的图片质量如何/色彩是否真实？
> 销售的类别/选择的深度和广度如何？
> 价格如何？
> 如果要下订单，能否不必打求助电话就能完成？如果不能完成，你需要知道哪些信息？
> 制定通过目录进行购买的决策时你还需要哪些额外信息？

针对其他 3 份目录重复上述过程。

这些焦点小组讨论的结果使得公司可以制定出一份能够使目录更具竞争力的列表。随后，在致力于确定哪些领域能够提供最大竞争优势的第二次调研中对这一列表进行研究。

11.4 建立焦点小组

在制定焦点小组规划的时候需要考虑许多问题：焦点小组的构成、建立多少个焦点小组、某些地点是否比其他地点更适合，以及男性主持人还是女性主持人更恰当。

男性与女性主持人的问题很有意思。多年前，我们有一个生产节育药品的制药厂客户。其所有焦点小组中的被调查者都是女性，而主持人也为女性，这看起来很合适。公司喜欢我们主持其头疼药焦点小组的方式，并问我们是否愿意主持几次在女性中召集的节育产品焦点小组讨论——只是为了试验。

他们的论据是：男性主持人可以装聋作哑，而女性则会表达出一些观点，如果主持人是女性，则女性被调查者会因为这些观点显而易见而不再表达出来。我们很不情愿地同意主持几次焦点小组的讨论。

焦点小组讨论令主持人感到很尴尬，女性被调查者也感到难以启齿。当向女性被调查者提问一些涉及个人隐私的问题时，主持人会脸红。女性被调查者则坐立不安，她们只会给出最简略的回答。在各焦点小组结束的时候，我们告诉女性被调查者：我们正在进行一项试验，并请她们说出对男性做主持人有何感受。一位 25 岁的漂亮单身女士的回答最令我们难忘："不错，你们非常专业，但你们得不到答案。男性做主持人不行。"

但是，在很多时候，主持人是男性还是女性并不重要。一名胜任的主持人能够有效地实现任何讨论指南设定的目标。

考虑下面的例子。我们曾经在没有工程学位的核物理学家之间、在没有生物学学位的药物研究员之间、在没有医学学位的外科医生之间、在十几岁的孩子之间（尽管我们早已过了那个年龄段）、在贪婪的渔夫之间（尽管我们更喜欢买鱼而不是捕鱼）召集过焦点小组。这样的例子还有很多。

我们取得成功的原因在于：对某一话题的熟悉或精通不如下列这些因素更重要：（1）理解营销问题到底是什么。（2）知道调研应该如何提供信息以协助制定决策。（3）令人们在公平、坦诚地谈论某一话题时感到舒适。

尽可能保持被调查者的同质性

一旦你制定了调研目标，就必须确定哪些目标顾客或潜在顾客能够为你的企业提供最大的成长机会。你是否希望说服大量购买者花更多的钱？是否希望少量购买者变成大量购买者？是否希望使用竞争对手产品的人开始使用你的产品？你希望吸引更年轻的顾客、收入更高的顾客，或者更多的男性顾客而不是女性顾客吗？

要确定优先顺序。不要试图一次了解所有事情。当你在具有相似背景的被调查者之间召集焦点小组时，要得到关于特定目标的观点就会容易得多。

当你在同一个焦点小组中将目标顾客混合起来时，确定来自一位目标顾客的回答是否会影响到其他人的回答将更加困难。你也许会无法得到一致的观点，因为被调查者的生活方式和人口统计学特征差别太大，这会妨碍你获得明确的信息。

当然，有时候将目标顾客混合起来也可能更具创造性：可以将年老的和年轻的、男性和女性、大量购买和少量购买的被调查者混合起来。这样做会形成各种态度、观点、意见等的大杂烩，在给定焦点小组目标的情况下，这可能是需要做的最好的事情。要认识到，当你同时与不同的目标进行交谈时，要针对任何一个目标形成一致的理论将更加困难。

这里有一个诀窍，你应该试一试。当在一个焦点小组中结合不同的成员时，你可以通过下面的方法对人们进行区分：使用不同颜色的姓名牌，或者让一类被调查者坐在桌子的一边，让另一类被调查者坐在另一边。

对每一类型的被调研者要召集多个焦点小组

如果你想要更好地了解大量购买者和少量购买者的态度，那么对于每一个类型至少要进行两次焦点小组调研。如果你想要集中于比较年轻和年老的被调查者的态度，要针对每组被调查者至少进行两次焦点小组调研。请记住，对每一类问题进行多次焦点小组调研而不仅依赖单一焦点小组的态度总是明智的。

这一真理来自下面的事实：即使招募的被调查者具有类似的特征，但这并不意味着他们有相同的态度和认知。实际上，第一个焦点小组与第二个焦点小组的态度完全相反也并不令人感到惊讶。我们需要搞清楚为什么具有类似特征的被调查者具有如此不同的意见。

你还会发现，第一个小组进行了非常广泛的调研。它使你开始理解人们的态度以及各种富有成效的问题。通过在以后的讨论中跟踪最富有成效的问题，你的知识就会快速积累起来。将这些综合在一起，你就会更加深入地理解某一问题。

正如主持人们常说的，针对某一特定目标只进行一次焦点小组讨论可能会带来一些奇怪的结果。因此，对某一问题至少要进行两次焦点小组讨论，以确保第一次焦点小组中的被调查者不是一群怪人。

考虑在多个地点进行

假设你在多个区域经营业务，那么就要考虑至少在两个地理区域进行焦点小组调研。因为不同地区的人通常会拥有不同的态度和认知，至少在两个地区召集焦点小组是明智的。在美国，南方与北方、老东北部和新的西部、城市和农村都是很好的例子。地区之所以重要，原因是历史不同、气候模式不同、自然资源和工业基础各异，因而文化与行为也有所不同。如果你了解到各区的市场不同，那么你当然需要考虑不同的经营方式。

召集焦点小组所需的设施

召集焦点小组所需的设施在每一个主要市场和许多次要市场中都可以租到。这些设施的主要目的就是支持定性调研，特别是焦点小组（有些还租给各种会议等）。如果你需要一名主持人，那么大多数出租方也会提供一名（当然是收费的），或者为你推荐一名以前合作过的主持人。这些设施提供了一系列服务，包括：

- 出租带观察室的讨论室，这使得客户能够观察焦点小组而被调查者却看不到他们。
- 为你的焦点小组招募所需类型的被调查者，并保证他们在计划的时间到场。
- 提供使用外语的主持人。如果你在不同的国家召集焦点小组，那么当然需要将筛选问卷（Screening Questionnaire，见下面）和讨论指南翻译成一种或多种语言，同时也需要在讨论过程中进行现场翻译。
- 提供招募特定被调查者的服务，如寻找医师、企业主管、具有某种身体状况的人、高技术人员、儿童、老人、不同种族的人等。
- 为参与焦点小组的被调查者提供激励（通常是现金）。
- 提供实验厨房（test kitchen）。

- 提供录音、录像或DVD录制服务，如果需要的话，也可以提供摄像师，以及其他在讨论期间可能用到的音响、视频设备。有些地方还可以连接到互联网上，以便远距离观看、存储这些影像文件。
- 如果需要，还可以提供特殊的连接和设备，使你能够更好地理解顾客如何浏览网页。
- 提供简单的商务服务，如复印、传真、宽带连接等。
- 为被调查者和客户/观察人员提供茶点或食品。

与焦点小组设施的提供者合作非常容易。他们可以为你的项目指定一个人，保证你的焦点小组在各个方面都能够顺利进行。

寻找焦点小组设施也很容易。有一些专业出版物专门介绍焦点小组设施的提供者，并有过去使用过这些设施的主持人对其进行的评级，包括总体评级，以及对招募质量、员工、设施本身、地点、食品等方面的单独评级。你还可以通过一些电话和网站找到大量的焦点小组设施提供者。

设施的费用

焦点小组设施的提供者会为其提供的各项服务进行成本估计。成本可以细分为以下几项：

1. 会议室租金。在美国，两个小时的焦点小组会议通常需要400～500美元。用这一数字乘以你要进行的焦点小组次数。成本包括焦点小组会议室、用于书写的黑板架、供被调查者使用的纸和笔，以及供焦点小组使用的录音设备。还包括观察室的费用（6～12个人可以坐在观察室里观察焦点小组的讨论，而焦点小组的参与者看不到他们），以及使一切顺利进行的主持人。

   在美国，摄像的费用越来越多地被包含在租金价格中。快餐（如小点心、爆米花、糖果以及各种非酒精饮料等）的费用也是如此。

2. 招募成本。这一成本的变动很大，每名被调查者的成本从“正常的”70美元到200美元不等。平均成本大约为100美元。这意味着，如果你招募 10 个人参加焦点小组，你只需要用该焦点小组的招募成本乘以 10 即可。如果你召集 4 个焦点小组，则再乘以 4。招募成本会根据找到所需类型的被调查者的难易程度而改变（参见下一节关于焦点小组筛选问卷的讨论）。B2B 焦点小组需要专业人士、医生焦点小组需要医学博士和牙医，招募这些人的成本要高得多。大多数焦点小组设施提供者都拥有一个人员数据库（通常包括专业人士），这个数据库中的人员都愿意参加焦点小组，从这些数据库中筛选出来的被调查者至少可以被当成大多数焦点小组调研所需的部分样本。

设施提供商还可以从你提供的列表中招募被调查者。也许你希望在你的客户中进行焦点小组调研，并且拥有客户的姓名、电话号码和邮政编码。设施提供商也可以根据你的精确需求，利用当地的电话或其他名录甚至通过在当地报纸上做些小广告来招募被调查者。

3. **激励成本**。向参加焦点小组的被调查者支付一定数额的金钱是很正常的。激励通常与招募成本差不多。如果招募成本为每人 70 美元，那么支付 70 美元作为激励费用就足够了。如果招募成本为每人 200 美元，那么激励的成本也大致为 200 美元。如果你以每人 70 美元的成本为焦点小组招募 40 名被调查者，而且所有 40 名被调查者都出席了焦点小组讨论，那么最终你需要支付 2800 美元。

但一般来说，每个焦点小组会有 2 ~ 4 名被调查者不到场，而你不必为不到场的被调查者支付激励费用。有时候也会使用其他激励（如产品、优惠券、在某些商店购买时较大的折扣等），但它们在鼓励被调查者参与并出席焦点小组方面的有效性通常较低。

通常，你不希望参加者预先知道谁在发起此次调研，因此用你的产品作为激励显然不是一个好主意。在焦点小组结束的时候，你总是可以通过向被调查者提供任何你想提供的激励来创造出好感。

4. 其他成本。还有一些变动成本应该在估计设施成本时列出来。这些成本包括你订购的食品和茶点费用。有些设施提供者将摄像成本包含在会议室租金中，但并没有全部包含在内，一些特殊的音响和视频设备如投影仪、计算机等，都需要支付额外的费用。如果用到录像制作人、翻译、记录员和其他商务服务，你也需要支付费用。如果你的调研要求为焦点小组提供特殊的食物，许多设施提供者也会提供全套厨房设备。

焦点小组筛选问卷

焦点小组筛选问卷（Screening Questionnaire）通常被称为“筛选器”（Screener）。这是一份简短的问卷，由主持人根据客户的要求开发，然后交给焦点小组设施提供者。设施提供者利用这一“筛选器”找到恰当的消费者来参加焦点小组。它为设施提供者寻找焦点小组期望的被调查者类型组合提供了一种手段。

重要的是，“筛选器”会通过提出一些问题而剔除那些为竞争对手工作的人、有语言障碍的人或所谓的“职业被调查者”（因为他们参加焦点小组通常是为了获得奖励）。

“筛选器”是真正的问卷，应该遵循编写问卷的所有规则（参见第15章）。它们不是随意的文件。“筛选器”中的一个错误会使不恰当的人选进入你的焦点小组，不管你向他们提出多少问题，都无法得到你想了解的东西。

下面是一个典型的“筛选器”的实例，该“筛选器”是为一家摄像机商店召集关于数码相机的焦点小组而设计的。请注意对于“筛选器”各个部分的解释。

数码相机“筛选器”

您好，我的名字叫__________，来自__________，这是一家市场调研公司。我向您保证，这不是一个销售电话。我们打算在关心数码相机购买问题的人中进行一次调研。我可以占用您几分钟的时间吗？很好。

1. 首先，您或您家中的任何成员是否受雇于数码相机产业，如相机的生产商、分销商或零售商？如果回答是“有”，则终止。
2. 您或您的直系亲属是否为一家营销调研或营销咨询公司、广告代理公司、公共关系公司、直效广告代理公司（direct response agency）或传播设计公司（communication design）工作？如果回答为“是”，则终止。

   （解释：通常希望将下列被调查者筛选出去：为你的焦点小组针对的产业工作或与其相关的人，以及从事营销或营销调研工作的人。这样做是为了保证不会有不具代表性的被调查者参与到焦点小组中，并且不让潜在竞争对手知道你正在进行调研。）
3. 在过去 6 个月中，您是否参与过任何销售数码相机的公司进行的调研或焦点小组？如果回答为“是”，则终止。

   （解释：允许那些最近讨论过这一话题的被调查者参加焦点小组是不明智的，因为他们对于这一话题拥有很多经验，所以应该被认为不具有代表性。但在某些情况下，熟悉某一话题是有益的，可以提供有价值的信息。在这些情况下，就应该淘汰这一筛选问题。招募这类被调查者的合理性将在本章后面讨论。）
4. 在考虑为您或您的家庭购买数码相机时，您是主要的购买决策制定者吗？如果回答“不是”，则请求与主要决策者交谈。

   （解释：你希望直接与将要参加焦点小组讨论的人谈话。筛选出一名被调查者但后来发现他不是决策者，这是没有意义的。）
5. 您是否有处于上学年龄的子女？如果没有，则终止。
6. 您的家里有计算机吗？如果没有，则终止。
7. 您经常使用下列设备中的哪一种？阅读列表，在正确的设备后画✓。

   手机　　　　　　　　______

   寻呼机　　　　　　　______

   个人数字助理 PDA　______

   笔记本计算机　　　　______

   必须至少经常使用两种设备，否则就终止。
8. 您对数码相机和数码摄像的兴趣如何？

   非常有兴趣　　　　　______

   有些兴趣　　　　　　______

   没有兴趣　　　　　　______

   尽可能招募“非常有兴趣”或“有些兴趣”的人。

   （解释：这一系列问题是为了挑选出有子女，且子女住在家里，同时懂技术的被调查者。正如你从后面的筛选问题中推测出的，这一焦点小组的目的是调查人们对购买数码相机的态度。这些问题将保证被调查者处于希望的目标群体中。当然，你需要决定在为特定的调研招募人选时哪些问题是恰当的。）

9. 在过去120天内，您是否到零售店购买过数码相机？如果没有，则终止。

（解释：由于销售数码相机的公司是一家零售商，因而保证进入焦点小组的被调查者最近亲自光顾过零售商店而不是仅通过互联网或目录制定购买决策就显得很重要。如果可行的话，你就需要使用类似的问题来为你的焦点小组筛选合格的被调查者。）

10. 您最常光顾哪家销售照相机的零售店？不要读出列表，补充一个好的商店组合。

塔吉特（Target） ______

沃尔玛（Walmart） ______

好事多（Costco） ______

其他 ______

如果是“其他”，则终止。

（解释：在本例中，公司要在忠诚于上述3家商店的顾客中召集焦点小组。如果是针对沃尔玛进行研究，并且希望为其焦点小组找出塔吉特的顾客，则这个问题是恰当的。同样的问题也可以用来找出并招募忠诚于任何其他竞争对手的人。如果你试图为焦点小组招募自己的顾客，也可以提出类似的问题。）

11. 您通过以下渠道制定为家庭购买照相机、计算机、个人数字助理、娱乐产品等技术产品的决策所占比例是多少。

在零售店 ______

（至少达到51%）

通过目录和电话或传真 ______

通过互联网 ______

（解释：这一项目旨在确定人们对在零售店中购买数码相机的态度。再强调一次，招募那些主要购买渠道为零售店而不是其他渠道的人非常重要。）

我们想邀请您参加一次关于购买数码相机的焦点小组讨论。这一会议将在××日××时召开，焦点小组讨论在××××（地址）举行。我们将向您支付一定的费用。

在焦点小组讨论之前，我们希望您去拜访一下离您家不远的零售店。请您到数码相机的销售处看一看，并填写一份简要的问卷。我们再次重申，没有人会因为您参加焦点小组而试图向您销售任何东西。您愿意参加吗？很好。

（解释：在参加焦点小组讨论之前，被调查者需要到一家零售店中销售数码相机的地方看一看。这样，在他们参加小组讨论时，他们的体验将是最新的，并将能够更好地表达他们对数码相机销售方式的态度和意见。正如前面指出的，在参加小组讨论之前让被调查者了解更多的情况有时候是有益的。安排他们去商店看一看是一种很好的方式。）

为了便于分类，我还有几个问题。

12. 您的年龄：

小于21岁 ______

21 ~ 34 岁　　________
35 ~ 44 岁　　________
45 ~ 54 岁　　________
55 岁以上　　________

13. 您的工作：
全职　　________
兼职　　________
没有工作　　________

14. 您家庭的税前总收入：
低于 50000 美元　　________
（招募的被调查者不要超过 3 名）
高于 50000 美元　　________

（解释：在筛选器中通常会有一些人口统计学方面的问题。设定人口统计学方面的限制保证了焦点小组中的被调查者不是具有相同特征的人。在本例中，年龄、就业状况和收入对于保证人员组成的合理性是非常重要的。）

15. 访谈者：你在下面的签名意味着这名被调查者能够流利地讲英语，否则就终止。如果不确定，那就请被调查者描述他们最喜欢的电视节目，然后再做出决定。
签名________

（解释：这一检查保证了被调查者完全有能力参加讨论，不会存在语言障碍。）

请在日历上相应的日期处做好标记（重复一下日期和时间）。您希望我们通过电子邮件还是传真把问卷发给您？如果希望我们发传真，请把您的传真号码告诉我们。

我们将在几天后给您打电话，以确认您收到了问卷，并提醒您焦点小组讨论的时间。如果由于某种原因无法出席，您可以打电话（电话号码）告诉我们吗？谢谢您。

姓名
地址
电话

（解释：对被调查者进行跟踪以确定他们收到了参加焦点小组所需的资料并提醒他们参加是明智的举措。）

焦点小组筛选器可能比较简单、直截了当，也可能非常复杂。提出的问题应该足够精确，以保证你招募的被调查者的意见能够代表你的目标顾客。显然，你希望避免花了很多钱却招募到错误的人选。实现这一目标的问题数量决定了筛选器的长度。

当然，有时候尽管你非常努力，但筛选器仍然无法提出准确的问题以找出正确的人选。在这些情况下，招募一些不恰当的被调查者仍然可能是一种学习的体验。无论如何，你将会获得能够对你的目标市场假设提出质疑的信息，并使你在下一次开发必要的筛选问题时做得更好。

11.5 如何成为一名胜任的焦点小组主持人

你应该自己主持焦点小组，还是花钱聘请一名有丰富经验的主持人来主持焦点小组的讨论？这就像是问律师是否应该在刑事审判中为自己辩护一样，有些事情可以自己做，但有些事情必须交给专业人士做。然而，有许多律师成功地为自己进行了辩护。

如果你打算成为一名胜任的主持人，你就需要在某个时候开始。如果你具有成为一名主持人的素质，那么用不了多长时间你就会成为一名优秀的主持人。要确定主持人的工作是否适合你，请考虑下面这些因素。

暂时放弃你的自负

优秀的主持人在某个话题中不包含个人意识。他们不在意被调查者是否喜欢某一事物。他们对于在任何事情上说服任何人都没有兴趣。他们对于某一问题绝对没有自己的立场。他们是中立的，认为每个人的意见都同样有效。他们在那里是为了学习，并保证所有人都能发表自己的意见。他们完全没有偏见。

这也许是主持成功的焦点小组讨论时最重要的方面。我们曾经见到公司的总裁、营销主管、品牌经理和市场调研人员试图主持焦点小组的讨论。他们都很聪明，对其产品和服务非常了解，肯定比焦点小组中的被调查者要熟悉得多（而且也比他们可能会聘用的主持人知道的多）。但是，当他们主持焦点小组讨论时，可能会制造一场灾难。

从参与者感觉到主持人就某一问题有自己的立场那一刻起，焦点小组就失败了。如果一名主持人不知道如何以一种无偏见的方式提出问题，那就没有什么能比这更快地使焦点小组失去兴趣了。那些有可能否定一位被调查者意见（或者是要证明这位被调查者是错误的，或者要改变这位被调查者的观点，使其与主持人的观点一致）的主持人将会彻底失去这位被调查者，并很有可能失去焦点小组中的所有人。

为了确定在进行焦点小组讨论时你能否暂时放弃自己的自负，请诚实地回答下列问题：

- 你能否在两个小时之内保持无偏见？
- 你能否克制自己的防御心理？
- 当你因为听到了一些不愿听的话而在内心感到愤怒时，你能否对被调查者保持微笑？
- 即使在被调查者对他们谈论的问题一无所知的情况下，你是否仍然能够容忍他们自称专家？
- 你能否学会如何表述问题，以便使被调查者有改变意见的余地而不会感到受到了胁迫或被人看不起？
- 你能否不对被调查者做出愚蠢、乏味、无知、胡说之类的判断？
- 不管你是否喜欢被调查者，不管他们是否令人讨厌，你都能认为每个人的意见同样合理吗？
- 你能够认真地倾听社会地位比你低的被调查者的意见吗？
- 如果每一个焦点小组都为你讲述一个不同的故事或为你展现一幅不同的图景，你能克制自己的失望与困惑吗？

如果对所有问题的回答都是否定的，那么就考虑聘请一名专业主持人并学习他或她的技能吧，直到你能处理好自己的自负问题为止。否则，如果你自己主持焦点小组的讨论，那就是在浪费自己的金钱。

放松一些

在最初几年主持焦点小组时，我们会汗流浃背。我们很紧张。我们担心所有的事情。正在观察焦点小组的客户在想什么？我们能否抽出时间分析讨论指南中的所有问题？被调查者所说的是不是客户想听的？我们提出问题的方式和语调是否恰当？我们主持焦点小组时一点儿都不轻松。

紧张并不一定会阻碍你发挥自己的能力来进行一次有效的焦点小组讨论。尽管在进行一项新的调研时我们非常紧张，但我们都是当时优秀的主持人。紧张并没有妨碍我们暂时放弃我们的自负，并相信我们的做法是正确的。同时，它也没有妨碍我们有效地倾听被调查者的声音。

随着主持的经验越来越丰富，我们学会了放松和享受与各个焦点小组在一起的时间。两个小时的焦点小组讨论转眼就会结束。在探讨重大战略问题时，我们保持宽泛视角的能力增强了。当重点考虑战术问题时，我们则精通于讨论问题的细节。

如果你能够暂时放弃你的自负，并学会在推动焦点小组讨论的同时放松自己，你就能成为一名优秀的主持人。剩下的就是多练习。请继续读下去。

知道自己要去哪里

不可能存在两个完全相同的焦点小组。如果你的焦点小组调研需要召集 4 个焦点小组，你可以确信每一个焦点小组都会与前一个焦点小组不同——有时候差别不大，有时候则完全不同。

不管是新手还是老手，当具有相同特征的被调查者（比如说你最好的顾客）表达出完全相反的观点时，许多主持人都会感到困惑。在第一个焦点小组中，最好的顾客可能热心于谈论产品质量，而在第二个焦点小组中他们可能更专注于优质的服务质量，而几乎不提产品质量。第三个和第四个焦点小组的人可能会抱怨产品和服务的质量——尽管他们也是非常优秀的顾客。

请记住，焦点小组不是要达成一致。

一旦你开始在焦点小组被调查者所说的话中寻找一致的模式，一旦你认为自己能够控制某一问题，事情就有可能发生改变。你的所有理论都将变得毫无价值。你会发现自己非常慌乱，完全失去了方向。

重要的是要记住，应该从总体上看待焦点小组研究。正如在进行主持时要暂时放弃自负一样，你应该不对自己听到的意见做出判断，直到所有的焦点小组都结束之后。如果某次调研需要召集 4 次为期两个小时的焦点小组，你就需要进行 8 个小时的连续讨论。

第一个小时中发生的情况并不比后一个小时中发生的情况更重要。我们的目标是观察一系列观点和态度，然后开始分析你听到的意见。

不要因为无法达成一致而感到沮丧。实际上，"一致"一词不适用于焦点小组。要知道自己打算去哪里，要记住，"知道"意味着明白下列问题：

- 在所有的焦点小组都结束之后才能对你听到的意见进行全面反思。
- 一个焦点小组的观点、思想和思维模式应该在下一个焦点小组中进行讨论，如果你未能得到一致的回应，那么目标就是理解为什么会出现这种情况。
- 在一个焦点小组中得到负面意见，而在另一个焦点小组中得到正面意见，分析其中的原因正是召集焦点小组的目的。
- 焦点小组永远都不是为了终止辩论，而是为了了解人们的意见。
- 人们的意见和态度差别越大，你作为主持人的工作就完成得越好。

老练的主持人对于其焦点小组研究中缺乏一致性并不感到困惑。有时候焦点小组对一个问题达成了一致，则人们很容易认为这些结果对所有人都是适用的——这些结果可以推广。请别忘了我们在前面对风险的讨论。

在统计上可靠的样本中进行调研是最终确定焦点小组表达的意见和观点是否重要以及哪种观点对于企业成长至关重要的唯一方式。

准备活动

焦点小组中的被调查者彼此都不认识，而且他们也不认识你。作为主持人，你需要让人们立刻放松下来，并让他们知道他们的意见很重要。为了能够在 10 分钟或 15 分钟内做到这一点，你可以尝试使用下面的技术来为小组"热身"。

标准主持人法

大多数主持人会在桌子旁边来回走动，并要求被调查者逐一进行自我介绍。通常是这样进行的："嘿，我叫鲍伯。我主持焦点小组已经有很多年了。我是一名独立的主持人，我应聘在许多不同的话题中与人们对话。"

"我想让你们知道，在这里，答案没有对错之分。我只对你的意见感兴趣，不管你的意见是什么。首先，我会请每个人进行一下自我介绍。苏珊，从你开始吧。告诉我你的一些情况。你住在哪里？成家了吗？如果你在工作，那么你从事的是哪种类型的工作？"

随后，主持人继续围着桌子走动，按照每位被调查者面前的姓名牌让每个人进行自我介绍。

包含法

在包含法（inclusion approach）中，你将用上面讲解的方法介绍自己。随后，你不再在房间里走动，而是对焦点小组说："我请你们立刻转向坐在你旁边的人并进行自我介绍。希望你能了解对方的一些情况，如他们是否成家了、做哪类工作、今天过得怎么样。然后，我会要求你向小组的其他人介绍那个人的情况。好不好？"

"约翰，向苏珊问好。比尔，向杰克问好……。"在为被调查者分配好谈话对象后，主持人离开房间几分钟，同时让被调查者进行相互交流。

我们喜欢这种方法，因为它会马上在被调查者之间建立起联系。它让被调查者感到自己不是孤独的。最重要的是，它活跃了会议室内的气氛，因为所有人会立刻参与其中。几分钟后，主持人回到会议室中，并要求所有人都集中注意力。主持人要告诉被调查者，要等一个人说完后另一个人再说，因为如果有人插嘴或相互打断对方的话时，主持人将很难理解人们在说什么。随后，主持人转向第一对被调查者，说："约翰，跟我讲讲苏珊的情况。"

开门见山法

通常，开始一次焦点小组讨论的很好的方法是马上告诉被调查者将要讨论的话题。例如，主持人可以说："今天我们要讨论的是关于购买一辆新汽车的问题。各位要做的是拿起一支笔和一张纸，写下你在购买一辆新汽车时喜欢什么、不喜欢什么。”

在为被调查者提供几分钟的时间写下他们的想法后，主持人要求被调查者做自我介绍，并读出他们在购买新车时喜欢或不喜欢的因素。主持人还可以要求被调查者向其他人打招呼，就像在“包含法”中一样，并一起写出喜欢或不喜欢的因素列表。

你采用的方法通常取决于话题以及焦点小组中被调查者的类型。专业小组（医师、律师和企业主管）对于“包含法”会感到很不自在。在这些环境中介绍一位陌生人常常让他们感到很愚蠢。当被要求介绍一位他们刚刚认识的人时，商人或普通工人通常会感到很拘束。但是，对于其他大部分类型的被调查者，“包含法”是让人们感到轻松并让他们兴致勃勃地开始谈话的一种好方法。

下面是其他一些在热身阶段让人们感到轻松的点子：

- 别太严肃。该笑的时候就笑。
- 介绍一下自己的情况，只要不暴露出你对话题的看法就行。对一位被调查者说：“我知道当孩子们在饭店里尖叫的时候你有什么感受。我经常遇到这种情况。”
- 当自我介绍的时候，在会议室里四处走动。这样可以减少一些拘谨。
- 穿得随意些。被调查者更容易与一名穿着随意的主持人交流，而不愿意同一名死板、穿着正规的主持人打交道。

总是称呼人们的名字

有些主持人能够很快记住人们的名字。如果你有这种天赋，就在被调查者进入会议室的时候进行自我介绍，并询问他们的名字。你会发现，被调查者因为你记住了他们的名字而非常高兴，并会在评论的时候更加开放。

但是，在会议桌上一定要放置被调查者的姓名牌。你不需要，并不意味着会议室里所有的人都不需要。焦点小组中的人希望知道其他参与者的名字。会议开始后，人们都愿意称呼其他参与者的名字，并向他们提出自己的问题。

在任何一个焦点小组中，都有一些被调查者在提出自己的观点时更加具有攻击性。设置主持人的原因就是在各个焦点小组中都有一两名喜欢争论且非常武断的被调查者。如果主持人对他们放任不管，那么这类被调查者就可能会主导焦点小组的讨论。判断你的小组中有没有这类人的一条线索是看一看有没有人自动地坐在主持人的正对面。在这间会议室里，主持人是最重要、权力最大的人，想要坐在他对面的人也是权力的追求者。

另外，一般来说，在向小组提出一个问题时，最先发表意见的被调查者可能就是那些爱争论的人。例如，主持人可能会说："我想谈论一下在银行开立一个新的活期存款账户会如何。你们怎么想?"如果主持人继续向所有小组成员提出问题，而发言的总是同样的两名、三名或四名被调查者，那么此时更好的做法是："我想谈论一下在银行开立一个新的活期存款账户会如何。约翰，你怎么想?"

一名被调查者必须经过诱导才会回答一个问题并不意味着他或她的意见比占有优势的被调查者的意见更有效。作为一名主持人，你必须始终坚持"等时间原则"（equal-time rule）。在焦点小组结束时，你应该清楚每一名被调查者对每一个问题的观点。如果你发现自己只能回忆起少数人的观点，那么你就没有遵守"等时间原则"。你让少数人主导了大多数人。

通过点名要被调查者回答问题不仅使随和的被调查者感到自己的意见和其他人的意见一样有效，而且也通过让专横的被调查者安静下来而发出了一个信号。但是，最重要的是，这样做使得讨论得以正常进行，使得主持人能够理解每一位被调查者独一无二的观点。

专心地倾听

优秀的主持人有能力理解那些能够使焦点小组非常有效的细微差别与细节。他们能够把所有注意力都集中在正在讲话的被调查者身上。他们能够屏蔽掉周围所有的其他噪音。

当一名被调查者讲话的时候，主持人常常会思考下一个问题，或者接下来应该请哪位被调查者发言。如果想的太远，那么你就不可能认真倾听。如果你过于关心下一步应该做什么，那么你就不大可能抓住一些能够引发一系列有益问题的、发人深省的评论。

然而，要想成为一名胜任的主持人，你必须能够认真倾听一名被调查者的发言，同时思考后面的两个问题。有些主持人在这方面有天赋，另一些人则没有。

要想在倾听方面做得更好，请遵循下面的原则。

转述释义

这意味着理解一名被调查者所说的话并利用它向另一个人提出问题。苏珊这样评论道："我很喜欢我丈夫给我买的衣服。他总是能够把握住下一个流行趋势。"这一评论暗示苏珊喜欢时髦的衣服，但不太相信自己对新款式的选择。你可以把这句话的意思转述给希拉里："我听苏珊说她喜欢时髦的衣服，并且真的相信她丈夫为她做出的选择。你对此怎么看，希拉里？"转述释义（paraphrase）是能够令主持人更认真倾听的技术之一。

记录下来

当被调查者讲话和阐述要点的时候，主持人可以进行简要的记录。我们喜欢站在黑板架前当着焦点小组的面进行记录。除了能够迫使自己仔细倾听之外，它还能使被调查者感到自己的意见十分重要。

另一些主持人喜欢坐在会议桌旁边在便签本上记录。两种方式相结合也非常有效。进行记录时，在你认为有意思并希望进一步探讨的评论旁边加上一个符号（如•、!、^）。通过记录下焦点小组讨论中不同时间被调查者的评论，你会发现自己不必再担心记不住人们的观点，并能够更多地回想起人们在表达观点时的声调、方式和主旨。这为你提供了一些空间，使你能够在人们发表评论时集中注意力。

另外，请记住，你还可以看录像、听录音来进行回顾，还可能有记录人逐字进行记录。如果你选择在焦点小组进行讨论时自己记下一些要点，则要注意别冷场。长时间停止讨论来写下你的想法会使焦点小组感到不自然，并使你看不到调查者的表情或其他重要的非语言回应。

扼要重述

扼要重述（recap）与转述释义类似，但在范围上更宽泛。假设你刚刚结束了关于抚养子女有哪些挑战这一问题的讨论。你自己做了记录，并花了30秒的时间来观察被调查者。你可以用下面的话进行扼要重述：“好的，你们给我提出了很多问题。这些问题包括学术问题、社会问题和对子女全面发展的担忧等。”然后，你可以转向埃米莉并说：“埃米莉，请你简要地重复一下其他人是怎么说的。”扼要重述使每个人都有了第二次表达自己意见的机会。它迫使被调查者用自己的话来表述听到的内容。通过这种方式，你会发现一些与某一话题相关的新的、不同的观点。

主持人角色转换

另一种有助于倾听的方法是请一名被调查者作为主持人提出一两个问题。通常，被调查者对某一话题拥有完全不同的参照系。对焦点小组说：“我已经就‘拥有一所干净的住房意味着什么’这一话题提出了许多问题。如果由你当主持人，请你就这一话题写下一个还没有讨论过的问题，提交给焦点小组。”然后，主持人可以请不同的被调查者将其问题提交给焦点小组进行讨论，并对新产生的想法进行分析。

这些技术不仅迫使主持人更认真地倾听，而且还会令焦点小组的成员更加积极地参与。它们还为主持人提供了一些短暂的时间，来思考和规划接下来将焦点小组讨论带向何方。

刨根问底

到目前为止，将优秀主持人和其他人区分开来的最重要的技能就是知道何时以及如何刨根问底。他们知道或能够感觉到何时应该对被调查者给出的回答进行刨根问底，因为在这些回答后面还有许多要了解的东西。

在每一个焦点小组中，都有许多刨根问底的机会。在提出一个一般性的问题并得到回答后，主持人对一名被调查者进行刨根问底的最常见的方式可能是：“你为什么这样说?”“你为什么这样说”是所谓的“问题阶梯”（question ladder）的开始。如果你向一名被调查者多次（两次、三次或四次）提出“你为什么这样说”这个问题，你就会在他们的回答中获得丰富的信息。例如：

被调查者：我喜欢开快车。

主 持 人：你为什么这样说？

被调查者：因为这让我有一种自由的感觉。

主 持 人：你为什么这样说？

被调查者：我想是因为周围没人告诉我该做什么。

主 持 人：你为什么这样说？

被调查者：因为我的妻子讨厌我开快车。当她不和我在一起的时候，我可以假装自己是马里奥·安德雷蒂（Mario Andretti，前 F1 世界冠军——译者注）。

“你为什么这样说”式的刨根问底有助于更深入地挖掘被调查者的态度和感觉，并使一些不能轻松或快速表达的想法和观点浮出水面。在这个例子中，“我喜欢开快车”这种说法太含糊，需要对其进行刨根问底和澄清。如果不进行刨根问底，那么赛车这个参照系就永远也不会被揭示出来。

刨根问底的另一个例子是将被调查者的回答作为另一个问题的基础。例如：

主 持 人：在某些早晨你自己在家里制作咖啡，而在另一些早晨则去星巴克喝咖啡，这是为什么？

被调查者：我不知道。只是为了换换口味。

主 持 人：你说换口味是什么意思？

被调查者：有些早晨我可能有时间坐下来放松一下。尽管我在家里冲泡星巴克的咖啡，但味道从来都比不上店里制作的。因此我去街上的星巴克咖啡店去喝咖啡。

主 持 人：除了咖啡以外，还有什么事情吸引你到星巴克去放松一下吗？

被调查者：当我离开星巴克的时候，我更好地为迎接这一天的工作做好了准备。与在家里喝咖啡相比，我觉得精力更充沛一些。

你可以看到，主持人通过将被调查者的每一个回答转变为另一个问题而进行刨根问底。这种刨根问底使得“在星巴克喝咖啡比在家里喝咖啡精力更充沛”这一观点浮出水面，星巴克可能希望对这一观点进行更加深入的研究，使其成为一个有意思的广告创意。

在进行刨根问底时，针对一个主题向多名被调查者提出问题也是有益的。请看下面的例子：

约　翰：我喜欢在 Lands' End 购物，因为那里的衣服很适合我。

主持人：诺曼，你穿上 Lands' End 的衣服有什么感觉？

诺　曼：我穿上后感觉就像是在非洲旅行——有点儿懒散、放松的感觉。

主持人：哈利，穿上 Lands' End 的衣服后你有没有懒散、放松的感觉？

哈　利：并不完全是懒散和放松。我将这种感觉描述成随意，但又不张扬。

在被调查者间进行刨根问底具有令所有人参与对话的效果。在使用这种技术的时候，注意力不能集中于那些认为正在进行刨根问底的领域与他们无关的被调查者身上。

下面这些原则说明了何时应该进行刨根问底：

1. 当你一次又一次得到相同的答案时——你的问题有可能太肤浅了。
2. 当你得到的回答不能建议你采取你感觉可以采取的行动时。
3. 当你的本能告诉你人们的意思没有表达完全的时候。
4. 当你的经验表明被调查者所说的话不能够增加销售的时候。
5. 当你知道答案实际上存在于微妙的态度中时。
6. 当你正在寻求某些能够使思维模式发生改变的因素时。
7. 当你对得到的回答感到厌倦时。

刨根问底更像是一种艺术，最好凭感觉完成。主持人在某一产品类别中的经验越丰富，他们就越能够发现需要进行刨根问底的领域。当被调查者给出与众不同的回答时，这些回答就会立刻吸引住经验丰富的主持人，成为进行刨根问底并深入挖掘其真实含义的一个理由。

总有一天你会精通刨根问底。如果你能够听一听焦点小组的录音，那么你就可以加快这一过程。在这样做的时候，你会发现自己有很多次没有把握住被调查者的言辞，也没有把握住那些会极大提升调研成效的刨根问底的机会。

知道何时改变主题

永远都要避免扼杀一个话题。当对一个主题的提问和刨根问底不再富有成效时，既会令被调查者感到厌烦，也会浪费焦点小组宝贵的时间。知道何时到达这一点是一种技能。当出现下列情况时，你就可以感觉到这一点已经到达：

- 你已经给所有被调查者机会让他们对一系列基本问题做出回应，并且感觉现在可以对他们的共同感觉和意见进行总结了。
- 当你提出一个问题时，所有的被调查者都给出基本相同的回答。
- 你通过重新表述以试图对一个话题进行刨根问底，但却没有得到任何新的信息。
- 在被调查者开口之前，你就能够预感到他们会说些什么。
- 你感到被调查者越来越烦躁，且不断失去兴趣。

知道何时从一个话题转向另一个话题来自于对焦点小组的“感觉”。被调查者会让你知道他们何时对一个主题还有更多的话要说。在其他被调查者发言的时候，他们会点头表示同意或摇头表示不同意，或者想要打断别人的话，因为他们迫不及待地想发表自己的意见。他们可能会针对相互之间的评论，在你还没有提出问题之前就开始发言。

当出现上述情况中的任何一种时，你就会知道焦点小组十分投入，还有更多的话要说。实际上，当出现这种情况时，焦点小组会完成大部分工作。主持人则变成了“调停人”，他的任务是保证所有人都能表达自己的意见。

在转换话题时另一个重要之处是知道你有多少时间。在开发讨论指南时，有些话题比其他话题要重要得多。大多数主持人会预测他们在每一个话题上应该花费的时间，等到时间配额用完时就转换话题。下面是本章前面出现过的讨论指南（括号里的说明显示出了主持人如何为每一个话题分配时间）。

1. 背景：（总计 15 分钟；到小组讨论的第 15 分钟完成）
   > 介绍情况等。
   > 喜欢/不喜欢根据目录购买壁纸。
   > 最近是否购买过/正在考虑购买壁纸。
   > 从目录中购买或到零售店中购买的决定因素。
2. 目录：（总计 25 分钟；到小组讨论的第 40 分钟完成）
   > 当壁纸目录被送到你的家里时，哪些因素会吸引你的注意力？是哪些因素决定你翻阅某些目录而不翻阅其他目录？
   > 目录封面上的哪些要素会吸引你的注意力？哪些因素吸引你认真观看某些目录，而对其他目录则只是浏览一下？

   探讨下列因素的重要性：
   > 一个众所周知的名字在决定是否认真翻阅一份壁纸目录时的重要性。
   > 新产品、独特产品以及在其他地方没有见过的产品的重要性。
   > 价格、描述清晰的重要性。
   > 除了正常的信用卡之外，公司拥有自己的信贷计划的重要性。
   > 能够通过电话或在线跟踪订单的重要性。
3. 目录销售公司：（总计 25 分钟，到小组讨论的第 65 分钟完成）
   > 你知道哪些壁纸目录销售公司？从哪些公司中购买过壁纸？为什么在这些公司购买？
   > 有哪些壁纸销售公司你知道但从来没有从这些公司购买过？为什么？是哪些因素吸引你在一些公司购买而不在其他公司购买？
   > 列出你从中购买过产品或者你知道的目录销售公司。比较它们在下列因素中的差别：

- 商品的质量。
- 购物的便捷性。
- 低价格/大规模促销。
- 声誉。
- 价格。

4. Apex 公司与竞争对手：（总计 55 分钟，到焦点小组结束时完成）

> 分别发放两份 Apex 公司的目录和两家竞争对手的目录。给被调查者 15 分钟的时间进行评估。要求被调查者记录下他们喜欢/不喜欢各个目录的哪些因素。
> 按吸引力的高低对目录进行排名。你认为哪份目录最有吸引力（选出最有吸引力的一份）？为什么？列出你喜欢/不喜欢的因素。

要调查的问题：

> 目录是否令制定购买决策更加容易？
> 目录在哪些方面能够提供帮助？
> 目录易于阅读吗？反映在哪些方面？
> 目录是否独一无二，或者与其他目录有所不同？反映在哪些方面？
> 你对介绍和展示产品的方式有什么看法？产品的图片质量如何/色彩是否真实？
> 销售的类别/选择的深度和广度如何？
> 价格如何？
> 如果要下订单，能否不必打求助电话就可以完成？如果不能完成，你需要知道哪些信息？
> 制定通过目录进行购买的决策时你还需要哪些额外信息？

针对其他 3 份目录重复上述过程。

在上述步骤中，你要提出的问题还有很多，而时间不允许。但是，焦点小组的目的显然是深入分析第 4 步中提出的问题。如果在其他步骤中反复讨论一些多余的或无关的问题，就会使第 4 步的讨论时间缩短，从而危害焦点小组的目标。

知道何时离开一个话题的最佳方式是明确你希望在焦点小组中实现什么目标。不要试图在一个对于小组目标不重要的话题上浪费时间。当你能够预测被调查者将如何回答时，就不要在这类问题上浪费时间。

遵循讨论指南

这里，有效的词是“指南”。讨论指南不是问卷。当把问卷提交给被调查者时，完成问卷是按标准程序进行的，向所有被调查者提出的问题以及提出问题的方式都是相同的。当把讨论指南提交给一个焦点小组时，讨论指南则是被创造性地完成，并且对焦点小组的目标十分敏感。

当你第一次观看路线图时，你很可能对到达目的地的道路有一个一般性的了解。随着旅程的继续，你会再次查看路线图，以保证自己没有在错误的地方转弯。讨论指南就像是一张路线图，你要时常看一看，以保证自己正带领焦点小组沿着预定的路线前进。

不可能严格遵循书面的讨论指南。焦点小组中的对话无法那样进行。因此没有必要去尝试。

我们关于讨论指南的经验是：尽管它们很重要，我们也只是在焦点小组讨论开始时看一看。讨论指南概述了要涵盖的领域，以及为每个领域分配的时间。它还有助于记住需要提出的各种问题。

对于熟练的主持人来说，在主持一次需要 4 个或 6 个焦点小组的调研中，在第一个或第二个焦点小组完成后，讨论指南就差不多用不到了。换言之，我们会理解我们可能遇到的思维模式，并改变我们的问题与方法。因此，我们不会过多地依赖书面的指南，而更相信我们的经验和提出质疑的本能。

并非所有的主持人都会以这种方式工作，而且对于新主持人来说，这肯定不是一种好的方式。更严格地遵循讨论指南、不在焦点小组中冒险尝试随心所欲，会让人感到更加舒适。从根本上说，这是经验和风格的问题。没有完全正确或错误的方法。你一定要明白这一点。

最后看一看我们如何使用讨论指南：

- 看一看第一部分关于被调查者进入会议室之前的介绍。注意你有多少时间，等待所有人就座。每次介绍需要花费 30 秒，因此要做出相应的安排。
- 看一看你有多少时间完成指南中的下一个部分。随着谈话的展开，请相信，指南中的问题就是那些你通过聆听谈话就能很自然地提出的那些问题。如果你想不起下面应该提出哪个问题，就看一看指南。
- 在结束一个部分的讨论之前快速扫一眼指南。如果看到一个还没有讨论的问题，就提出来。如果没有，就转向下一步。
- 记录时间。注意下一部分的论题，看一眼第一个需要进行调研的领域，然后开始提问。如果你的脑子一片空白，就看一看指南。
- 不必害怕跳过某一部分。如果你完成了第二部分，并且看起来可以很自然地跳过第三部分而直接进入第四部分，那就跳过去。以后再讨论第三部分的内容。
- 如果你需要完成特定的小组练习或任务，就要不时地看一看指南，以提醒自己接下来还要做什么（参见下一节对焦点小组练习的讨论）。
- 在焦点小组结束前的几分钟最后扫一眼讨论指南。确保你已经完成了所有的任务，这一点很重要。如果还没有完成，那么你还有时间。

将各个焦点小组看成是探讨关于综合论题的思想与观点的时间。要知道，我们可以利用不同的途径进行探索，最后仍然可以到达相同的目的地。讨论指南应该被当成是探索过程中的辅助工具，仅此而已。

11.6　焦点小组练习

让被调查者参与练习可能会带来很大的成效。练习是指在焦点小组讨论的过程中主持人要求被调查者独自、两人一组或以团队的方式完成一些活动。焦点小组练习将会改变讨论的节奏，在小组讨论显得很吃力或者没有什么新想法出现的时候特别有用。

焦点小组练习可以是有计划的，也可以是自发进行的。如果是有计划的，并且是讨论指南的一部分，主持人就准确地知道何时开始、持续多长时间。如果是计划之外的，则主持人就需要根据现场的判断来决定何时开始练习，然后告诉小组如何去做。

在下列情况下，焦点小组练习可能很有效：

- 寻找新的观点、需要或需求时。
- 试图确定你可能采取的能够改变顾客行为的行动。
- 在批评一个广告、目录或推销材料时。
- 在试图开发产品或公司个性的时候。
- 在试图确定对产品进行改进的时候。

焦点小组练习还可以用于下面的情况：主持人想中断一下，以便整理一下自己的思路，想一想焦点小组成员都说了些什么。

几乎所有的练习都可以单独完成、两人一组完成或以团队的形式完成，有些甚至可以让全体成员共同完成：

- 个人练习有助于迫使每一位被调查者思考问题，并更加积极地参与到小组讨论中。
- 两人一组的练习通常在形成新观点和新方法时更有效。与独自一人努力相比，相互交换意见通常更有利于产生新的观点。
- 一般来说，团队练习产生的新观点、想法或方法较少，但产生的这些观点或方法是经过深思熟虑的或更加概念化。

这里的方法没有正确或错误之分。有时候，这些练习会产生一些意想不到的观点，有时候则毫无结果。

下面是一些典型的可以独自完成、两人一起完成或以团队方式完成的焦点小组练习。一般来说，每个练习持续 5 ~ 10 分钟为宜：

- **为一种产品或一家公司写一份广告。**要求个人或团队向焦点小组展示其广告，并解释为什么要这样写。
- **建立个性档案。**把一堆完全不相关的杂志图片放在会议桌的中央。让个人或团队从中选择 3 ~5 张他们认为能够代表正在讨论的企业或产品个性的图片。请被调查者解释为什么他们觉得这些图片能够代表企业的个性。

- **展望未来**。要求个人或团队写下在未来 5 年中企业和产品需要做些什么才能吸引他们购买。让人们把他们的想法讲出来。
- **建立一个希望清单**。让个人或团队写下对未来的期望，说明他们希望公司或产品如何让他们的生活更轻松，并把他们的想法讲出来。
- **批评**。任何事情——广告、目录、产品或想法——都可以批评。当两个人或团队“共谋”的时候，批评似乎会更有深度。让两人一组或团队写出一份批评清单，并提出他们的批评以及改善建议。

焦点小组练习通常不太注重实际的想法（尽管有时候也会产生一个极好的想法），而更关注从各个角度来看问题。这些练习常常是刺激主持人思考并提出新的想法或理论（可以在同一焦点小组或未来的焦点小组中进行讨论）的最佳方式。

有关焦点小组练习的观点很多，而且还有一些书专门讨论这一主题。当然，不必把一种练习写到书里供你尝试。最优秀的主持人自己具有创造性，如果他们认为某一练习有可能带来帮助并能够刺激人们的讨论，他们肯定会尝试一下。

11.7　焦点小组讨论前的家庭作业

有时候，在被调查者参加焦点小组讨论前思考一下某一主题是很有用的。尽管需要对被调查者进行筛选以代表你的目标市场，但期望他们熟悉你将要提出问题的所有领域是不现实的。

从被调查者那里获得自发的反应和意见是非常重要的。但在其他时候，让被调查者在进入焦点小组之前熟悉课题是也非常有用的。

- 你希望知道被调查者在购买钻石、昂贵的电子设备、保健食品或其他任何东西时对零售店的客户服务有何感受。让被调查者在参加焦点小组讨论前去几家商店体验一下会非常有效。这样，被调查者头脑中的客户服务体验是最新的。在进行评论时，推测就会少一些。

- 你可能对竞争对手如何包装其产品感兴趣。如果你正在销售化妆品，那么就要求被调查者到商店的化妆品部去买两种喜欢其包装的产品，再买两种不喜欢其包装的产品（你需要为他们报销费用）。当他们带着这些产品参加焦点小组时，他们的任务将是对照和比较这些包装。
- 你可以要求被调查者写日记。或许你正在试图揭示出厨房中未被满足的需求。要求被调查者记 7 天的日记，记下他们在做饭时遇到的所有令人沮丧的事情。这些事情通常都是小事，很容易被忘记，但有可能带来突破性的想法。要求被调查者在参加焦点小组讨论前记日记非常有效。
- 你可以要求被调查者带一些文章来。告诉他们焦点小组将要讨论的话题。要求他们看一看报纸，浏览一下杂志，或者利用 Google 搜索一下，收集两篇他们认为与你的话题相关的有意思的文章。利用这一资料来刺激人们的对话。
- 你可以在小组讨论之前向被调查者提供一些资料供其评估。例如，如果你是一家车库系统生产商，可以请他们拍一些其车库的照片，或者拍一些洗衣区或厨房餐具区的照片。

在参与焦点小组之前迫使被调查者融入你的问题之中可能极其有效。请记住，他们并不是按你的方式来思考你的问题。通过鼓励他们这样做，你的学习曲线就会达到顶峰。

你可以在焦点小组讨论之前考虑的活动是没有限制的，这些活动有助于你在调研中获得更多的见解。

11.8 不断积累

焦点小组调研就像是在不断地搭积木。每个小组都会揭示出一些新信息和一些思考问题的新方法。随着主持人从一个小组转向另一个小组，他们会对不断变化且通常不一致的态度更加敏感。

探讨各个焦点小组中出现的新理论总是很有意思。理解为什么具有类似背景的人却拥有不同的态度和观点是一种挑战。另外，认可一个焦点小组提出的概念和想法并在后续的焦点小组中对其进行探讨也是有益的。一定要记住，按相同的方式进行各个焦点小组的讨论是不得要领的表现。

焦点小组研究是一个不断学习的过程。如果这意味着你需要偏离讨论指南、换一种方法思考你正在了解的东西，或者尝试不同的小组练习，那就应该毫不犹豫地去做。

11.9　召回被调查者

召回被调查者（recall respondent）就是让相同的被调查者回来参加第二次或第三次甚至更多次的会议。这不是一种常用的焦点小组技术，但并不会影响其潜在效力，特别是当你试图揭示出客户新的需求时，如在开发新产品、服务或寻找改善企业运营的方法时更是如此。

当你请被调查者参加第一个焦点小组并向他们提出问题时，他们在那两个小时内会表达出其自然想到的东西。对于大多数焦点小组研究来说，这就足够了。但当挖掘未被满足的需求与需要时，从最初的两个小时中你可能不会获得什么新的观点。

对于顾客的绝大部分购买，特别是低价产品的购买来说，人们并不特别关心你的企业、产品或服务。他们或许偶尔阅读你的促销材料或产品上的标签。在大多数时候，他们的购买都很机械。他们肯定不会去思考你可以进行哪些改善，在为期两个小时的焦点小组讨论中，他们很少会进行深入思考。

当你向被调查者介绍情况并告诉他们你希望实现什么目标时，你就会引起他们的兴趣。你唤醒了他们对你的问题的意识。你使他们对下列问题更加敏感：如果你希望改善企业、产品或服务并使他们更加忠诚，你可以为他们做些什么。

以这种方式来思考。如果我们打算给你两个小时的时间，让你想出一种极好的新产品来满足你的需求，而这种需求连你自己都不知道是什么，你认为你能想出这种产品来吗？很可能想不出来！但是，如果我们给你4个小时、6个小时或8个小时，并告诉你别着急，且进一步了解和观察你的需求，你是不是认为发现新可能性的机会更多一些？我们认为是这样。

在很多层面上，两个小时的焦点小组只能从表面上探究消费者的态度和行为。在第一次焦点小组讨论结束后，尝试着让一个或两个小组写日记或完成家庭作业，然后在一个或两个星期后召回他们召开第二次会议。在这次会议中讨论他们的日记、家庭作业以及你的问题。你会对浮出水面的新信息感到惊讶。你会从这些相同的消费者那里得到一些想法与建议，他们没有在第一次焦点小组讨论中提出这些建议，是因为在你提出问题的时候他们没有想到。

消费者在其生活中都是专家。每次购买都表达了他们的专家意见。召回焦点小组有助于你更进一步理解如何激发他们的购买潜力以及如何改变他们的态度和行为。不能充分利用这种专家意见是定性调研的一种浪费。

11.10 定性调研的种类

在考虑最适合你的情况的定性调研类型时，你有一系列选择。下面列出了不同的定性调研方法以及各自的优点与不足。

传统焦点小组

特点：

- 通常持续时间为2个小时。
- 由8~12名被调查者组成。
- 各个小组通常由同质的顾客或潜在顾客组成。
- 尽管6个、8个甚至更多个焦点小组更好一些，但典型的调研一般由4个焦点小组构成。

- 在多个地点进行。

优点：

- 人们可以相互交换意见，是一个动态的过程。
- 提供了一个不断学习的氛围——形成新的想法和理论，并被迅速讨论、改善或放弃。
- 可以讨论、分析多个话题。
- 对于为感兴趣的话题提供背景情况或“即时”（first blush）信息十分有效。
- 非常有意思，使得公司中的其他人可以观察，并为决策提供依据。
- 可以快速完成，通常不到 1 个月的时间。
- 比某些调研技术的成本更低。

不足：

- 倾向于过早下结论。
- 无法推广——超出有效范围的决策风险很大。
- 可能偏向于“群体思维”（groupthink），因为有些被调查者会受到其他人意见的影响。
- 可以会被那些过于固执己见的被调查者所左右。

微型焦点小组

特点：

与焦点小组相同，只不过微型焦点小组由 4 ~ 6 名被调查者构成，而不是 8 ~ 12 名。

优点：

- 与焦点小组相同，但每个小组的被调查者人数更少，使其成本更低。
- 每个小组的成本更低，因而可以更加经济地增加对额外的目标细分市场的调研，如果不采用这种形式的焦点小组则有可能费用过高而无力承担。

不足：

- 一个小组的被调查者人数较少可能使会议在某种程度上不太活跃。
- 提供的信息可能不太可靠。
- 被调查者较少意味着回应的类型较少。
- 如果要前往多个市场，那么差旅费可能与调研的费用相当。

召回焦点小组

特点：

- 与传统焦点小组和微型焦点小组具有相同的特点。
- 招募的被调查者要参加两个或更多个焦点小组。
- 可以在各次焦点小组之间指定家庭作业。
- 在最后一次焦点小组结束之前不会向被调查者提供激励。

优点：

- 被调查者更加清楚自己为什么要以特定的方式行事。
- 在揭示无法立即表达出的未被满足的需求等方面更有效。
- 与被调查者的关系更密切，因此他们可以更充分地表达出自己的观点。
- 在开发新观点、新产品或服务方面比传统焦点小组更有效。

不足：

- 期望不应太高——有时候召回焦点小组不会产生任何新东西或有价值的东西。
- 比传统焦点小组调研所需的时间更长。

一对一面谈

特点：

- 每次与一名被调查者面谈。
- 时间通常在1个小时以内。

- 典型的调研由 12 ~ 48 次甚至更多次面谈组成。

不足：

- 缺乏动态的意见交换——提出的想法和理论不大容易得到探讨或接受挑战。
- 耗时较多。
- 主持人和观察人员的厌倦是很现实的问题。
- 分析所需的时间更长。

二人组或三人组

特点：

- 每次与两名或三名被调查者进行面谈。
- 时间通常在 1 个小时之内。
- 典型的调研可能由 12 ~ 24 个二人组或三人组构成。

优点：

- 比一对一面谈更活跃，因为一名被调查者可以对另一名被调查者的想法发表意见。
- 没有传统焦点小组的压力——提供了一个更轻松的氛围，在这种氛围下，被调查者可以更诚实、独立地表达其想法。
- 可以对每一名被调查者进行更深入的调查。
- 可以用更低的成本对大量目标客户的态度进行分析。

不足：

- 不像传统焦点小组那样具有活力——人们表达的想法和理论不像传统焦点小组那样容易地进行探讨或接受挑战。
- 耗时较长。
- 难以制定时间进度。
- 分析所需的时间较长。

网络焦点小组

如果不讨论一种相对较新的定性调研形式，那就是我们的失职了，这种新形式常常被称为网络焦点小组（internet focus group）。只是在最近，技术进步才使种调研方式成为可能，但我们发现，已经有 70 家公司提供网络焦点小组服务。

与常规焦点小组一样，这种焦点小组也是将一组被调查者召集在一起，但被调查者不是实际集中在一间焦点小组会议室里，而是集中在电子空间中。

现在，网络焦点小组主要有两种形式。一种是聊天室的形式，在聊天室中，主持人提出一个书面的问题，参与者通过输入其回答的方式进行响应。那些打字不熟练的人通常无法完全参与——这成为这种方式的一个问题。通常，聊天室焦点小组可以实时完成，持续时间可以是 1.5 个小时。

另一种形式是在能够看到被调查者并听到他们讲话的情况下进行焦点小组讨论。当然，这要求被调查者拥有与其电脑相连的摄像机和麦克风以及相应的软件——这可能是一个问题，因为大多数顾客和潜在顾客没有所需的软件。但我们把这个问题放在一边，此时，当主持人提问题的时候，人们就可以看到他并听到他的声音，小组参与者可以逐一回答问题，其他人也可以看到他们并听到他们的声音。

在将一个焦点小组的人召集到一个地点十分困难、成本过高或需要很长时间时，这种方法就特别有用。一个很好的例子就是召集不同国家的被调查者进行国际焦点小组调研。另外，它可以很好地替代“电话焦点小组”（它只不过是电话会议的另一种形式）这种更古老但很类似的调研方式。在存在这些限制的情况下，网络焦点小组就是一种很有用的调研工具。

有一家位于加州 Point Arena 地区名为 Insights On-Line 的公司列出了一系列在线调研的好处：

- **回答更加客观。**参加在线调研小组的被调查者在不进行面对面沟通的情况下会更加客观和直率。他们的身份更加保密，说话也不必绕圈子，因为他们是输入其回答，而不是说出来。
- **成本效率更高。**在大多数情况下，在线焦点小组比传统的方法成本低，因为它们消除了电话费用、会议室租金支出以及转录人员的支出。另外，鼓励人们集中到一个地点来参加焦点小组的讨论比请他们参加一次虚拟讨论的成本要高得多。

- **可以从更大的地域范围内进行招募**。在方圆 25 英里的范围内要想为某一焦点小组找到足够多的被调查者可能非常困难，而在线调研小组的参与者可以在全球不同地点同时加入这一小组。另外，通过在线的方式与网站管理员、管理信息系统的管理者以及网络主管等进行联系比通过其他方式联系要容易得多。
- **对别人的干扰更少**。与通过电话或在商场里拦住一个人发出邀请相比，通过电子邮件或网页的方式邀请某人参加一个在线焦点小组对这个人的干扰要小得多。
- **周转时间更短**。在线焦点小组比传统方法的周转时间要短得多，这主要是因为招募的时间缩短了，并且不需要对会议进行记录和转录。

尽管有这些好处，但人们一般认为，网络焦点小组还是无法替代现场焦点小组，而且通常也不应该将其作为一种选择。如果你想更深入地了解其中的原因，我们向你推荐 Market Navigation 公司的总裁乔治·西尔弗曼（George Silverman）所写的一篇极佳的文章。请登录 http://www.mnav.com/online.htm 这一网站查看这篇文章。

从本质上说，我们的问题源于这样一个事实：主持人与被调查者之间——或者被调查者与被调查者之间——没有真正的交流互动，特别是在聊天室焦点小组中。另外，大多数小组练习都无法进行，非语言的反应被极度忽视，而且与面对面谈话相比，这种方式很难观察小组中的其他人。同样，被调查者的身体语言和表情也无从观察到，而身体语言对于调研来说十分重要。

也许问题的核心是：在线焦点小组使得被调查者之间丧失了群体以及分享的感觉。另外，主持人与观察焦点小组的客户之间的重要互动也受到了损害。随着个人之间互动的减少，焦点小组的动态本质被最小化了。同时，作为焦点小组研究之核心的亲密感也随之而去。

这是一个快速发展的领域，我们希望不断进步的技术会加强在线焦点小组的应用。但此时此刻，我们再次重申一下我们的感觉：它们的价值有限。

11.11 “定性定量调研”

我们早就提到过将定性与定量调研结合起来以便更好地理解营销问题这一愿望。实际上，调研机构普遍强调了同时利用定性与定量信息的重要性。这个想法十分诱人，人们已经开发出了一些能够实现这一目标的方法，这些方法被称为“定性定量调研”（qualiquant）。

要做到这一点，最古老也是最容易的方法是将调查中对开放式问题（open-ended question）的回答当成定性数据。这只需要一字不差地提供对开放式问题的回答。在由经验丰富的调研人员进行分析时，它们可以和来自焦点小组的文字记录一样有用。

更典型的情况是，通过根据数据的范围进行编码，然后计算人们给出一个被编码的答案的频率，以此将对开放式问题的回答转化为定量数据。换句话说，将定性数据转化为定量的、可推广的数据，定性数据的丰富性得到了加强。

在单一调研中，将定性与定量调研的优势结合起来的另一种方法，是让经验丰富的访谈者在一个可以推广的被调查者样本中进行一次简短的（如 10 分钟或更短）定性访谈。在此，回应仍然是被逐字逐句地记录下来，并且可以被编码或制成表格。这种分析与焦点小组的分析是一样的，但在完成时可以推广至整个目标对象。

几年来，调研人员研究了调查回应的类型，然后与某些达到特定标准的被调查者再次取得联系。这是另一种形式的“定性定量调研”，只有在这种情况下定量数据才先于定性数据。

举个例子，如果某次调研是在网络上进行的，被调查者回答了一系列问题，其回答问题的方式表明，在访谈之外增加一些提问并进行深入探讨是有益的。在这种情况下，调研人员就会插入一个通知，告诉被调查者以后可能会接到打给他电话，以请他亲自回答一些额外的问题（更多的信息请参见 www. iModerate. com）。

11.12　有创造力的消费者

人们对创造性这一话题已经进行了大量的研究。波诺（Edward de Bono）的著作《严肃的创造力》（*Serious Creativity*, Harper Business, 1992）是一部极佳的作品。你还可以登录 www. synectics. com 这一网站找到你想了解的任何东西。

任何人都可以经过训练而更具创造力。如果环境和训练恰当，那么大多数人都可以产生以前无论如何都想不出的好主意。

然而，有些人在创造性思维方面更具天赋——他们的创造力触发器更灵敏。在焦点小组被调查者中找到这类具有创造力的人并不难。在合格的焦点小组成员中，大约有 15% ~20% 的人具有这种创造力。

如果你正在为开发新产品、服务或想法进行定性调研，或者只是为了更好地理解顾客未被满足的需求而进行定性调研，那么你应该考虑召集有创造力的被调查者进行一次或更多次焦点小组讨论。

为了做到这一点，首先要对你的被调查者进行筛选，以确保他们在你的目标之内。然后，利用如表 11. 1 所示的问卷询问被调查者在多大程度上同意或不同意每一种陈述。

表 11. 1　招募有创造力的被调查者

	非常同意	某种程度上同意	某种程度上不同意	非常不同意
1. 你的精力十分充沛	4	3	2	1
2. 人们说你很有幽默感	4	3	2	1
3. 在讨论你不熟悉的概念或想法时你感到很轻松	4	3	2	1
4. 与其他人相比，你对新的想法和活动更加开放	4	3	2	1
5. 其他人认为你能坚持到底	4	3	2	1
6. 你经常做梦或幻想	4	3	2	1
7. 你能够享受在解决问题过程中的不确定性	4	3	2	1

续表

	非常同意	某种程度上同意	某种程度上不同意	非常不同意
8. 你总是喜欢成为你所在领域中第一个尝试新东西的人	4	3	2	1
9. 你会将你的童年时代描述为“出人意料”	4	3	2	1
10. 你经常在最出人意料的时候想到问题的解决方案	4	3	2	1
11. 你经常不经过思考而不由自主地说一些事情	4	3	2	1
12. 你喜欢编故事	4	3	2	1
被调查者总得分__________最高分为 48 分（12 个陈述 ×4） 被调查者的得分必须高于 36 分才能被认为是有创造力的思考者				

从有创造力的消费者身上你可以发现，他们的口头交流能力更强，更善于表达，并能够对问题进行思考。他们比一般被调查者更咄咄逼人、更固执己见。因此，控制一群具有创造力的消费者对于新的主持人来说是一个挑战。

尽管如此，来自有创造力的消费者的观点可以为你提供非凡的价值，特别是你试图透过表面现象而获得更深刻见解的时候。当你进行的调研需要探讨未来的趋势或试图确定顾客深层次的需求时更是如此。

小结

定性调研是一种非常有价值的调研工具，特别是对那些不熟悉调研的人来说更是如此。它可以揭示出许多问题，如果解决了这些问题，你的企业就可以获得成长，而且这一切可以用较低的成本完成。重要的是，它可以把注意力集中在需要关注的短期和长期问题上，这可以为成长提供动力。但是，它是一种很容易被滥用的工具。

在为你的公司制定调研规划的时候，要谨慎地使用定性调研。要理解其价值和局限性。千万不要以为进行了焦点小组讨论或其他定性调研，你就完成了所有的工作。

你所做的一切只是调研过程的开始。对于你完成的工作，我们表示祝贺。同时，我们希望你不要在这里结束你的调研。

11.13　更深入地挖掘

要进行定量调研，就要遵守其规则。这些规则包括抽样规则、样本大小、统计归纳、有效性的范畴、提出问题的形式、数据收集方法以及符合公认准则的分析工具。精通定量调研的人认为，在你知道需要打破哪些规则以及何时打破这些规则之前，你必须掌握这些规则。

相比之下，精通定性调研的人可能会说，唯一的规则就是没有规则——除了以一种专业的、创造性的方式完成工作之外。实际上，与定量调研相比，定性调研更加灵活。

我们以一系列没有遵循传统方法的成功的定性调研——我们以满足了客户需求为标准来判断成功与否——为例来结束本章的内容。

布丁好不好，吃了才知道

一家知名的锁具生产商想要进入汽车安全行业与畅销的方向盘安全装置生产商进行竞争。问题是要确定其哪一个新产品创意是有效的，能够与产业领导者进行最有力的竞争。它还想知道如何改善其创意。

解决方法是给标准的焦点小组增加“现场会诊”。首先，我们围坐在桌子旁边探讨与汽车安全相关的问题。然后，我们来到一处室内停车场，让顾客把他们的汽车开到我们旁边。我们请顾客试着把新安全产品的原型放到他们的汽车里，并谈论一下在完成这一活动时的想法。有人把这一切都录制下来。最后，我们回到会议室中继续开会。

我们获得了非常有价值的发现——我们注意到了意识流式的评论，观察到了面部表情、声调以及对产品进行的评估等。这一切为理解哪种安全设备的概念最强大提供了一个框架。

母子重聚

一家广告公司正在试图赢得玩具生产商的业务，并正在努力寻找这一品类中的新观点。

我们同时在母亲和她们未成年的子女之间进行了课后焦点小组讨论。我们采用了两种类型的主持人——一类主持人擅长与儿童进行焦点小组讨论，另一类是传统的主持人。讨论的众多话题包括如何了解、购买和选择新玩具。我们给了参与者一笔现金，并请她们去附近的一家玩具商店购物。

每一对母子（这是二人组的另一个例子）都由一名摄像人员跟随，以记录下购买过程中的互动。购买玩具后，被调查者回到焦点小组会议室中。我们让母亲一组、儿童一组，再次讨论购买玩具过程中发生的事情。

我们的主要发现是：孩子在购买过程中的作用不像他们所说的那样重要，但比母亲们认为的更重要。这一细微的差别，再加上购买体验中有趣的录像剪辑，成为了新业务定位的核心。

把话说出来

下面这个例子可以推广到许多情况中。

公共关系公司经常使用定性调研。除了获得典型的营销见解之外，它们经常会从其调研中寻求一些特别的东西——寻找那些能够创造出有趣故事的要素，以及讲故事的最佳方式。

我们采用了一种可以推广的技术，要求被调查者就一个话题给他们最好的朋友写一封短信。这样，被调查者就有机会进行独立思考，而不会受到小组中其他人的影响。出现在信件中的共同回应以及使用的相似词汇是寻找故事和标题的很好的出发点。

主持人离开了会议室

一个很好的定性调研工具是分类任务（sorting task），做法是请被调查者（一起或单独）对目标——品牌标识、真实的产品、产品属性、名称等——进行分类。

在这种情况下，客户希望获得关于消费者如何评价市场中的产品、他们如何判断这些产品是相同的还是不同的，以及能够将不同产品区分开来的特征。不同之处在于，主持人在分类过程中会离开房间，并对人们说："我要离开这个房间，这样谁也不能说我影响了你们的工作。"当然，他只是去了观察室，所有的事情都没有逃脱他的观察。这样做迫使人们的参与程度更高，使不善言辞的被调查者也能发表意见，并且一般来说能够使讨论更加活跃。

结果，我们获得了对市场的全新观点，并开发出了新的广告方法。

一幅图抵得上千言万语

图片分类（picture-sorts）是另一种常见的定性调研技术。把来自杂志或其他资源的众多图片放在一张桌子上，请被调查者通过排列这些图片完成任何数量的工作。他们可以单独排列图片，也可以与其他被调查者一起完成。

这种方法与品牌个性（brand personality）有关。这里，主持人向被调查者展示一系列图片，并请他们就哪些图片能够最好地与正在讨论的公司、品牌或产品相关联达成一致。被调查者需要解释：与其他图片相比，为什么被选中的图片能够更好地与公司、品牌或产品相关联。

图片分类练习有助于被调查者表达出在正常情况下难以表达的态度和感受。这就为人们提供了另一种进行深入调查的方法。

我真的没有时间

过去，将被调查者召集在一起进行焦点小组调研通常能够比定量调研更快地完成。但今天，定量调研的时间有可能比定性调研更短。

在过去，编写一份问卷、进行面谈、对数据进行编码并处理、分析数据、写报告通常需要 6 ~ 8 个星期的时间。今天，一项通过电话或网络进行的全国性概率调研可以在几天内完成并提供相应数据。大约一个星期后，一位经验丰富的调研人员就可以完成对数据的有效分析并提出建议。

有些因特网栏目提供商甚至会每周两次对随机抽样的消费者进行调

研。客户可以在这些每周进行的调研中购买一些问题，并能够以最低的成本很快得到结果，另外还有所有的人口统计学信息。

相比之下，进行焦点小组调研所需的时间没有多少变化，因为它仍然需要准备一份筛选器和讨论指南、招募被调查者、主持小组讨论、写报告等步骤，而且还有可能要前往其他城市或地区。

因此，如果时间非常重要，而定性调研又是恰当的调研方法，那么我们可以出个主意。找到一名焦点小组主持人，这名主持人要非常了解某一主题，并且愿意成为你的调查对象。就你的产品类别与这位主持人进行面谈。

与专家们一样，许多专攻某一领域的主持人（但不是所有的）会收取一定的咨询费。实际上，你可以登录营销调研网站 www. quirks. com，在各种类别列表中找到专攻某些领域的主持人。这不仅是一种快速收集定量信息的方法，而且与进行完整的焦点小组研究相比成本更低。

我们曾经用这种方法对大量饮用啤酒的人以及旨在吸引十几岁青少年的汽车概念进行了调研。

在街上进行访谈

一对一访谈是另一种定性调研工具。但是，谁会说这些访谈一定要在焦点小组会议室中或通过电话进行吗？

我们为一家啤酒经销商客户进行了一次这样的调研，地点是在一些深受欢迎的酒馆外面。想一想，一名主持人手持麦克风，同时还有摄像师和音效师。人们以为他们会上电视，因此很容易得到他们的合作。

这种方法通常不会出现在调研规则手册中，请记住，在进行定性调研的时候，没有固定规则。你只受到自己想象力和可用资金的限制。

第 12 章
情感调研

这是一个事实。情感在决定消费者为什么购买产品时起着主要的作用。人类不是精于计算的机器人，无法合乎逻辑地对数据进行处理以制定购买决策——即使是最专业的采购人员也做不到这一点。消费者对公司、品牌的情感与感觉及其消费体验在他们决定购买一种产品而不购买另一种产品时有可能起着关键作用。

情感在消费者购买决定中发挥重要作用并不令人感到意外。如果你感觉一种产品很好，你就更有可能尝试它并一次次购买，这只是一个常识。如果一种产品在某些方面令你感到厌烦，那么你很有可能不会首先考虑购买它。

几十年来，心理学家和营销调研人员一直在确定情感对消费者选择方面的影响。20 世纪 50 年代，消费者动机研究（motivational research）开始试图揭示出驱动购买决策的隐藏的情感。随后出现了一次试图使用生理指标（physiological measure）的研究浪潮。

这类技术中，有一种被称为“皮肤电反应研究”（galvanic skin response research）。在这类研究中，消费者被连接到一台类似于测谎仪的设备上，以测量他们看到广告或其他营销材料时产生的情感反应。

还有其他一些技术跟踪面部肌肉收缩、瞳孔放大或音调高低变化的生理指标，所有这些努力都是为了评估人们的情感是否受到广告、包装、标识、促销材料、品牌名称等因素的影响。

这些非语言的、生理学的方法很有吸引力的原因在于：情感和感觉被认为是无意识地发生的，不受被调查者的控制——这与主持人提出问题而消费者给出理性回答不同。其观点是：如果某一广告、包装或品牌名称能够引起强烈的非语言情感反应，那么这类反应会与未来的购买行为有关。

今天，尽管这些技术仍然存在，但却不被经常使用。问题在于，研究人员没有找到非语言情感反应与购买行为之间的显著关系。另外，他们也无法区分这些响应发出的是积极的信号还是消极的信号。

顺便说一下，值得指出的是，我们正在谈论的情感可能来自于已经购买并使用了一种产品或服务的顾客，也可能来自正在考虑购买的顾客。令潜在顾客的情感与一个公司或品牌产生联系是一种刺激人们首次购买的强大工具。人们将其称为“品牌渴望”（brand longing）的产生，适用于许多产品，如豪华汽车或昂贵的手表。当然，在人们购买并使用了一种产品或服务后，情感在影响持续的忠诚方面发挥着特别重要的作用。

毫无疑问，对一家公司或一个品牌的情感越强烈，忠诚度就越高。不要以为只有广告或其他营销沟通材料才能触动人们的情感。购买体验本身、购买后的体验，特别是产品或服务是否满足了购买者的需求，都会对消费者的情感产生很大影响。

承认这是一个重要的营销问题为我们提出了一个主要的调研难题。这是因为，消费者对公司和品牌拥有的情感和感觉通常是无意识的。利用传统的调研，如果你认为你可以通过让消费者说出其对一家公司或一个品牌的情感，并总是期望能够得到一个有意义、有价值的回应，那就是在自己骗自己。

再重复一遍，消费者通常无法完全意识到他们对公司和品牌拥有的情感，当直接问他们的时候，他们通常无法以语言的形式表达出任何有意义的东西。

为了说明这一点，请尝试回答这些问题：“购买一管佳洁士牙膏令你的感觉如何？”或者：“当你从干洗店里取衣服的时候你的情感是什么样子的？”或者：“在购买一辆铲车的时候，是什么拨动了你的心弦？”

结果，调研人员有时候不愿意研究人们的情感，特别是在 B2B 的情况下，因为此时情感被认为与制定理性决策是对立的。

另外，也不存在一个人们一致认可的知识体系来指出理解情感与感觉的最佳调研方法。在很大程度上，调研人员和营销人员更愿意提出理性的问题、获得看似理性的回应，并以这些结果为基础来制定其营销规划。

为了在传统调研中获得更加深入的、下意识的反应，以及为了揭示出有效的情感，需要使用一些新的、未经检验的和实验性的调研方法。令人高兴的是，调研人员正在变得越来越有创造性，并正在寻找一些更好的方法来解释情感和感觉在差异化公司与品牌时能够且应该发挥的作用。

12.1 简要的历史

《游击营销调研》第 1 版出版于 2006 年。在那本书中我们几乎没有提到情感研究的重要性。但自那时起的几年后，有些调研人员和营销咨询人员开始相信情感在激励消费者中发挥的重要作用。

正如我们在前面提到的，理解情感在品牌个性方面的重要性可以追溯到 20 世纪 50 年代中期。最近，在 1982 年，里斯和特劳特出版了《定位：头脑争夺战》（*Positioning*, *The Battle for Your Mind*）一书。在这本书中，他们极具说服力地证明了定位始于产品，但其实是在消费者头脑中发生的事情。关于公司或品牌，他们指出："消费者的头脑应对大量广告的方法，是只接受与以前的知识和经验一致的那些广告。"

尽管我们不知道这是不是事实，但我们可以相当确定地认为里斯和特劳特会同意：在描述公司和品牌时，消费者很难表达出存在于其头脑中的情感差别。即使面临压力，他们也很难解释为什么如 IBM 之类的品牌会唤起正面的情感，而另外一些品牌则会唤起完全负面的情感。

在其 1997 年出版的《游击营销之路》（*The Way of the Guerrilla*）一书中，本书的合著者之一杰伊·康拉德·莱文森（Jay Conrad Levinson）援引了 10 种可以影响一个人购买的情感反应。它们是：

1. 成就——你的产品/服务是否有助于顾客完成其一生中非常重要的某些事情？

2. 拥有产品/服务的自豪感——你的产品/服务是否能够使消费者因拥有了它们而感到自豪?
3. 安全——你的产品/服务是否为顾客提供了安全感?这是一种总体性的情感，包括金钱、爱、接受、力量和控制。
4. 自我改善——你的产品/服务是否会带来一种改善的感觉?
5. 地位——你的产品/服务是否有助于提升消费者的地位，或者可以向其他人炫耀?
6. 格调——你的产品/服务如何适应、加强或显示顾客的格调?
7. 从众——你的产品/服务是否为人们提供了舒适感和安全感?你的产品或服务是否值得人们追捧?
8. 雄心——你的产品/服务如何帮助顾客从生活中获得更多的乐趣、取得成功?
9. 力量——你的产品/服务在哪些方面为顾客提供了更多的力量或对事物的控制?
10. 爱——这是一切的根源。你的产品/服务以何种方式使顾客感受到或表达出爱?

在这一著作中有几十个此类列表，大部分都有些相似，但都有一些差别。莱文森的列表并非包罗一切。例如，许多列表包含着负面的恐惧情感，这种情感常常被保险公司利用，并成功地应用于差异化沃尔沃汽车的品牌。

12.2 在营销中唤醒情感

情感如此重要，以至于任何有关品牌的讨论都会包含这样一个概念：品牌必须寻求与其使用者建立情感连接。例如，在出版于2000年的《感性品牌营销》（*Emotional Branding*）一书中，特拉维斯（Daryl Travis）说：“从情感资产（emotional equity）的方面来思考品牌的价值——它带给顾客的感受——需要使用直觉，这使得一些管理人员感觉像是离开水的鱼。”

这里有一个例子。我们正在针对一家船用舷外发动机生产商的新标识进行定性调研。有一种选择很快就被参与者否决了，我们努力想搞清楚为什么。一位消费者的话给我们帮了大忙，他说："那个标识看起来很凶恶，而这个品牌从来不凶恶。"

长期从事营销咨询的阿特·卡茨（Art Katz）在其课程"建立自己的品牌基础"中说："众所周知，强势品牌实际上总是与顾客具有某种情感联系——这种品牌是否代表某种与其他品牌不同的东西。"

与莱文森的10种情感列表不同，卡茨使用了一个29种核心情感的模型，这是他与加州大学旧金山医学院的保罗·埃克曼（Paul Ekman）博士合作开发出来的，卡茨称之为"emotives"。这一模型提出了更加详细的情感语言，可以用于顾客对公司和品牌的分类。

Ten3 BUSINESS e-COACH 公司的创始人瓦迪姆·科特尼科维（Vadim Kotelnikovÿ）指出：

> 情感营销在很多方面优于关注产品属性的理性营销。抓住人们的头脑是一回事，而抓住人们的内心则完全是另一回事。在你的营销战略中建立情感，不要总是追求"钱包份额"（share of wallet），而是要追求"情感份额"（share of heart）。采用能够使决策受情感驱动的战略，去掉那些可能将潜在客户驱赶到其他地方的理性问题。

总而言之，情感在公司和品牌定位方面所起的作用毋庸置疑。看一看任何一种全国性品牌——可口可乐、花旗银行、劳力士、尼曼—马库斯百货店（Neiman-Marcus）、沃尔玛、梅赛德斯—奔驰、《华尔街日报》——你很快就会发现在很大程度上界定这一品牌的情感。在莱文森的模型中，你可以很容易地找到下面的情感联系：可口可乐 = 从众、花旗银行 = 安全、劳力士和梅赛德斯—奔驰 = 身份和自豪感、尼曼—马库斯百货店 = 身份、沃尔玛 = 从众、《华尔街日报》 = 力量与自我改善。在鼓励人们到外国去旅游或到热带雨林去度假时，旅游业经常使用自我理想化（self-idealization，即一种产品能够在多大程度上帮助我们表达我们是谁）作为典型的情感。

但是，情感并非全国性品牌所独有的。如果你认为附近的消费者在选择在哪里花钱时不进行情感连接，那你就错了。拥有当地汽车修理厂、干洗店、饭店或害虫防治公司的游击营销人员同样也会同消费者建立情感联系。顺便说一句，不管他们是否计划建立情感联系，这种情况都会发生。只要你同消费者打交道，你就需要同情感打交道。

12.3 调研人员的困境

在定位品牌时，调研人员将是最后一个否认情感重要性的人。但是，如果他们足够诚实，他们就很有可能最早承认揭示顾客与公司和产品之间的情感联系十分困难——特别是在情感是无意识的或部分未知的情况下。

当进行焦点小组讨论、深入的一对一访谈或采用其他定性调研方法时，主持人在探究消费者回应时通常会使用两个常见的尖锐问题。请看下面的例子。

第一个例子

消费者：我不喜欢在沃尔玛购物。

主持人：你为什么这样说？

消费者：因为我找不到人帮助我。

主持人：你为什么说你找不到人帮你？

消费者：我说过。当我遇到问题时，周围找不到一个人。

主持人：你能多谈谈你这样说的原因吗？

消费者：我对电子设备一窍不通，如果不能和别人商量，我永远也不会买电视甚至给我的计算机买一台打印机。

在这个例子中，探寻式问题“你为什么这样说”得到了消费者某种程度的回应，而合乎逻辑的结论是：如果沃尔玛希望在电子产品和计算机领域进行更有力的竞争，就必须拥有知识丰富的销售人员。在这个例子中，消费者对理性的问题给出了理性的回答，而理性的结论可能是雇用更多的员工。

第二个例子

消费者：我不喜欢在沃尔玛购物。

主持人：在沃尔玛购物令你有什么感觉？

消费者：我感觉自己只不过是一群羊中的一只。

主持人：作为一群羊中的一只让你有什么感觉？

消费者：看起来沃尔玛并不是真的希望我成为其顾客。

主持人：当你认为一家公司并不需要你成为一名顾客的时候，你有什么感觉？

消费者：这让我觉得我的钱对他们来说并非真的重要。

在这个例子中，探寻式问题“它令你有何感受”揭示出了这样一种感觉：对于沃尔玛来说，来自任何人的钱都没有差别。我们可以得出的一个结论是：沃尔玛应该转而致力于建立起拥有产品/服务的自豪感，并努力传播这样一种理念：沃尔玛重视、珍爱每一位顾客。

这些探究性的问题都是很典型的，都可以用来揭示理性的需求以及深层次的情感。在两种情况下它们都同样有效吗？它们引出的答案完整吗？它们准确反应了顾客的体验，或者顾客真的表达出他们对沃尔玛的理性思考了吗？有没有哪些理性的问题比已经提出的问题更重要？

这种情感对于顾客来说是最关键的，还是仅仅是在提出问题的那一刻出现的？在我们看来，这些提问并不深刻。

在第 11 章对焦点小组的讨论中，我们分析了挖掘事物本质有多么重要，以及使用可推广的技术、指定家庭作业、召回被调查者以进行后续讨论从而获得更深刻见解的重要性。我们认为，在向顾客提问时，典型的探究性问题只能获得这些结果。

我们曾经强调，为了揭示出那些连顾客自己都不知道的需求，需要在设计调研方式时采用新的方法与见解。如果揭示顾客所拥有的更加理性的需求需要一些创造性的思维和新的方法，那么在找到行为的真正情感驱动因素时，这些思维和方法肯定也是必要的。

12.4 情感研究的现状

说到理解情感，今天的许多营销调研人员大都没有受过必要的训练。他们中的大多数人都接受过通用商务、营销、营销调研或统计学的教育。我们甚至还遇到过人文科学、历史或文学背景的人。

很少有人接受过社会科学（如心理学、社会学和人类学）的训练——这些都是在试图理解我们的行为方式时专注于情感、感觉和文化影响的基本学科。

今天的调研在理解理性行为方面非常有效。我们并不想低估理解理性行为的价值。实际上，我们强烈认为，通过理解理性决策的制定，我们在使调研成为一个完整、宝贵的营销工具方面已经前进了一大步。

现在到了更进一步的时候了，幸运的是，我们已经取得了一些进步。

例如，达里尔·特拉维斯（Daryl Travis）的公司 BrandTrust 已经在将传统营销调研技术与专业社会科学观点相结合方面赢得了很好的声誉。它向客户提供了一种新的方法来理解顾客对品牌的感受以及如何将这些感受有效地整合到传统营销规划中。

阿特·卡茨在其著作《建立自己的基础》（*Building Your Own Foundation*）中为游击营销人员提供了一种特别有用且可以负担得起的方法。他提供了一种成本很低的路线图，解释了情感定位如何令你的企业与众不同。这是一条极佳的 DIY 道路。

有一家公司利用催眠术来获得顾客深层次的情感。还有一家公司利用了一种自我管理的、基于网络的字词联想法（word association approach），这种方法描绘出了顾客对品牌和广告方法的情感。实际上，如果你在网上搜索关键字“情感营销调研”（emotional marketing research），就会找到几十家调研公司，它们都声称可以进行某种形式的探究顾客情感的营销调研。

调研人员正在扩大自己的范围并寻找新的方法，这一点令我们非常感兴趣。目前，有没有哪些理解顾客情感的方法能够脱颖而出仍然有待观察。但是，有一点是明确的：如果你认识不到顾客情感的重要性并且不愿意探究他们对你的情感，那你就是在逃避现实。

12.5 并非孤注一掷

在强调情感对于定位一家公司或一个品牌的重要性的同时，我们绝不能忽视理性方法在激励顾客方面的作用。我们不是在进行“非此即彼”的争论。顾客不仅受到情感的影响，而且还受到理性判断的影响。

看一看任何一家大公司，你就会发现它们在其营销计划中是如何将情感与理性销售信息结合在一起的。下面是一些例子：

- 当家得宝（Home Depot）在广告中声称“你做得到，我们帮得到”（You can do it. We can help）时，它建立了一种十分强烈的自我改善的情感诉求。当它强调其销售的大量产品、优质的客户服务和低价格时，它建立了强烈的理性诉求。两种方法是相互加强的。
- 百威啤酒（Budweiser）声称要成为啤酒之王（King of Beers），这对于安全情感来说是一种十分强烈的诉求。哪些人会走进一家陌生的酒吧并要一瓶让其他人笑话的啤酒呢？百威通常会强调其酿造工艺的精湛以及长久以来都是美国最畅销的啤酒，以此来利用人们的理性。百威在全世界都是一个领导品牌，因为它知道如何将情感与理性诉求结合在一起。
- 苹果公司（Apple）已经通过拥有者的自豪以及自我理想化的情感建立起了一个庞大的品牌。实际上，它拥有的是追随着，而不是客户，他们会随时随地告诉你 Mac 计算机比 PC 机好得多。这并不意味着苹果公司没有在设计优势、独特的图形处理能力以及操作系统稳定性等理性特征方面付出艰苦的努力。
- 麦当劳（McDonald's）唤起了一致性的情感（emotion of conform-

ity)。你知道，当你走进任何一家麦当劳快餐店时，都能买到你想要的食物。麦当劳还始终如一地强调其巨无霸（Big Macs）的美味、快速的服务和低价格。可以肯定地说，麦当劳已经有效地利用和整合了情感与理性诉求。

我们知道，游击营销人员不具备家得宝、安豪斯—布希公司（Anheuser-Busch）、苹果公司或麦当劳所拥有的资源。而且我们也确信你并不需要这些资源。通过在信纸上印上公司的标识，或者改变与顾客打招呼的方式，你就可以传达出你的情感定位（emotional position）。随着你的公司不断成长，并施加越来越多的营销影响力，你会发现你所做的每一件事都可以轻松地融入到相同的情感定位中。

窗户上的一个签名、当地报纸上的一个小广告、通知降价的邮件、网站设计的风格，或者最终你有能力在超级杯赛上做全国性的广告，你始终如一地致力于一种情感会使你有别于竞争对手，并推动你的企业不断成长。

12.6 将要走向何方

我们还知道，营销中的情感不仅与顾客有关。如果你的公司没有一个明确声明的愿景、使命、目标或让你和你的员工拥护的理由，在实施对顾客的外部情感定位时你就不可能成功。

不要忘了，实现可靠的情感定位是一条双行线。它从你的公司通向你的顾客或潜在顾客，而且也从你的顾客或潜在顾客那里回到你的公司。你播下什么种子，就能收到什么果实。

实际上，调查情感定位的最佳着手点是你的员工——我们认为，这是你开始调研的一个很好的入手点。

但是，我们现在要向你提出莱文森的问题：“你能够同潜在顾客谈论的最恰当的一件事是什么？”答案是：“在购买之后他们将会有什么感受。”

12.7 更深入地挖掘

什么是品牌个性，为什么品牌个性很重要？

我们想要通过讨论品牌个性（brand personality）来扩展情感定位这一话题。这是一个很有意思的话题，如果理解正确，它可以帮助游击营销人员在营销传播方面取得重大战略性突破。其思想同样适用于任何市场以及每一种营销环境。

在这一讨论中，我们没有区分品牌个性与公司个性（company personality）。Microsoft 是一家公司的名字，但同时它也是一个品牌的名字。Kraft 是一家公司的名字，但同样也是一个品牌的名字。因此，就像一家公司的品牌产品拥有它们自己独一无二的个性特征一样，该公司也会拥有其品牌个性。

芝加哥人常说，"甜点是'奉送'的"。此处的要点是：你不需要制定是否开发品牌个性的决策。你已经拥有了品牌个性，它是伴随着企业的经营和顾客及潜在顾客的行动产生的。

品牌个性将不断发展，因为企业是由其不同的支持者——特别是其顾客——定义的。因此，品牌个性是企业进行的所有公众接触（public contact）——企业的标识、广告、公共关系、包装、网站、名称、销售人员的仪表和行为、客户服务、办公室装饰、建筑风格，当然还有所销售的产品或服务的设计与性能——的函数。

重申一次，作为一名游击营销人员，你不需要制定品牌是否需要拥有品牌个性的决策。不管你是否喜欢它，你总会拥有一种品牌个性。那么，问题就变成了理解你的品牌个性是什么，以及它与你的主要竞争对手的品牌个性有何差别。

只有通过理解你的品牌个性，你才能够确定它是协助你实现你的销售和利润目标，还是在阻碍这些目标的实现。

有时候，老品牌会拥有过时的个性。正在努力的品牌有时候拥有不适当的个性。还记得 Oldsmobile 的上一次广告活动"不是你父亲的 Oldsmobile” 吗？他们的想法正确，只是为时太晚了。

有时候，甚至是已经建立起来的品牌也拥有平淡无奇的、落后的个性。这本身就是一个发现，并且通常是一个遇到麻烦的信号。一般来说，这意味着他们在营销传播方面的支出太少，或者未能对与其品牌相关的正面个性进行有效的传播。

顾客的观点

在开发品牌个性的时候，顾客和潜在顾客的观点至关重要。如果不能首先确定人们对品牌的感知，那么决定品牌个性是否以及应该如何进化就只能是一种臆测性的工作。

大多数品牌都拥有与顾客和潜在顾客产生共鸣的正面的个性特征，应该得到强化。同样，它们也面临着负面个性特征，企业需要应对这些负面特征，以免阻碍品牌实现其全部潜力。

品牌的发展完全来自于顾客和潜在顾客对这一品牌的情感连接（emotional connection）与理性连接（rational connection）。简言之，与仅利用推测来塑造有效的品牌个性相比，通过从顾客的观点出发来研究品牌当前的个性图景（personality landscape）然后再打造品牌个性，你成功的机会要大得多。

开发品牌个性

在开发品牌个性的时候，有许多重要因素需要考虑。在书写品牌个性大纲时理解下面列出的因素是很重要的：

- 品牌的实际描述、功能描述与特征描述是什么，它们如何与顾客和潜在顾客建立心理上的联系？
- 与品牌相联系的情感依附（emotional attachment）、感觉和认识是什么？
- 在描述品牌时，顾客会用什么样的词句来表达？
- 属于品牌的人类个性特征是什么？
- 在广告和营销活动方面品牌采取何种态度？

实际上，品牌个性可以很容易地在定性调研中进行研究。在探讨一个品牌的个性时，主持人可以向焦点小组提出下面的问题：

> 主持人：我想请你们假设卡特皮勒（Caterpillar）不是一家大型推土设备生产商，而是一个人。如果卡特皮勒就站在会议室的角落，你会如何描述这个人？卡特皮勒的身体特征是什么？其年龄、性别、爱好和兴趣是什么？

对被调查者来说，参与这一任务并讨论构成品牌个性的人类个性特征并不困难。

品牌个性的历史

品牌个性这一工具拥有很长的历史。

1954 年，动机研究（motivational research）的先驱之一恩斯特·迪希特（Ernst Dichter）博士在一篇名为《产品的个性决定其销售量》的文章中写道：

> 每次当一名顾客看到一个广告、包装、购买点的展示、听到某一产品、谈论某一产品或尝试某一产品时，他就会建立关于这一产品的印象。在这一过程中，顾客认识到了该产品的个性，而这会比任何一个单一因素更能决定顾客是否购买这种产品。

1958 年，皮埃尔·马丁诺（Pierre Martineau）出版了《零售商店的个性》（*The Personality of the Retail Store*）一书。他指出：

> 是什么因素吸引顾客来到一家商店而不去其他商店呢？显然，在决定一家商店的顾客数量方面，除了明显的地点、价格范围和提供的商品等因素之外，还有一种力量在发挥作用。我会证明这种力量是商店的个性或形象——在顾客头脑中界定这一商店的方式，这部分取决于其经营质量（functional qualities），部分取决于一种心理属性的氛围（aura of psychological attributes）。

上面引用的来自早期营销调研者的两段文字表明，他们很好地理解了品牌个性这一概念。实际上，几十年前，营销人员就开始参与公司与品牌形象的研究。

这一思想的早期应用之一是利用名人进行代言。显然，其目的是用明星的个性来代表这个品牌，以使明星的个性特征对品牌产生影响。另外，只要这些特性得到认可，那么品牌形象和个性的概念就变得不可动摇。

尽管这一想法不是新的，但将品牌个性当成一种创造性的工具则相对较新。

品牌个性是一个战略传播问题吗？

在营销传播中，“战略”是指确定要说什么，而“执行”则是指如何说。正如我们在前面提到的，只有当你确定了想说什么后，才能有效地决定如何说。当品牌个性成为一个战略问题后，会出现三种主要局面：

1. 品类中的所有品牌势均力敌且其性能差别不大。
2. 一个品牌第一次被推出。
3. 断定一种品牌的个性已经不太适合而必须改变。

当所有品牌都十分相似的时候，品牌个性可能是使你的品牌有别于竞争对手的最佳手段，也是唯一的手段。当然，在一个品牌诞生的时候，其个性必须被界定。但不幸的是，游击营销人员通常会轻视这一任务，甚至完全忽视它。

最后，当顾客的品味随着时间的推移而发生改变时，随着新竞争对手的出现以及其他竞争对手的退出，随着技术对营销环境的改变，一个品牌的个性或许也必须改变。在此，为了深入理解顾客情感而亟须调研的战略问题是“改变成什么”以及“实现什么”。

提示：我们认为，品牌个性不应该经常改变。想象一下，如果你的个性经常改变，你的朋友和家人会有什么感觉。那会让他们发疯。对于公司或品牌来说也是如此。尽管营销战术和执行要素可能很容易发生变化，但基本的品牌个性不需要改变。

例如，有些品牌从来没有改变其核心个性而一直都非常成功。百威啤酒、可口可乐、澎泉（Dr Pepper）、Hotter酒店、哈雷摩托车、苹果和哈佛大学都是一些个性从不改变的品牌实例。它们的品牌传播方式经常改变，但其基本个性则不会改变。

另一方面，万宝路（Marlboro）从女性气质转变成阳刚的男性气质，凯迪拉克（Cadillac）近年来也显得更加有朝气。这两种个性的改变都对品牌起到了强化作用。

在其他时候，品牌个性可能不是一个战略问题。例如，如果一个品牌向顾客提供的利益独一无二，或者提供的利益远多于竞争对手提供的利益，那么最佳战略可能是集中于这些理性差别。

但是，即使不是一个战略问题，在进行营销传播时忽视品牌个性也会是一个错误。在建立或维持一个品牌的个性时，需要考虑许多战术性问题。不论是一个新的广告、重新设计网站或改变标识，问题永远都是：一种改变会在多大程度上强化品牌及其个性。

提示：利用品牌个性工具的一条途径是经常进行调研，并询问顾客一个品牌是否应该以某种方式行事。回想一下前面对一个已有品牌的新标识进行探讨的例子。一位顾客评论道："那个品牌永远也不会使用这个标识：它看起来很凶恶，而这一品牌则永远也不会凶恶。"

同样，当对你的营销规划进行重大改变时，调查一下你的品牌个性对于保证你不会偏离正确轨道是非常重要的。如果负担不起调研费用，那么接下来就应该在心里问一问是否应该那样做。

如何写出品牌个性

把它们写下来后，品牌个性就诞生了。你的品牌个性可能是你进行调研后的结果，或者由你的思想、经验和直觉演化而来。不管怎样，正如我们在前面强调的，必须从顾客的观点出发来写出品牌个性。

对于我们来说，写出品牌个性从本质上说是一种创造性的活动。我们发现，应用图片、图示以及类比，再加上少许幽默，有助于品牌个性的开发。它使得所有人（从顾客和潜在顾客到公司员工再到经销商）更容易理解你希望实现的个性，并提供一些帮助使它更完善。

提示：品牌个性中不需要加入可用的广告文案。它是一个计划文件，可以指导你的营销传播规划。实际上，顾客可能只有一次机会看到品牌个性的书面版本，那就是在你进行调研以协助开发品牌个性的时候。

在开发品牌个性的时候，你可以使用各种技术。试试下面这些：

进行焦点小组讨论或对顾客和潜在顾客进行个人访谈，并请他们写出一份你的品牌的个性描述。对你自己、重要的高管、员工和经销商做同样的事情。在这一过程中，要求每个人思考下面的问题：

> 如果它是一个人，那么这一品牌将拥有何种个性？为什么这样认为？
> 品牌的年龄、性别、收入、受教育程度和婚姻状况，为什么将这些人口统计学特征看成是其个性的一部分。
> 这一品牌驾驶哪类汽车？为什么？
> 这一品牌阅读哪些杂志？为什么会阅读那些杂志？
> 这一品牌有哪些嗜好，对哪些业余活动感兴趣？为什么？
> 竞争品牌有哪些与你的品牌不同或独一无二的个性特征？为什么？
> 谁是这一品牌的朋友？
> 哪些演员、名人或小说及历史中的人物能够扮演你的品牌的角色？为什么？

一旦你收集到了所有的个性信息，那就把共同的要素总结为尽可能详细的个性描述。

实例：卡特皮勒的品牌个性

卡特皮勒的品牌个性来自在男性中召集的6次焦点小组，这些人都拥有或操作过卡特皮勒生产的设备。调研人员对来自焦点小组的大量评论进行逐字挑选，把它们整理成一个个段落。下面摘录了其中的一部分：

- 卡特皮勒是一个“生活艰辛”、“喝波旁酒”、“脚步很重”、“总是四处奔走”、“强壮”的家伙，他“从不生病”、“不停地工作”，而且“当你需要他的时候，他就在你身边”。“你可以依赖他”，而且他“总能完成任务”。“你不用担心卡特皮勒”，因为“哪里有困难，他就会出现在哪里”。他肯定是一个“美国人”，但“经常进行国际旅行”。他最喜欢的颜色是“黄色”。

- 尽管他“上了年纪”，可能“已经60多岁了”，甚至可能“70多岁了”，并且是其产业的“创始人”，但卡特皮勒“与时俱进”，被认为“虽然年纪很大，但依然充满活力”。也许这是因为他是一名“举重选手”，是“在健身房中进行锻炼”的“健美运动员”。他是一名具有“超凡魅力”的“领导者”，一位“创新者”和“潮流的创造者”，“人们会跟随他”，而且“他几乎无所不能”。卡特皮勒“可靠”、“可依赖”、“持久”，而且“总能得到你需要的”，他“随时准备工作”并且“不怕把自己的手弄脏了”。尽管“十分专业”且“值得尊重”，但卡特皮勒“对他所做的事收费很高”。总而言之，他被认为十分“杰出”，是一位“伟人”。
- 卡特皮勒“成名已久”，“做事有条理”，是一位“优秀的投资者”，他本应该是一位“银行家”，当人们看到他时就会想到“美元符号”。他本人“很有钱”，因为他“知道如何经营一个企业”，“十分稳健”，并且“努力实现卓越”。在他“上大学的时候”，他“踢足球，是一名伟大的后卫”。卡特皮勒“戴着很多金饰”，“穿着漂亮的靴子”，但“不穿三件套”。他是个“漂亮的家伙”，但有些“奢侈”，并且有一些“非常费钱的嗜好，如赛车”，他“驾驶着一辆凯迪拉克”。卡特皮勒还“拥有自己的飞机”。

扮演卡特皮勒的最佳人选显然是约翰·韦恩（John Wayne，在讨论中提到的最多）。如果他不能出演，则可以由克林特·伊斯特伍德（Clint Eastwood）、查尔顿·赫斯顿（Charleton Heston）或阿诺德·施瓦辛格（Arnold Schwarzenegger）替代。罗伯特·米彻姆（Robert Mitchum）、肖恩·康纳利（Sean Connery）和查尔斯·布朗森（Charles Bronson）也可以出演这一角色。强壮的男人都可以。

有了上面的评述，一个清晰的卡特皮勒品牌个性就形成了。下面是进一步整理后的简明品牌个性：

卡特皮勒［人们常用卡特（Cat）这个绰号来称呼它］是一个“身躯高大”、“强壮”、“结实”的人，是一个“大块头”。他的身高是“6英尺4英寸”，“体重在240磅至250磅之间”，“面部轮廓分明，脸上有酒窝，留着平顶式发型”。在了解他的人中，他是他们见过的“块头最大、最强壮”的人……“几乎每个人都知道他”，因为他是“课堂中最受欢迎的家伙”。他很“自信”且“很有信心”，达到了“自大”和“骄傲”的程度。他一直被称为“大人物”、“头面人物”、“一号人物”、“老大”，并被看成是“挥金如土的人”。“无所事事的卡特几乎是社会地位的象征”。

有了这一简明个性摘要，再加上辅助性的段落，我们很容易就可以看出应该如何制定广告和其他营销传播计划，以支持卡特皮勒品牌的个性特征。

第 13 章

调查与定量调研

定量调研在问题的后面加上了数字。与定性调研——焦点小组等——不同，定量调研将告诉你有多少人会以这样或那样的方式思考或采取行动。

表 13.1 显示出了定性调研与定量调研之间的差别。

表 13.1　定性调研与定量调研的特点

定性调研：焦点小组等	定量调研：调查等
目标是形成在市场中有效的因素、想法、理论和假设	目标是确定应该遵循哪些因素、想法、理论和假设来推动企业成长
目标是对存在于市场中的因素进行完整、详细的描述和讨论	目标是对特征进行分类，对它们进行计算，并构建统计模型，以试图解释并对重要因素设定优先顺序
调研人员事先可能只是大致知道他们要了解什么	调研人员事先准确地知道他们要了解什么
通常在调研项目的早期阶段最有效	通常用于调研项目的后期，那时需要度量的因素已经很明确
调研设计是动态的，通常随着研究的展开而形成	在收集数据之前认真设计调研的各个方面
调研问题通常是非结构化的，并在现场形成。对问题的回答也是开放式的	调研人员利用结构化的、精确的问题来收集封闭式的数值数据
发现是口头上的，也可以利用图片、物体和符号来解释	发现是数字、图形、图表和统计形式的
主观——调研人员对信息的解释十分重要，这些解释基于分析人员的经验和观点	客观——调研人员寻求精确的指标和分析，这些数字和统计量可以与标准的或以前的数据进行对比以观察趋势

续表

定性调研：焦点小组等	定量调研：调查等
定性数据更“丰富”、更耗费时间，而且不太可能一般化	定量数据试图对重要因素、想法、假设和理论进行测试，并且可以推广到总体
调研人员倾向于主观地看待相关主题	调研人员倾向于客观地看待相关主题

到目前为止，尽管调查仍然是定量调研的主要方式，但“定量调研”（quantitative research）一词与调查（survey research）不是一个意思。

例如，一家博物馆可能想了解有多少人参观了某一展览。由于展览需要特别的门票，所以他们只需要看一看其系统中售出的门票数量就行了。即使是那些不需要特别门票的展览，收集数据也很容易。博物馆可以在入口安排一名观察人员，他只需要一个计数器就可以计算出参观者的数量。这两种方法都是定量方法。

计算停车场中的汽车数量、记录车辆牌照的状态、列出息票的收入，或者观察并对店内的购买行为进行编码，这些都是定量研究的例子。在交易结束时，你可能被要求回忆一下购物过程，并说明你的邮政编码。这些数据将用于理解商店的吸引范围以及来自各个地理区域的顾客比例。

实际上，定量行为调研的选择是无限的，而且并不是所有形式的定量调研都需要一个样本和一份问卷。但是，我们在后面的章节中将要关注的调研类型确实需要开发一份问卷，确定要访谈的最佳目标，并确定适当的样本量和收集数据的最佳方法。

再重复一遍，焦点小组和其他定性研究会突出潜在的问题，如客户服务、价格或产品种类问题，解决了这些问题就可以增加销售量。调查会告诉你，对于增加销售量来说，哪个问题是最重要的，哪个是次重要的，哪个是第三重要的，等等。

仅知道通过改善客户服务、改变你的产品或降低产品价格有可能获得更多利润基本上不会为你带来什么好处。不知道哪个因素可能产生最大的影响，你就可能要采取行动同时改善所有因素。例如，如果不知道降价只会刺激 10% 的顾客购买更多产品，而改善客户服务将刺激 50%

的顾客购买更多产品，那么你为什么要降价呢？你不会降价——或者说不应该降价。

定量调研是可以推广的。这意味着其结果可以推广到总体中。从一次仅针对 150 名被调查者进行的调研中，你可以自信地预测对于成千上万人来说什么因素是重要的。反过来，这意味着你可以确定哪些行动能够最好地激励哪些目标客户——以及产生何种程度的激励。

调查使你能够根据目标市场中受你的行动影响最大的顾客或潜在顾客的数量来设定优先顺序。

13.1　调查的类型

正如前面所讨论的，调查有两个一般性领域：战略和战术。战略研究提供了一个关于市场的总体认知。它们形成了关于顾客对相互竞争的公司、品牌和产品的态度、形象、感知方面的基本知识。它们确定了顾客和潜在顾客的需求与需要等在多大程度上得到了满足，以及哪些公司在满足这些需求方面做得最好。

来自战略研究的信息构成了确定公司营销方向的基础——即一种定位，如果实现了这一定位，就可以为企业带来最大的成功机会。

战术研究解决特定的问题。一旦确定了总体营销战略和期望的定位，那么就会有很多较小的因素对最终成功产生影响。战术研究确定了在实现战略的过程中哪些因素的影响最大，或者应该在哪里做出改变以强化战略的实施。

考虑下面这些你可以进行的战术研究（只列出了一部分）：

- 顾客满意度研究，可以确定顾客和潜在顾客如何获得服务，以及应该做些什么以使客户服务更完善。
- 跟踪研究，可以确定你是否正在实现期望的定位和战略并获得期望的形象，以及竞争对手如何阻止你获得成功。
- 产品开发研究，可以确定能够加强你的战略方向的新产品或服务。

- 产品改进研究，可以确定应该做些什么来改进当前的产品或服务，以使它们保持最新，并具有竞争力。
- 定价研究，可以确定对你的产品或服务的收费。
- 态度和认知跟踪研究，可以确定你的广告信息是否被看到、听到、记住，广告是否刺激顾客更频繁地购买，并且/或者正在改变潜在顾客的态度，使他们很快就开始购买。
- 广告传播研究，可以确定哪些信息在传播你的公司、品牌或产品战略以及在刺激购买方面的作用最大。
- 奖励或促销研究，可以确定提供哪些特价优惠能够最好地刺激购买并有助于实现你的战略目标。
- 包装研究，可以确定有助于实现刺激顾客购买你的产品这一战略的最佳包装方式。
- 命名研究，可以为你的公司、产品或服务确定最响亮的名字，同时与你的战略方向保持一致。
- 筛选研究，可以确定在一系列潜在新产品或服务中哪些是你扩大市场、强化战略的最佳选择。

尽管战术研究很重要，但战略研究是理解市场以及如何进行有效竞争的基础。想象一下在你没有首先完成家庭作业的情况下就去参加考试是一种什么状况。也许你能够通过考试，但获得高分的几率肯定很低。如果没有严谨的战略研究，没有完成基本的家庭作业，那么你的决策通常就会是最佳推测（best guess），甚至更加糟糕，是建立在猜测和希望的基础之上。

请记住，希望不等于战略。

在一项战略研究提供的总体环境中进行战术研究是最有效的。例如，如果战略表明最有效的包装是能够传送出低价格这一信息的包装，那么确定能够传达出高质量这一信息的最佳包装形式则没有任何意义。

正如我们在前面说过的，如果你不知道自己的目的地，那么任何一条路都能到达。

13.2 战略研究的目的与目标

假设你决定进行一次战略研究以理解市场的“驱动因素”(driver)。你希望确定哪些因素对于保持你的顾客或者吸引竞争对手的顾客十分重要。战略研究被称为“细分市场研究”（segmentation study)、“使用习惯和态度研究”（usage and attitude study）或者“市场结构研究”（market structure study）——或者你可以称之为你的“家庭作业”（homework study)。

为了开始着手完成你的家庭作业，你需要为战略目标编写一份简短的声明。这有助于你聚焦于研究的重点。你可以参考一下第 2 章“设立调研目的和目标”以及第 8 章“调研规划”，或者看一看下面的例子，这个例子是为一项窗式空调研究编写的战略目标。

实例：窗式空调

战略目标：

> 确定在顾客购买窗式空调时的重要属性。附属目标是确定我的公司以及竞争对手的公司在这些重要属性上的表现如何。

以这种方式说明战略目标将研究集中在两个方面：(1) 在总体上确定对于顾客来说非常重要的空调属性。(2) 确定公司在这些属性上的表现。

可供选择的战略目标可能是：

> 确定空调市场中存在的顾客细分，以及哪些属性对于吸引各个细分市场最重要。附加的目标是确定某些公司是否在吸引某一特定顾客细分方面比其他公司做得更好。例如，那些住在豪宅里的人与住在小公寓里的人存在着很大的差别。

以这种方式陈述战略目标扩大了研究的范围：(1) 努力确定市场中存在的不同的细分市场，并列出两个或更多个顾客细分的属性。(2) 确定某些公司在吸引不同细分市场方面是否比其他公司做得更好。

不管战略目标是什么，它都应该成为研究的主要目标（preeminent purpose）。只有当你明确了战略目标后，你才能确定研究的次要目标。

下面是窗式空调市场战略研究次要目标的例子：

- 确定在考虑购买窗式空调时哪些属性最重要，哪些属性最不重要。
- 了解人们会购买哪些品牌。
- 在被感知到的提供不同属性的能力方面，各个品牌的排名如何。
- 找出那些还没有被市场完全满足的属性，以提供一个获得竞争优势的机会。
- 了解哪些品牌在向其顾客提供重要属性方面做得最差，因而最容易受到竞争对手的攻击。

制定清晰、简明的目标并不是一项学术活动。在确定你的最终研究方法及其大致成本时，这一点很重要。如果你非常清楚你在寻找哪些信息，你就不会花过多的钱来收集多余的数据，或花钱太少并在以后发现调研只进行了一半。

13.3 确定你的目标被调查者

在设计一个调研项目的过程中，关键的一步是确定谁的意见重要，即确定你期望的目标被调查者的属性。你想要收集男性与女性的数据，或者是年轻人与老年人的数据？也许那些只从你的公司购买过一次的被调查者的态度与那些多次购买者的态度对比非常重要。或者你希望被调查者是大量购买而不是少量购买你的产品的人。

可能有许多目标被调查者需要研究。如果不认真确定你的目标，那么你最终就有可能从那些无法为你提供增长潜力的被调查者那里获得很多数据。

通常，你需要从给你制造麻烦的顾客中抽取目标被调查者，比如那些退货的顾客，或者那些不再购买你的产品的顾客。

你还应该从那些你认为有机会的顾客中进行抽样，如当前的大量购买者、竞争对手的顾客，以及那些最近成为你的邻居的人。

在某些情况下，目标被调查者很明显，例如：居住在你的商店 3 英里范围内的所有人；在过去 3 个月内曾经通过网络购物的人；如果你经营一家“爱尔兰”礼品店，则目标被调查者是所有拥有爱尔兰人姓氏的人；过去 6 个月中去过游乐场的所有人，以及住在计划建设的新游乐场附近的人。

有时候，目标被调查者则不太明显。

在 B2B 的情况下，你需要找出决策者（那些能说“是”的人）、影响者（那些不能说“是”但可以说“不”的人，以及/或者那些“守门人”），并对他们进行访谈。

即使是在消费者调查中，目标被调查者也可能不太明显。

例如，在对儿童谷物食品的调查中，父亲可能对健康食品很感兴趣，并坚持不让包裹着糖衣的“垃圾”进入家庭（决策者）；母亲则是走进商店、找到商品并付钱的人（购买者）；孩子是消费产品的人。谁应该是调查目标？要视具体情况而定，对不对？

对儿童谷物食品的包装研究的目标被调查者可能是母亲，因为她是在货架上看到这一商品的人。口味测试的目标应该是儿童，因为除非他们喜欢，否则就不会去吃这些食品。广告调研的目标可能是父亲，因为他是“对家里购买何种谷物食品最有责任感的人”。

在第 8 章中，我们列出了在确定目标被调查者时你需要向自己提出的一系列问题。下面重复一下这些问题：

1. 哪些目标市场会为你提供能够使你的企业成长最快的机会？
2. 哪些目标市场对于长期增长最重要？
3. 哪些目标顾客的说服成本最低？
4. 哪些目标市场中有你需要知道的信息？
5. 哪些目标市场能够为你提供一些好消息，但占领这一市场的成本很高？
6. 如果你知道某一目标市场中人们的态度，你能将其外推到其他目标市场而不需要进行研究吗？

7. 你有足够的调研预算进行宽泛的调研吗？

另外，你的研究所瞄准的目标可以根据人口统计资料、企业统计资料、行为或态度来进行考虑。下面是一些例子。

通过人口统计资料/B2B 企业统计资料寻找目标

- 不同年龄组的顾客（如 21 ~ 34 岁、35 ~ 44 岁、45 ~ 54 岁、55 ~ 64 岁，以及 65 岁以上）。
- 不同收入组的顾客（如年收入低于 5 万美元、5 万 ~ 9.9 万美元、10 万美元以上）。
- 受教育程度不同的顾客（如中学毕业或更低、受过一些大学教育、大学毕业、研究生毕业）。
- 不同种族的顾客（非裔美国人、高加索人、西班牙人等）。
- 来自大型、中型或小型组织的顾客。
- 拥有不同头衔/职责的顾客（采购人员、工程人员、医生、护士等）。
- 在一个地区或销售区域及其他地区的顾客。

根据行为寻找目标

- 在过去 12 个月中购买过某类产品的顾客。
- 在过去 12 个月中一次、两次、三次或更多次购买过某类产品的顾客。
- 在过去 24 个月内至少购买过一次某类产品，但在过去 12 个月中没有再购买过的顾客。
- 在过去 12 个月中曾经购买过产品类别中某些品牌产品的顾客。
- 从来没有购买过某类产品但正在考虑购买的顾客。
- 直接由你提供服务的顾客与由分销商提供服务的顾客。
- 制定资金决策的决策者与不能制定资金决策的影响者。
- 参加了某次贸易展的顾客和没有参加该贸易展的顾客。
- 需要融资的顾客。

根据态度选择目标

- 认为价格是最重要的购买原因的顾客。

- 认为质量是最重要的购买原因的顾客。
- 喜欢旅行的顾客。
- 认为自己有财务保证的顾客。
- 认为未来会更美好的顾客。

上面的列表只是一些有代表性的。目标被调查者必须根据你的总体研究目标、次要研究目标以及你的预算来决定。

如果你正在进行你的第一次战略研究，那就要依靠你自己来选择目标被调查者，这些目标被调查者的回应必须能够对你的企业在未来 12 个月的成长产生最重要的推动作用。在你对“离你最近的”目标顾客采取营销行动并取得成功后，你就可以将研究目标转向那些具有间接潜力的目标顾客。

重复一遍，优秀的调研需要以正确的方式向正确的人提出正确的问题。

第 14 章

调查的类型

定量研究收集数据的方法主要有 5 种，它们是：

1. 因特网。
2. 电话。
3. 邮件。
4. 个人面谈。
5. 样本组。

此外，这 5 种方法可以按顺序使用。有时候，先通过电话与被调查者联系，向他们提出问题，并请他们完成一份通过邮件或互联网送达的问卷。对于首先通过其他方式接受提问的被调查者来说也是如此。

关键在于，一旦一个人同意通过一种技术接受访谈，那么他很有可能接受通过其他方式对同一问题发出的访谈要求。确定一种或两种收集所需信息的最佳方式是最重要的。

14.1 因特网

在过去几年中，通过因特网进行调研变得特别流行。据 2008 年佩尤民意调查（Pew Research）估计，美国 55% 的家庭能够通过宽带接入互联网，另外 10% 的家庭可以通过拨号接入互联网。仅这一项调查就打消了调研人员的很多顾虑，以前他们认为不能通过互联网产生一个有代表性的顾客样本以收集数据。

实际上，美国调查研究机构委员会（The Council of American Survey

Research Organizations，CASRO）估计，2004 年有 24% 的调查是通过因特网进行的，到 2007 年，这一数字增加到 38%。领先的因特网调研服务提供商 Greenfield On-Line 公司估计，美国 35% 的调研成本花在在线调研上。

与其他收集调研数据的方法相比，尽管人们几乎都同意因特网提供了许多优势，尤其是在速度、灵活性、低成本方面，但它仍然存在着一个巨大的劣势。它很难在 65% 能够接入因特网的人口中产生一个有代表性的样本。

想一想你的电子邮箱里收到的垃圾邮件，对于那些可疑的或没有兴趣的电子邮件，你会马上删掉。完成一次调查的邀请通过也会遭遇到这样的反应。因此，理解如何利用因特网进行调研就至关重要了。

通过电子邮件随机发送给那些没有经过选择的被调查者的问卷回复率问题最大，有时候回复率还不到 5%。我们曾经尝试过，经过两轮电子邮件轰炸后，某一商业杂志的订阅者中只有 0.5% 的人回复。

问卷的长度及复杂程度、对发起调研的企业的熟悉程度、议题的本质、激励的数量及类型，以及你在电子邮件主题行中邀请被调查者完成问卷的方式，都会影响到回复率。

我们的经验是，利用因特网收集数据对于与你关系密切的人最有效。高度忠诚的顾客、购买贵重物品（如汽车）的人、零售商、分销商或你的产品的销售代表等就是一些例子，校友、某个协会的成员以及向你捐赠的人是另一些例子。

除非你非常认真，否则通过因特网进行一次研究（即使是在你最好的顾客中进行）还不如根本就不进行研究。

与任何定量市场调研一样，结果具有代表性并可以进行推广是非常重要的。如果你邀请了 1000 名最佳顾客通过网络完成一次与你做生意的满意度调查，而只有 10% 的人回应，那么你就遇到了真正的问题。没有回应的 90% 的人与做出回应的人有什么不相同吗？你怎样才能找出他们之间的差别？

另外，如果你在你的网站上加上一个广告，邀请访问者完成一份问卷，并且有数千人做出了回应，你仍然应该保持怀疑。假设一个邀请广告或向大量地址发送的电子邮件产生了对问卷的1000个回复——这个数字很大，可以让你感到自信。如第17章关于采样的讨论一样，产生的回复数量无法保证回复能够代表你的目标顾客。

对于通过因特网进行调研，大多数声誉良好的调研公司和咨询公司都很在行。但是，对于你不熟悉的或新的调研情况，先咨询几家对于这种数据收集模式比较熟悉的调研公司或咨询公司是明智的。

要保证你在确定下列因素时尽到了职责：

- 成本。在进行因特网调查时会产生各种成本要素。它们包括编程和发布问卷的成本——如果你的问卷中包含图片、证据、声音、动画或复杂的跳转模式（skip pattern），那么成本就会更高。如果你没有邮件列表（house list），你可能需要花钱获得一份电子邮件地址列表并进行电子邮件轰炸。而且你的合约中需要为电子邮件接收者提供一个不参加的选择。
- 要产生一个有代表性的样本，几乎总是需要激励措施（此处不仅包括激励成本，而且还包括与发送邮件相关的管理费用），利用调研服务公司进行数据处理的成本也应该考虑在内。
- 他们是否拥有进行在线调研所需要的软件，或者是否利用一些深受欢迎的网站（如 www. surveymonkey. com、www. zoomerang. com 或 www. instantsurvey. com）创建了在线问题。
- 在利用因特网时他们实现的回复率，以及对他们如何达到可接受的回复率的一个解释。
- 他们建议如何获得调研所需的被调查者。
- 他们建议如何获得有代表性的以及可推广的被调查者样本。

如果你愿意，可以登录 www. surveymonkey. com、www. zoomerang. com 或 www. instantsurvey. com 获取自己创建因特网调查的信息与方法。请注意，当前，如果你的调查样本很小——最多100名被调查者，问题少于10个——surveymonkey. com 可以免费为你收集数据。

下面是利用因特网进行调查的优点与缺点列表。

优点

- 成本：利用众多合法的网站，建立和发布在线调查问卷的成本很低，通常低于 1500 美元。汇总在线调查问卷回复的成本也很低，通常不到 500 美元。

- 可以利用最低的成本产生很大的被调查者样本，而且增加额外被调查者时，调研的成本不会大量增加。计算机不在乎是 100 个人还是 1000 个人回答问题。
- 可以通过简单、易于理解的方式显示彩色图片、图形、详细产品描述以及复杂的想法。另外，其中可以加入声音和动画，包括完整的电视商业广告。
- 被调查者更容易完成问卷。
- 能够控制被调查者看到问题的顺序。
- 可以根据被调查者对一个问题的回答而跳到下一个恰当的问题。
- 允许被调查者以他们自己的节奏、在他们选定的时间完成一次访谈。
- 通常能比其他研究方法更快地收集数据。
- 在提出问题时不存在访谈者的偏见问题。
- 被调查者做出回答后，数据马上进入计算机系统。不存在数据输入错误。

缺点

- 抽样问题在前面已经讨论过了。
- 对于何人填写问卷缺乏控制。回答可能并非来自访谈者期望的人选。
- 难以接触到低收入和年龄较大的目标人群，因为他们无法接入网络，对网络技术不熟悉，或者不愿意完成独立填写式的问卷（self-administered questionnaire）。
- 需要被调查者写入答案的开放式问题通常会带来肤浅的、不完整的以及无效的回应，这增加了对被调查者的回答进行编码的成本。

最后，尽管因特网被认为是一种比电话调研速度更快、成本更低的方法，但以这两种方式来评估你的调研是明智的。在一个营销调研被普遍外包的世界中，访谈可以发生在印度、加拿大沿海省份或多米尼加共和国，这样做的结果是调研的成本较低。电话也许更适合于进行你的调研。如果说成本较高，那成本增加的也并不多。

14.2 电话访谈

尽管使用的频率有所下降，但电话访谈仍然是一种经常使用的收集数据的方法。据 CASRO 估计，2004 年，49% 的调研是通过电话进行的。2008 年，这一数字下降到低于 35%。但是，电话数据收集仍然被认为是一种基本的方法。

这是出于两个主要原因。首先，“无响应问题”（nonresponse problem）的数量减少。在联系的人中，同意参加电话调研的比例非常高——通常超过 40%。因此，那些拒绝参与访谈或无法联系到的人与参与调研的人之间是否存在差别就不是一个问题了。通过网络或邮件收集数据很少能够像通过电话完成这一任务那样获得积极的合作，即使提供激励也是如此。

其次，电话访谈公司负责与被调查者联系。另外，它们还会完成提出问题和记录回答的工作。被调查者不需要阅读任何问题，或者在问卷的方框里画“✓”，也不需要书写开放式问题的答案。这就解释了为什么合作程度高，同时也说明了为什么开放式问题最适合通过电话提问（或当面提问）。如果被调查者给出的答案不充分或不明确，那么可以对他进行更深入的探寻以获得更多的信息。

有许多访谈公司专门从事出于营销调研目的而进行的电话访谈。他们聘用、培训访谈者，并管理由专业调研人员编写的问卷。他们本身并不聘用专业市场调研人员。他们的目的只是按照其专业调研客户的指标，在特定人群中完成期望数量的访谈。

另外，还有许多市场调研公司既聘用、培训电话访谈人员，同时也提供专业服务。这些都是大型、全方位的调研提供商，可以为你设计调研、编写问卷、进行访谈、处理数据，并分析结果。

打开最喜欢的搜索引擎，并利用关键字“电话访谈公司”（telephone interviewing services）进行搜索。你还可以登录 www. quirks. com、www. bluebook. org 或 www. greenbook. org 网站，找到世界范围内的全方位调研提供商或电话访谈提供商。最后，从事这一工作的公司数量太多，任何大城市的电话黄页中，“市场调研”条目下的公司都有好几页。

优点

- 如果与样本组协作，那么电话被认为是生成被调查者可推广样本的最佳方式，而且“无响应问题”的数量要少得多。
- 对于访谈大量被调查者来说，这是一种非常有效的方法。
- 它可以快速收集大量信息。
- 开放式问题的详细程度最佳。
- 通常不需要为顾客研究提供激励，甚至是进行简短的 B2B 研究时也不必提供。
- 成本低，特别是当需要访谈的被调查者占总体的比例很大，以及/或者产品的使用率很高的时候。

缺点

- 通常，你能保持让一个人接听电话的最长时间是 20 分钟。时间更长的访谈可能需要为被调查者提供激励才能完成，被调查者还有可能中途退出。
- 当只有不到总体 10% 的人有资格成为潜在被调查者时，寻找小规模人群的成本就会变得较高。
- 随着越来越多的营销调研公司给消费者打电话，再加上电话销售公司通常与合法的市场调研公司结合在一起，更多的消费者只是简单地挂断电话。据估计，有 30% 的顾客在接到邀请其参加调研的电话后立即挂断。这意味着，即使是通过电话，对一个有代表性的样本进行访谈的难度和成本也都提高了。
- 据估计，美国有超过 10% 的家庭以移动电话为其主要电话。在世界其他地区这一比例甚至更高。这使得对有代表性样本进行访谈的难度提高了。
- 另外，由于不存在移动电话号码目录，因此实际上不可能对这些只使用手机的人进行随机选择。而且，如果你碰巧打通了一个人的手机，获得合作的几率也会极低，如果需要支付电话接听费，被调查者甚至会发怒。

- 电话不能用于某些类型的提问，如需要展示清单、图片或者对物体进行操作以获得有意义回应的情况。尽管成本较高，但我们注意到电话—邮件—电话方式可以解决这个问题。在这种方法中，被调查者通过电话招募，给他们邮寄一个在调研时才能打开的包裹，然后再打电话进行访谈。
- 在通过电话阅读过长的产品描述、概念或想法时，被调查者通常难以把握。
- 访谈者提问题的方式可能会显示出偏倚，或者有噪音，很难理解他们在说什么。
- 在对大量样本进行电话调查时，随着访谈的进行，数据需要输入到计算机中，此时就需要特定的编程费用。
- 在小规模调查中，数据是记录在纸张上的，这就需要一个后续的数据输入过程，这不仅增加了调研的成本，还会产生数据错误。
- 大多数 B2B 和专业被调查者需要一定的激励以保证他们的参与。

电话访谈的成本

表 14.1 给出了 2008 年时进行电话访谈的成本。该表显示出了进行 5 分钟、10 分钟、15 分钟或 20 分钟访谈以及各种发生率（incidence rate）下每次访谈的成本（cost per interview，CPI）。发生率是指可能有资格成为你想要访谈的消费者的百分比。

如果你的样本中的所有人都有资格接受访谈（这种情况很少见），而你打算只花费他们 5 分钟的时间进行提问，你就需要为每次完成的访谈支付 7.5 美元，这样，100 次访谈就需要 750 美元，1000 次访谈需要 7500 美元。另一方面，如果每 10 个人中只有 1 个人有资格进行访谈——发生率为 10%——而你想要用 20 分钟对他们进行访谈，那么你就需要为每一次完成的访谈支付 72.5 美元。

这些数字只是收集数据的成本，不包括你向全方位服务提供商支付的编写问卷、处理数据或分析结果的费用。当然，如果你能够自己完成全方位服务提供商的所有工作，那么你只需要支付电话服务的成本。

表 14.1　评估电话访谈时每次访谈的成本实例

发生率（%）	5 分钟（美元）	10 分钟（美元）	15 分钟（美元）	20 分钟（美元）
100	7. 50	12. 50	18. 50	24. 50
90	8. 00	3. 00	19. 00	25. 00
85	8. 50	3. 50	19. 50	25. 50
80	8. 75	13. 75	19. 75	25. 75
75	9. 25	14. 25	20. 25	26. 25
70	9. 75	14. 75	20. 75	26. 75
65	10. 25	15. 25	21. 25	27. 25
60	11. 00	16. 00	22. 00	28. 00
50	12. 75	17. 75	23. 75	29. 75
40	15. 50	20. 50	26. 50	32. 50
30	19. 75	24. 75	30. 75	36. 75
25	23. 50	28. 50	34. 50	40. 50
20	28. 75	33. 75	39. 75	45. 75
10	55. 50	60. 50	66. 50	72. 50

资料来源：APC Research，Chicago（2008）

14.3　邮件调查

邮件调查可能是一种十分经济的数据收集方式，这取决于其回复率。对于在大量样本中收集大量信息来说，这种方法特别有效。根据经验，通过邮件收集数据的成本是通过电话收集数据成本的一半。

在利用邮件进行调查时，最重要的是要确保被调查者的样本具有代表性。

假设你随机向 2000 名男性发出了一份 4 页长的关于人寿保险的问

卷。即使你随信附上了一个邮资已付的回信信封，如果有 5% 的人回复你就很幸运了。尽管你将收到 100 份填好的问卷，但如此低的回复率会使数据毫无价值。你想知道没有回复的那 1900 个人是否与回复的 100 个人具有相同的意见。这就是前面提到的“无响应问题”。

除非回复率达到 50%，否则有些营销人员就不会采用邮件调查得到的数据。回复率达到 50% 极其少见。根据我们的经验，35% 的回复率就会产生可靠的数据，也就是说，如果打算第二次进行某一调研，其回复率为 35%，那么其结果将在第一次调研观察到的统计误差范围之内。

下面是一些产生高回复率的方法：

1. 总是提供现金激励。在寄出问卷时，在里面夹上 1 美元或 2 美元。对于一份 4 页长的问卷，在填好的问卷被返回后，再支付额外的 10 美元。对于更长的问卷，多支付一些（如 8 页长的问卷支付 20 美元）。
2. 除了支付现金之外，还要确认自己是主办者。如果人们知道谁在主办这一研究，那么他们就可能更愿意回复。但是，此时应该注意。当知道是谁发起这次调研后，有些被调查者可能会过于挑剔，而另一些被调查者则会过度赞美。在决定说出谁是主办者之前，权衡一下这些问题。
3. 在发出一封通知进行调研的信件后，完成第一步，或者完成第一步和第二步。这会提醒人们问卷已经寄出，并进一步证明了调研的合法性。如果需要激励，那就提醒被调查者信中有现金，这会使他们更愿意打开包含问卷的信封，而不是像对待垃圾邮件那样直接丢掉。
4. 完成上述所有步骤，并提供好运奖。如果从回应人员的名单中抽中了某个人，那就再向他提供额外的 200 美元。
5. 一定要确定一个回复日期。从接到问卷的那一天起，回复的时间不得超过三个星期。
6. 即使是最好的计划也有可能无法产生良好的响应。因此，考虑对你的问卷进行试验性测试。可以先发出 200 份问卷，看一看是否能够达到你的回复目标。如果不能，就要考虑增加激励、缩短问卷，或两者同时进行，甚至改变收集数据的方法。

其他因素也会影响回复率，包括话题的本质、完成问卷的难易程度，以及邮寄问卷的时间。例如，在圣诞节等节日期间进行邮寄总是很糟糕。而你提供的激励以及问卷的长度永远都是最重要的。

优点

在下列情况下，邮寄问卷具有优势：

- 你需要收集大量信息，即问卷很长。
- 被调查者以自己的节奏完成问卷非常重要。当有图片、例证以及在进行评估前需要阅读很长的产品、概念或想法描述，或者需要查询信息的时候，就会出现这一情况。
- 你非常熟悉如何设计一份简单易读、容易完成的问卷。
- 你可以很容易地获得一些意见领袖的姓名和地址。
- 与电话调研相比，邮件调研的时间可能要多出4~6个星期，而你可以容忍这段增加的时间。

缺点

在下列情况下，邮寄问卷具有明显的不足：

- 你的问题是开放式的。人们在方框里打钩很容易，但如果要求他们写出为什么会有某种感受，别指望他们会提供深刻的见解，而且他们还有可能根本就不回复。
- 你想要控制问题被看到的方式。如果在看到问卷的其他部分之前先看到其中的一部分非常重要，那么利用邮寄问卷的方式就会产生一个问题。被调查者通常会阅读完一份问卷并看完所有问题后才会开始填写。
- 你的问卷很复杂。被调查者可以遵循非常简单的指令，从一个问题跳到另一个问题，或者从问卷的一部分跳到另一部分。如果跳转模式很复杂，被调查者就会感到混乱，并完全放弃填写问卷，或者不能正确回答问题。
- 你不能保证回答问卷的人是你期望的人。由于你无法控制由谁来填写问卷，因而你永远也无法确定问卷是由恰当的人填写的。

- 回复率低。邮寄出的每一份问卷都包括印刷、装信封、邮寄和激励成本。如果大部分收信人都没有回复，那么这就是一笔巨大的浪费。
- 你需要很快得到答复，不可能多等待 4 ~6 个星期。

14.4 现场访谈

多年前，访谈者会挨家挨户去发放问卷。他们会遵循一系列复杂的指令，以确定去哪一个住宅区、从哪条街道开始，以及去哪一个家庭，所有这些努力都是为了产生一个随机的、可推广的被调查者样本。今天，挨家挨户的现场访谈既不安全，在经济上也不可行，除了政府每 10 年一次的人口普查之外。

这并不意味着现场访谈不再是一种收集数据的常用方法——恰恰相反。在调研中，当需要向被调查者展示物品、请他们品尝食物的口味，或者访谈前必须将产品带回家使用的时候，经常需要进行面谈。

在世界各地所有大城市的购物中心里，都有一些市场调研现场服务公司。登录 www. bluebook. org、www. quirks. com 或 www. greenbook. org 等网站，就可以找到这些公司的列表。这些购物中心是进行现场访谈的主要地点。

你可能在经常去的购物中心里遇到过访谈人员。他们一般会拿着一个附有纸夹的笔记板走到你身边，向你提出一系列问题，并确定你是否有资格接受访谈。如果你有资格，那么他们可能会在现场对你进行访谈，或者请你跟随访谈者到附近的地点进行访谈。

有时候，被调查者是通过电话预先招募的，并支付 25 美元、50 美元或更多的费用，请他在指定的时间到购物场所接受访谈。在极少数情况下，访谈者可能到被调查者的家里进行访谈。显然，这些方法使得调研成本更高，但考虑到你需要的信息以及被调查者的特点，它们可能是完成调研目标的最佳方法。

同管理人员进行的一对一访谈也很常见。调研人员同管理人员约定一个时间，在管理人员方便的时候到其办公室中进行访谈。

优点

在要求被调查者做出回应之前需要向他们展示某些物品的时候，购物中心现场访谈是最佳的方法。需要展示的物品可能是：

- 广告、概念、故事板、新产品理念板、促销材料、目录等。
- 包装、包装图片、包装尺寸和形状。
- 需要观察和评论的产品。
- 在评论前要品尝一下的产品。
- 需要带回家使用的产品。
- 产品展示。

……

另外，有一些调研涉及敏感的话题或需要复杂的访谈方法，这使得访谈人员亲自到场以保证访谈正确进行变得很有必要。

缺点

购物中心现场访谈存在着很多问题，这些问题包括：

- 无法形成可以在全国范围内推广的随机样本。比如说，你在一座城市进行了 150 次访谈，在另一座城市也进行了 150 次访谈。尽管你一共进行了 300 次访谈，但实际上这些访谈只能代表这两座城市中在那些购物中心购物的顾客的意见。你的调研结果可能无法代表这些城市中在其他购物中心购物的顾客的意见，更不要说生活在其他城市中的人了。
- 找到非常少见的被调查者。如果需要对那些很难找到的顾客（如穿 48 号鞋的男士或鞋根高达 4 英寸的女士）进行访谈，那么你可能需要很长时间才能找到恰当的人选，其成本会很高。
- 从一个购物中心到另一个购物中心的一致性。在任何调研中，你都希望尽可能控制访谈者发放问卷的方式。你不希望他们在一个地点以一种方式发放，在另一个地点用另一种方式发放。在很多市场中进行购物中心现场访谈时，这都是一个挑战。

14.5 样本组

20 世纪 50 年代初，为了进行市场调研，研究机构建立了消费者邮件样本组（consumer mail panel）。早期的样本组由几十万人组成。研究机构通过信件询问样本组成员是否愿意时常参加市场调研，并承诺向他们提供产品或其他激励。早期的样本组非常成功。

今天，样本组极其精细，并成为了一种收集信息的极佳方法，通常成本并不高。样本组由数百万人构成，分布在众多国家中，可以利用他们对几乎所有消费品和 B2B 产品或服务进行调研。可以利用电话、邮件或因特网对样本组成员进行访谈。

由于样本组成员事先经过筛选以保证他们愿意参与调研，所以回复率极高。这使得样本组调研可以很容易设计得有代表性且可以推广。

样本组特别有用之处在于它们建立起了其成员的信息数据库，这一数据库十分庞大。所有成员的人口统计资料都被记录下来，另外还有大量其他信息。这样，寻找那些意见非常重要的特定样本组成员就变得很容易，在进行随机调研时，也很容易找到那些可能很难找的人。难找的被调查者可以是那些患有某种疾病的人、驾驶某一品牌汽车的人、年龄超过 65 岁又喜欢深海垂钓的人，或者其他从事特殊活动的人。

此外，有些样本组每月、每周甚至每天都进行综合性调研，这些调研允许客户每次购买一个问题。这些综合性调研是在全国范围内有代表性的样本中进行，与美国人口普查类似，典型的样本大小为 1000 人或 2000 人。

综合性调研允许你和你的客户购买有限数量的问题——最少 1 个，最多 10 个。由于样本组拥有以前收集的成员人口统计资料，因此回答可以按地区、性别、收入和其他特性进行分类。

采用综合性调研的明显优势是速度和成本。例如，如果你在星期一提交一个问题，样本组就可以在周末之前把结果交给你，有些时候第二天就可以得到结果。通常，每个问题每 1000 名被调查者的成本不到 500 美元。

但是，样本组并非灵丹妙药。它们无法用于从顾客那里或从内部数据库中收集信息。另外，尽管对于某些类型的调研来说其成本较低，但其他类型的调研成本可能很高。同时，还有另一种令人担心的情况，有些样本组成员参加了过多的调研，因而不再是“一般”被调查者。

在因特网上以及通过电话和邮件收集数据的样本组数量较少。美国有 4 家公司（synovate. com、tnsglobal. com、ipsos-insight. com 和 survey-pro. com）、其他国家也有一些公司利用上述三种方法来收集数据。

另外，在美国，有一些样本组专注于因特网数据收集，其中的一些例子是 harrisinteractive. com、greenfieldonline. com、e-rewards. com、com-monknowledge. com 以及 marketingtools. com。

现场访谈、邮件访谈、因特网访谈和样本组访谈的成本

在进行现场访谈、邮件访谈、因特网访谈和样本组访谈时，有很多因素会影响其成本，我们很难提供能够与表 14.1 所示的电话成本进行比较的详细数据。不过，我们发现下列事实通常来说是正确的：

- 邮件调研的成本在很大程度上取决于必须用于鼓励被调查者合作的费用。但是，如果回复率很高，每次邮件调研的成本可能会比电话调研的成本低差不多 50%。
- 通过购物中心现场访谈而进行的个人访谈的成本比电话访谈的成本大约高 15%。
- 进行因特网访谈的成本也在很大程度上取决于为鼓励被调查者合作而支付的费用。但与电话访谈成本相比，你通常可以节省 25% ~50%。
- 样本组的成本无法预测，有时候很低，但有时候却很高。如果适合你的情况，那么综合性调研也很合算。

由于样本组保护其成员的隐私并且不会泄露他们的名字，在进行电话访谈时，你必须利用其内部访谈人员。这样做的成本比利用常规的电话访谈高出 15% ~25%。

样本组邮件调研的成本可能非常合理，比常规电话访谈的成本低

50%。利用因特网样本组进行访谈的成本大约比利用电话提问的样本组成本低 20%。

在读完本章后，我们建议你阅读第 17 章关于抽样的讨论，然后再回来复习一下。

14.6 更深入地挖掘

交互式语音应答（Interactive Voice Response，IVR）这一服务可以从较大的调研机构中获得。这一方法的基本想法是：被调查者利用电话按键作为一种数据输入设备。

消费者拨打 800 电话，并听到预先录制的声音。他们利用按键输入其回答。对于开放式问题，他们只需要说出其回答并被记录下来。由于数据是自动输入计算机的，因此不存在数据输入问题。

IVR 技术的一种常见应用是饭店调查顾客的满意度。在付款的时候，顾客会得到一张卡片，邀请他们参与调查，并附有如何完成 IVR 问卷的指南。如果他们参与了调查，那么在调查结束时他们会得到一个号码，使他们在下次来饭店时可以免费享用一份甜点。

对于游击营销人员来说，IVR 技术非常合算，在进行顾客满意度调查或其他类型的调研（在这些调研中，让顾客知道你的身份不会引起问题）时应该将其当成一种可供考虑的选择。

第 15 章
编写问卷

在编写问卷的时候，一定要记住下面的建议：

> 永远不要因为想知道答案或在其他问卷上看到同样的问题而提问一个问题。只应该提出下面的问题：根据收集到的数据，你知道应该制定何种决策，以及调研的结果将影响营销决策或顾客的行为。提出其他任何问题都只是在浪费金钱和时间——你的金钱和被调查者的时间。

没能问卷就无法完成一项调研。与用来动态地向被调查者进行提问的焦点小组讨论指南不同，调查问卷的结构十分严谨，并且需要严格遵循。当访谈者根据问卷进行调研时，他必须像编写问卷时一样严谨。不能够偏离问卷，也没有解释的余地。在提出问题时，必须严格遵守编写问卷时的要求——每次都要做到这一点。

问卷的类型主要有两种：（1）问卷必须在访谈者的直接管理下同被调查者一起完成。（2）问卷必须在没有访谈者帮助的情况下由被调研者完成——独立填写的问卷（self-administered questionnaire）。

由访谈者管理的问卷（interviewer-administered questionnaire）要复杂得多。对于由他们协助填写的问卷的流程，访谈者接受过相关培训，并且在面对一名被调查者之前会进行大量的访谈练习，因此开发一份复杂的、由访谈者协助完成的问卷并不是一个问题。

通过，访谈者协助完成的问卷包含着跳转模式，它会根据被调查者的回应，让他们从问卷的一个部分跳到另一个部分。有时候，特别是进行面对面的访谈时，提问过程可能会包括向被调查者展示某些产品或物品，或者根据他们对不同问题的回应而请他们阅读不同的概念或观点。

当需要大量被调查者时，访谈者还经常需要利用计算机管理的显示屏幕，以显示出正在提问的问题以及问题的答案。这使得在不中断提问的情况下进行更加复杂的跳转成为可能。同时，它还消除了大部分后续数据输入要求。

另一方面，独立填写的问卷则需要简单一些、直接一些、条理分明一些。问题 2 应该放在问题 1 的后面，问题 3 应该紧跟问题 2，依此类推。对于独立填写的问卷，其假设是：如果页面非常拥挤或难以阅读，或者完成问卷的说明过于复杂，那么被调查者就不会完成问卷。

据估计，有 50% 的被调查者会着手填写独立完成的问卷，但却没有填完，因为他们对编制问卷的方式感到恼火。因此，在编写独立完成的问卷时，必须保证它很容易填写。这类问卷应该以儿童的心态去编写。

一点建议

编写有效的问卷并不容易，需要进行练习和丰富的经验，但这并不意味着你不应该尝试一下。认真读完本章后，你就会掌握编写可行问卷的工具。

但是，你应该考虑聘用一名调研专家来评估你的问卷，以检查其清晰性和流程，同时确保你提出的问题能够满足你的研究目标。这一工作只会占用一名专家的几个小时，而这笔钱花得很值。

15.1 问题的种类

从本质上说，调研问卷主要是封闭式的。也就是说，答案是预先设定的。封闭式问题是指这样的问题：访谈者对问题的阅读以及可选择的答案都是预先确定的。下面是一个带有可选择答案的封闭式问题的例子：

你对埃克森（Exxon）的评级是什么？你认为它是：（阅读答案清

单，从中选择一个）

一家卓越的公司 ________

一家好公司 ________

这家公司还行 ________

一家糟糕的公司 ________

显然，对这一问题只有这四种可能的回应。

其他调研问题可能是开放式的。开放式问题没有事先设定的答案。访谈者记录下被调查者对问题的回答。“你认为埃克森这家公司如何”这一问题就是开放式问题。

这两种提问技术都能够使答案以列表的形式显示出来，给出特定答案的被调查者数量也可以被统计出来。但是，开放式问题需要一个额外的步骤。需要认真分析对各个问题给出的文字性答案，从中找出共同的回应。然后，对它们进行编码，以便对这些共同的回应进行分组。结果，所有的文字性回应都被编码，而这些共同回应出现的频率就可以被记录下来，就像对结构化问题（structured question）给出的答案一样。

在阅读本章后面的内容时，请记住，只有两种类型的调研问题：封闭式问题和开放式问题。

15.2　电话与现场访谈的问卷

电话与人员访谈的问卷有一个独特的流程——或者说是独特的阶段。它们是：

1. 协作阶段。
2. 被调查者资格认证阶段。
3. 问卷的主体阶段。
4. 人口统计阶段。
5. 感谢阶段。

1. 协作阶段

第一步涉及被调查者同意接受访谈。因为在第一次接触被调查者的时候，他们通常会充满怀疑，因此你所说的话以及你说话的方式会造成很大不同，可以令被调查者立刻说“不”，也可以有机会完成一次访谈。

首先，在进行电话访谈时，接电话的人可能不是你希望访谈的人，如接电话的是男士而你希望对一位女士进行访谈，或者接电话的是一个孩子。最好的办法是要求同家里的男主人或女主人讲话。如果接电话的人问你是谁，就告诉他正在进行一次市场调研访谈。

找到可能适合进行访谈的男士或女士后，你可以利用几种方式获得被调查者的合作：

自我介绍1：您好，我叫__________，来自［进行访谈的调研公司的名称］，这是一家全国性的调研公司。我向您保证这绝不是一个销售电话，也没有人因为您的合作而向您推销任何东西。我可以占用您几分钟的时间吗？谢谢。

点评：此处的目标是快速向对方保证你不会推销任何东西。尽管这是一种标准的方式，而且通常是有效的，但如果你感觉不同的措辞能够更好地实现这一目标，那就使用它。

自我介绍2：您好，我叫__________，来自［进行访谈的调研公司的名称］。我们正在就［话题的内容］进行一次市场调研，时间为［时间长度］。我向您保证这绝不是一个销售电话，也没有人因为您的合作而向您推销任何东西。我可以占用您几分钟的时间吗？谢谢。

点评：许多调研人员喜欢首先向潜在被调查者说明访谈的话题和占用的时间。尽管有些被调查者会在知道话题的内容或在知道访谈所需的时间后中断访谈，但这比调研进行到一半时被调查者因花费时间太长而中断访谈要好一些。一般来说，我们喜欢第2种自我介绍。

自我介绍3：您好，我叫__________，来自［进行访谈的调研公司的名称］。我们正在为［调研发起者］进行一次市场调研。调研的话题是［调研的内容］，将持续［时间长度］。

点评：把调研发起者告诉被调查者通常会加强合作关系。但是，在很多情况下，人们更希望隐瞒发起者的名字，这一点将在本章的后面进行讨论。如果机密性不是一个问题，甚至希望公开调研发起者的身份时，就利用自我介绍 3。

2. 被调查者资格认证阶段

一旦被调查者同意接受访谈，那么你就需要提出一系列问题以确定被调查者是否合格。这被称为“筛选”。就像在焦点小组中一样，大多数调研问卷都拥有一个关键的产业筛选问题。这会马上排除那些态度可能有失偏颇的人，或者就职于竞争产业并且有可能利用你正在进行调研这一事实为他们谋取利益的人。例如，如果你正在对购买计算机的顾客进行一次调研，那么你应该利用下面的关键性产业筛选问题：

> 您或者您的任何家人是否受聘于计算机产业，如计算机的生产商、分销商或零售商？（如果是，则终止）
>
> 您或者您的任何家人是否受聘于营销咨询、直接营销、公共关系、广告、传播设计或营销调研行业？（如果是，则终止）

点评：在这种情况下，调研是针对计算机的，因此上述人员显然不适合进行访谈。当然，你必须确定这些筛选问题对你的调研是必要的，并进行恰当地措辞。

在排除了行业内的被调查者之后，你可能还需要提出其他筛选问题，以确保对方适合完成问卷。如果你正在为一家银行进行活期存款账户的调研，那么可以利用下面的筛选问题：

> 在您的家里，您是决定在哪家银行开立活期存款账户的人吗？（如果不是，那就请求与有决定权的人谈话）

点评：对于你的调研来说，如果有必要的话，现在就应该提出任何适当的问题以确定你正在和恰当的人交谈。不管是针对消费者、专业人士还是 B2B 的访谈，你都不希望在浪费了很多时间向被调查者提问后却发现他并非决策者。

此时，你已经获得了被调查者的合作，并且已经确定对方不存在行业问题，而且是决策者。到目前为止一切顺利！

在进入访谈的主体阶段前，你可能还需要提问一些额外的筛选问题。这些问题反映了你的目标市场要求以及你对谁是需要访谈的重要人选的决定。确定一名目标被调查者是否合格的问题数量是任意的。下面是一些例子：

额外筛选问题1：在过去90天里，您是否购买过办公用品或为家里购买过日常用品？（如果没有，则终止）

点评：如果你代表一家办公用品公司，那么你可能只想对过去90天里购买过办公用品的被调查者进行访谈，因此需要提出筛选问题1，这可以确定被调查者是否适合进行访谈。

额外筛选问题2：您的年龄是否处于25岁和45岁之间？（如果不是，则终止）

点评：如果你只想对处于某一年龄范围内的被调查者进行访谈，则可以使用与筛选问题2类似的问题。

额外筛选问题3：您最常使用哪种品牌的汽油？［如果你代表的品牌（如壳牌）没有被提及，则终止］

点评：调研要求对使用某一品牌或产品的被调查者进行访谈。在这种情况下，就需要提出一个品牌筛选问题，如上面的额外筛选问题3所示。

额外筛选问题4：在未来3个月内，您很有可能还是不大可能购买一台新的计算机？（如果不大可能，则终止）

点评：如果你希望对在不久的将来很有可能购买某些东西的被调查者进行访谈，则需要提出一个筛选问题。在问题4中，目标是只对在未来3个月中很有可能购买一台新计算机的被调查者进行访谈。当然，你应该选择最适合你的筛选时间框架。

额外筛选问题5：在过去6个月中，您是否至少花费了200美元购买葡萄酒供自己饮用或作为礼物？（如果没有，则终止）

点评：你可能希望找到那些在你的产品类别中花钱较多的被调查

者。额外筛选问题 5 表明，在过去 6 个月内，目标被调查者必须至少花费 200 美元。

再强调一次，为了找到一名目标被调查者，通常要提出几个筛选性问题。你可能希望你的被调查者处于某一年龄组，并且是大量购买者。你可能要求被调查者喜欢某一品牌，但在未来 3 个月内可能会尝试一个新的品牌。

在确定目标被调查者时，你应该利用尽可能多的、必要的筛选问题，找出那些意见非常重要的人。

利用筛选问题来设定限额

许多市场调研旨在获得两个或更多个目标市场的信息——换句话说，需要两个或更多个拥有不同筛选标准的小组。在这些情况下就需要确定限额（quota）。限额是指你希望在不同目标细分市场中招募的被访谈者的数量。

筛选问题还使你能够为一名被调查者确定适当的限额小组。例如，再看一看额外筛选问题 3：

> 您最常使用哪种品牌的汽油？（如果壳牌没有被提及，则终止）

你的调研可能需要在那些经常使用壳牌的人中进行 150 次访谈，同时在经常购买另一个品牌的人中进行 150 次访谈。尽管你的筛选问题与最初编写的一样，但此时你不应该中止对被调查者的访谈，而是遵从另外的指示：

> 您最常使用哪种品牌的汽油？（限额：在最常使用壳牌的人中进行 150 次访谈，在最常使用其他品牌的人中进行 150 次访谈）

再看看下面的例子，其目的是筛选不同的目标：

> 在使用复印服务时，您经常使用：
>
> Alpha-Graphics 或其他复印连锁企业如 Kwik Kopy、PIP、Sir Speedy 等
>
> Kinko’s

OfficeMax

Office Depot

Staples

本地复印公司

（限额小组 1：在经常使用 Kinko's 公司的人中进行 150 次访谈。限额小组 2：在经常使用本地复印公司的人中进行 150 次访谈。限额小组 3：在经常使用其他公司的人中进行 150 次访谈）

在上面的例子中，最初筛选出的每个人都有资格进行访谈，并且将被分入一个限额小组中。只有当一个限额小组已经招募到 150 名被访谈者，并且经确认某一被调查者不再需要加入限额小组时，被调查者才会被放弃。

正如你所看到的，问卷的资格认证阶段可能是一个复杂的过程。在这一过程中可能要提出很多问题，通常需要几分钟才能完成。认真思考筛选过程是调研获得成功的关键。

写好筛选问题后，要回过头去检查一个它们是否与你对目标被调查者的要求相冲突。如果它们不能准确地找到你希望访谈的被调查者，那就增加一些问题或改写这些问题，直到它们能够实现这一目标为止。

3. 主体阶段

现在，你已经得到了被调查者的合作，并确定了对方有资格进行访谈，此时就可以进入提问的主体阶段了。定量调研利用不同的提问方法和量表来收集信息。

结构化的提问方法包括：

- 独立问题（stand-alone）。
- 连续问题（in a series）。
- 系列问题（in a string）。

独立问题就是一些孤立的问题或与某种询问模式没有联系的问题。下面是一些独立问题的例子：

- 你最常购买哪种品牌的啤酒？

- 当想到铲车时，你都能想到哪些品牌?
- 最近一次购买汽油时，你在加油站还买其他东西了吗?
- 你在保持汽车正常行驶方面的机械知识如何?

以连续方式提出问题可以被看成是分支问题。当一位被调查者以某种方式回答一个问题时，会触发下一个问题——或分支。分支问题是根据对上一个问题的回答而提出的。

下面的问题 1a 有两个分支问题。问题 1b 和 1c 是分支问题，只有当对问题 1a 的回答为“是”时才会提出，否则被调查者就会跳过这些问题:

1a. 在过去 30 天中，你看到过或听到过任何折扣店的广告吗?
是。
否。(如果否，则转到问题 2)

1b. 在下面的折扣店中，你最经常看到或听到其广告的是哪一家?
(阅读列表，从中选择一个)
好事多（Costco）　__________
山姆俱乐部（Sam's Club）　__________
西尔斯百货（Sears）　__________
塔吉特（Target）　__________
沃尔玛（Walmart）　__________
其他　__________

1c. 你是在哪里看到［问题 1b 中提到的商店］广告的?（阅读列表，从中选择一个)
电视　__________
报纸广告　__________
邮件中的传单　__________
广播　__________
其他　__________

以系列方式提出问题（questioning in strings）是一种经常使用的方法。下面是一些系列问题的例子:

我将向你阅读一系列关于根据目录进行采购的陈述。对于每一种陈述，请说明你是同意还是不同意。(在同意的后面打钩)

根据目录进行采购是一种乐趣 __________

根据目录进行采购经常能够为我省钱 __________

根据目录进行采购比到零售店购买更方便 __________

从目录中进行购买时能够找到一些独特的产品 __________

从目录中进行购买难以退货 __________

这里，访谈人员每次读出一个问题——并应该以循环的顺序读出，以使得在回应中不存在立场上的偏向（position bias）。

下面是另一个系列问题的例子：

我要读出一系列关于目录销售公司的陈述。请说明每一种陈述在决定是否从目录销售公司购买时的重要性。请使用 5 分量表打分，其中 5 分表示“非常重要”，1 分表示“一点儿都不重要”。你可以使用 1 ~5 之间的任何一个数值。

它们可以免费退货 __________

你可以很容易地向它们提出问题 __________

它们销售一些在其他地方买不到的产品 __________

它们的产品总是有货 __________

它们的产品质量最高 __________

在一个系列问题中可以列出几十种陈述、属性或特征。通常，访谈人员读完每一种陈述后，有 10 ~15 秒的回答时间。包含 25 种陈述的系列问题通常可以在 5 分钟或更短的时间内完成，这使得它成为了一种能够针对众多问题快速收集信息的技术。较长的系列问题总是以一种循环的方式展现出来，这使得每一名被调查者都以一种不同的顺序做出回答，因而消除了立场上的偏见。

开放式提问

除了以结构化的方式提问之外，定量调研可能还包含开放式问题

(open-ended question)。开放式问题是非结构化的，没有预先设定的答案。在回答一个问题时，允许被调查者使用自己的语言。下面是一些开放式提问的例子：

1a. 你能回忆起看到过沃尔玛的广告吗？
能。(提问问题 1b)
不能。(跳到问题 2)

1b. 你能回忆起沃尔玛的广告中说了些什么或展示了些什么吗？
点评：访谈人员将严格根据对问题 1b 的表述记录下被调查者的回应。

再举一个例子：

1a. 在过去 30 天内，你曾经根据目录进行过购买吗？
是。(提问问题 1b 和 1c)
否。(跳到问题 2a)

1b. 你感觉根据目录进行购买有哪些好处（如果有的话)？
点评：访谈人员将严格根据对问题 1b 的表述记录下被调查者的回应。

1c. 你感觉根据目录进行购买有哪些不足之处（如果有的话)？
点评：访谈人员将严格根据表述记录下被调查者的回应。

2a. 你如何评价根据目录进行购买？你认为它是：
- 一种极佳的产品购买方式？
- 一种不错的方式？
- 一种还凑合的方式？
- 一种糟糕的产品购买方式？

2b. 告诉我为什么你认为根据目录进行购买是［对问题 2a 的回答］。
点评：访谈人员将严格根据对问题 2b 的表述记录下被调查者的回应。

在被调查者回答开放式问题的时候，访谈人员会逐字记录下他们的评论。开放式问题的主要目标是获得在结构化问题中无法得到的信息。

在你提问开放式问题的时候，一个被称为“编码员”的人必须读出答案，并将回应编入各个答案类别中，即每一个回答都被放入一个类别中。随后，对编码进行列表，并统计出被调查者给出特定回答的百分比。

量表

量表（scale）是调研中使用的最重要的工具之一。它度量的是对一种意见的坚持程度，或者被调查者对一个问题的感受。

顾客的态度很少是完全积极的或完全消极的。供你使用的很多量表不仅能够度量人们持有的最积极或最消极的态度，还能评估处于两个极端之间的不同态度。

量表应该均衡。换言之，它们应该均匀地代表积极和消极的态度。考虑下面的问题和量表：

你对《游击营销调研》一书中这一章的喜爱程度如何？

非常喜欢。
在某种程度上喜欢。
说不上喜欢，也说不上不喜欢。
在某种程度上不喜欢。
非常不喜欢。

回答中的选项非常均衡且公正。被调查者可以选择一个完全积极的或完全消极的回答，也可以选择一个有积极倾向或消极倾向的回答。如果被调查者没有什么特别的看法，还有一个中间的选项供其选择。

考虑以另一种方式提出这一问题：

你对《游击营销调研》一书中这一章的喜爱程度如何？

非常喜欢。
相当喜欢。
有点儿喜欢。
有点儿不喜欢。

非常不喜欢。

这些选项显然偏向于积极的一面。有三个积极的选项，但只有两个消极的选项。即使是“有点儿不喜欢”这一回答也有偏向积极的意味。

再以另一个问题为例：

想一想上一次乘飞机旅行。你认为你乘坐的飞机：

棒极了？

好？

还行？

很差？

4 种回答很均衡。既没有向积极一面倾斜，也没有向消极一面倾斜。

看看下面使用的量表：

想一想上一次乘飞机旅行。你认为你乘坐的飞机：

棒极了？

很好？

好？

还行？

显然，这些回答有一种积极的倾向。即使是“还行”这一个回答也暗示还不错。

在公正的调研中有一些广泛使用的量表。这些量表是一些 4 分或 5 分量表，取决于提供的选项的数量。4 分量表迫使被调查者在某一问题上有这样或那样的倾斜。5 分量表向被调查者提供了一个中间立场。

下面是一个 4 分同意量表。在这个例子中，问题是：

你在多大程度上同意“最大限度地享受生活”这一说法：

1. 完全同意。
2. 在某种程度上同意。
3. 在某种程度上不同意。

4. 完全不同意。

利用一个 5 分量表，你需要在相同的回答选项中加入一个中间立场，如下所示：

1. 完全同意。
2. 在某种程度上同意。
3. 没有什么意见。
4. 在某种程度上不同意。
5. 完全不同意。

使用 4 分量表还是 5 分量表通常是个人选择的问题。有一个学派认为，不管问题是什么，顾客通常都会存在某种程度的倾向，因此迫使他们沿某一方向进行选择的 4 分量表是最有效的。另外一些人认为，被调查者没有意见也是完全合理的，因此应该提供一个中间立场。

通常，这取决于你在对谁进行调研以及问题的本质。如果你认为目标被调查者不大可能提出意见，或者你正在访谈的被调查者对你的话题知之甚少，那就使用 5 分量表。如果你正在访谈的顾客是老顾客，对你的公司或产品都有一些体验，并且能够提出一些意见，那么你可能更愿意使用 4 分量表。

一致性是最重要的。你不能对某些被调查者使用 4 分量表，而对另一些被调查者使用 5 分量表。这会使你无法比较不同目标被调查者的调研结果。

另外，如果你的问卷中有很多系列问题（question strings），那么最好坚持使用一种量表，否则，先使用 4 分量表，再使用 5 分量表（或者反过来），会使被调查者感到困惑。

下面是另外一些 4 分量表或 5 分量表，所有这些量表都没有偏向性，并且能够很好地应用于你的问卷中（取决于你的问题）。

4 分重要性量表：

极其重要。

有点儿重要。

不太重要。

一点儿都不重要。

5 分重要性量表：

极其重要。

有点儿重要。

没有什么意见。

不太重要。

一点儿都不重要。

4 分喜好量表：

非常喜欢。

有点儿喜欢

不太喜欢。

非常不喜欢。

5 分喜好量表：

非常喜欢。

有点儿喜欢。

没有什么意见。

有点儿不喜欢。

非常不喜欢。

4 分满意度量表：

完全满意。

有点儿满意。

有点儿不满意。

完全不满意。

5 分满意度量表：

完全满意。

有点儿满意。

没有什么意见。

有点儿不满意。

完全不满意。

4 分购买量表：

绝对会购买。

有可能购买。

有可能不会购买。

绝对不会购买。

5 分购买量表：

绝对会购买。

有可能购买。

可能购买也可能不购买。

有可能不会购买。

绝对不会购买。

锚定量表（anchor scales）是另一种常用的方法。顾名思义，锚定量表就是利用一个表示最高和最低的词或短语来锁定量表的范围。访谈人员告诉被调查者量表范围的两端，并要求他们在其中选择一个最能描述其态度的数字。问题可能是这样的：

在一个 5 分量表中，5 代表"绝对会购买"，而 1 代表"绝对不会购买"，在 5 和 1 之间，哪个数字能够最好地描述你从 Apex 目录中购买的可能性？

绝对会购买　5　4　3　2　1　绝对不会购买

调研人员喜欢锚定量表，因这他们不必担心一个量表的中点是否代表平衡点。例如，"可能会购买"对不同的被调查者来说可能具有不同的含义。只表达出最积极的点和最消极的点的锚定量表消除了中点处措辞的模糊性。

在难以编写平衡量表的情况下，锚定量表特别有用。例如，假设你正在判断一种新糖块的口味，并希望评估其甜度水平。面对"你如何评价你品尝的糖块的甜度"这一问题，5 分平衡量表可以使用下列表达方式：

1. 太甜了。

2. 稍微甜了一点儿。

3. 刚刚好。

4. 甜度稍嫌不够。

5. 一点儿都不甜。

其锚定量表如下：

太甜了　5　4　3　2　1　一点儿都不甜

正如你所看到的，两种量表都可以评估甜度，但方式不一样。如果在平衡量表中使用“稍微甜了一点儿”或“甜度稍嫌不够”能够明确地说明问题，那就使用这种方法。但是，对于你的研发人员（由他们来调研甜度）来说，这种措辞可能会产生歧义。在这种情况下，锚定量表可能更容易解释。

锚定量表的另一个应用是可以发现更微妙的差别水平。假设你希望评估顾客对家得宝公司（Home Depot）和劳氏公司（Lowe's）价格问题的态度。提出的问题是：请选出能够最好地表达你对家得宝和劳氏公司为其产品定价的态度。你可以利用 5 分锚定量表、7 分锚定量表或 9 分锚定量表，如图 15.1 所示。

5分锚定量表

家得宝的价格极高	5 4 3 2 1	家得宝的价格极低
劳氏的价格极高	5 4 3 2 1	劳氏的价格极低

7分锚定量表

家得宝的价格极高	7 6 5 4 3 2 1	家得宝的价格极低
劳氏的价格极高	7 6 5 4 3 2 1	劳氏的价格极低

9分锚定量表

家得宝的价格极高	9 8 7 6 5 4 3 2 1	家得宝的价格极低
劳氏的价格极高	9 8 7 6 5 4 3 2 1	劳氏的价格极低

图 15.1　锚定量表

三种量表都可以用来有效地评估对价格的态度。但是，由于7分量表或9分量表具有更多的分值，我们观察到微小差别的机会就更大。一般来说，量表中更多的分值意味着调查结果中更多的差别。有人喜欢10分量表，因为其平均值看起来更容易解释。与7分量表或9分量表相比，10分量表中的平均分8分更容易理解。

总而言之，在选择用于问卷的量表时，请记住：

- 选择某一量表更多地取决于个人的偏好，而不是科学原则。
- 一旦选定了一种量表，你就应该始终如一地坚持使用它。如果你想比较来自不同调研中的不同被调查者的数据，那就必须保持量表的一致性。
- 有时候，你对量表的选择取决于你所做调研的类型。例如，如果你正在调查顾客满意度（参见第16章），并希望使用"净促进因素"（net promoter）的得分，那么你就会使用从0到10的11分量表。或者你可能希望将你得到的结果与公司之外的调研得到的结果进行比较。在这种情况下，你就需要使用与外部调研同样的量表。
- 有时候，我们不可能建立一个完全平衡的量表，或者锚点无法准确地代表两个极端。

如果你的量表具有积极的或消极的倾向，那么在不同的调研中反复使用这一量表至少会产生一致的偏向。不管怎样，用同样的观点来解释数据永远都是明智的。

问卷的主体

在编写问卷的时候，一定要记住一些重要的事情：

- 如果被调查者知道了调研的发起者，那么他们在回答后续问题时会受到积极或消极的影响。认真考虑是否以及何时透露发起者的身份。
- 如果无提示问题（unaided question）很重要，那么在提出这类问题之前不要提供关于调研发起人的线索。

- 问卷中的问题通常是按从一般到具体的顺序排列。
- 人口统计信息问题和其他“敏感的”问题应该在问卷的末尾提出。

调研发起者身份的透露

在前面，我们讨论了通过将调研发起者的身份告诉被调查者来获得其合作。在你进行的调研中，当知道调研发起者的身份不会对回答造成积极或消极的影响时，这种做法是恰当的。例如，如果你正在对自己的顾客进行满意度调查，当被调查者知道你就是调研的发起者时，他们更有可能给出诚实、直截了当的意见。不知道发起人会令他们产生猜疑，并不太合作。

如果你正在评估新产品、服务或创意，而公司或品牌的认知（brand identity）以及个性对于这一努力能否取得成功具有重大影响时，那么透露发起者的身份也是恰当的。历史上最丢脸的调研之一是在试图确定如何对“百事挑战”做出回应而进行口味测试时，可口可乐没有表明自己的身份。

通过进行口味盲测（被调查者不知道他们品尝的是哪一个品牌的产品），百事公司“证明了”人们喜欢更甜一些的百事可乐，而不喜欢可口可乐。这些测试是在摄像机前完成的，并成为了百事广告的基础。可口可乐认为其面临的挑战是开发一种口味更甜的竞争性产品。发现这一点后，它就用“新可乐”去试试运气。

“新可乐”失败了，其主要产品“经典”可乐也一样。公司失去了头号可乐生产商的地位。它迅速放弃了“新可乐”，并使“经典可乐”重新上市，很快又成为了品类中的老大。

其后续分析表明，人们在喝可口可乐的时候，并非只是在喝一瓶可乐，他们是在分享与一个可以追溯到几代人之前的品牌的密切关系。

在最初的调研中，可口可乐公司没有能够考虑到“可口可乐”这一名字的力量。在后来的调研中，当告知消费者他们在品尝哪一品牌的可乐时，“经典可乐”的评级显著提高。这是确认发起人对于调研成功至关重要的一个例子。

另一种适合透露发起人身份的情况是调研的话题非常敏感的时候，

在这种情况下，如果被调查者不知道谁会利用这些信息，他们就可能不会全面合作。

但是，对于大多数调研来说，收集信息时都要求不向被调查者透露发起人的身份，至少在部分访谈中要做到这一点。这些调研包括：

- 当你想知道被调查者对一些问题最先想到的、下意识的回应时。这些问题可以是“当你想到汽车制造的时候，你想到的第一个名字是什么”，或者“请告诉我你能想到的社区内所有银行的名字”。
- 当你同一个或更多个竞争对手比较公司、品牌或产品的时候。
- 当你感到预先公开发起人的信息有可能使被调查者产生积极或消极的倾向时，比如，你的公司做了某件事而被报道，提到这件事可能刺激人们发表一些本来不会发表的意见。

无提示问题

调研可能会提出一系列关于公司认知、态度或形象方面的问题。在这种情况下，以一种不提供提示的方式提出问题是非常重要的。“无提示”只是意味着访谈人员不会向被调查者提供任何能够帮助他们回答问题的信息。考虑下面的无提示问题（unaided question）：

- 你能想到的所有销售家居装饰用品的地方有哪些？
- 在过去30天中，你看到或听到做过广告的所有销售家居装饰用品的地方有哪些？
- 你感觉在哪家销售家居装饰用品的商店中购物钱花得最值得？
- 你最经常在哪一家销售家居装饰用品的商店中购物？
- 想一想你曾经在其中购物的所有家居装饰用品商店，在每一家商店中你每年大概花多少钱？
- 你选择一家家居装饰用品商店而不选择另一家的最重要的原因是什么？

反过来，有提示的问题（aided question）也很重要。“有提示”的提问意味着访谈者为被调查者提供了一些信息来回答问题。考虑几个前面提到的无提示问题及与其相应的有提示问题：

无提示问题：你能想到的所有销售家居装饰用品的地方有哪些？（不用读出来。在被调查者提到的后面进行标注）

Ace 五金店　　＿＿＿＿

家得宝　　＿＿＿＿

劳式　　＿＿＿＿

Menard's 家具店　　＿＿＿＿

Tru-Value 五金店　　＿＿＿＿

其他商店（写出来）　　＿＿＿＿＿＿＿＿

有提示问题：（对于无提示问题中未被提到的所有地方，访谈人员应该询问被调查者）：在过去 30 天中，你看到过下列商店的广告吗？

Ace 五金店：　　是＿＿＿　否＿＿＿

家得宝：　　是＿＿＿　否＿＿＿

劳式：　　是＿＿＿　否＿＿＿

Menard's 家具店：　　是＿＿＿　否＿＿＿

Tru-Value 五金店：　　是＿＿＿　否＿＿＿

无提示问题：想一想你曾经在其中购物的所有家居装饰用品商店，在每一家商店中你每年大概花多少钱？（不用读出来。在被调查者提到的后面进行标注）

Ace 五金店　　＿＿＿＿

家得宝　　＿＿＿＿

劳式　　＿＿＿＿

Menard's 家具店　　＿＿＿＿

Tru-Value 五金店　　＿＿＿＿

其他商店（写出来）　　＿＿＿＿＿＿＿＿

有提示问题：（对于无提示问题中未被提到的所有地方，访谈人员应该询问被调查者）：在过去一年中，你在下列商店中花了多少钱？

Ace 五金店　　＿＿＿＿

家得宝　　＿＿＿＿

劳式	________
Menard's 家具店	________
Tru-Value 五金店	________
其他商店（写出来）	________________

与有提示回忆相比，无提示回忆（unaided recall）通常被认为能够更有力地表明某一品牌在顾客头脑中的地位。一般来说，在无提示情况下提及各个企业的顺序将被记录下来，并包含在分析之中。在这一顺序中越靠前越好。理想的情况是：所有被调查者都能够在没有提示的情况下回忆起你的品牌，并在所有提及的品牌中名列第一。

但是，仅仅由于一名被调查者在没有提示的情况下未能提及一家公司、一个品牌或一种产品并不能证明这名被调查者不看重它们。提示性语言能够触发额外的回忆。有提示与无提示提问结合在一起，为我们提供了一个更加完整的被调查者认知、态度和行为的概况。通常，在分析中会将有提示问题和无提示问题的结果结合起来，以创造一个新的变量，如总体品牌认知或总体广告回忆度（advertising recall）等。

问题的措辞

在对问题进行措辞时，请遵循下面的原则：

- 一定要避免能够引起某种倾向性的措辞。
- 考虑这个问题："对于驾驶汽车，你喜欢的是什么？"在这个问题中，有一种内在的假设，即被调查者在某种程度上喜欢驾驶汽车。当以这种方式提出问题时，它会迫使被调查者表达一些他们喜欢的方面。
- 考虑下面这个以无倾向的方式写出的问题："对于驾驶汽车，你喜欢的是什么（如果有的话）？"通过简单地在问题措辞中加上"如果有的话"这一表述，被调查者就不会被迫找出他们喜欢的方面。

下面是另外一些有偏向和无偏向的问题：

- 有偏向的问题：在通过网络购物的时候，有很多重要的因素。

告诉我你认为最重要的因素。**这种说法假设有些因素是重要的**。

- 无偏向的问题：当通过网络购物的时候，有很多因素可能对你很重要，也可能不重要。告诉我你认为哪些因素重要（如果有的话）。
- 有偏向的问题：当有人打电话给你并试图向你推销产品的时候，你直接挂断而不接听的频率是多少？**这种说法假设被调查者会挂断电话**。
- 无偏向的问题：想一想你最近接到的 10 次推销产品的电话。在这 10 次电话中，你是否有直接挂断而不接听的情况？
- 有偏向的问题：在最近一次购买日用品时，你为家里购买了哪个品牌的软饮料？**这种说法假设在最近一次购物中你购买了软饮料，并且假定你去了一个同时销售日用品的地方**。
- 无偏向的问题：在最近一次为家里购买软饮料的时候，你购买了哪个品牌？

在对问题进行措辞时，不要假定被调查者抱有某种态度或以某种特定的方式行事。

将问题或陈述限定在一个关注点上

具有两个关注点的问题是："你喜欢或不喜欢你的牙医的哪些方面（如果有的话）？"面对这样一个问题，被调查者倾向于首先关注最喜欢或最不喜欢的方面。如果恰好有他们喜欢的方面，他们就会不太考虑不喜欢的方面，反之亦然。最好将这个问题分解成两个问题，一个问题只关注喜欢的方面，另一个问题关注不喜欢的方面。

系列问题（string question）很容易在无意间关注多个焦点，因此可能会存在问题。考虑下面的系列问题：

我将向你阅读一系列陈述，这些陈述描述了在选择一家银行时人们寻找的是什么。请告诉我每一种陈述对你来说有多么重要或多么不重要。

银行的工作人员应该友好且知识渊博。**友好是一个关注点，而知识渊博是另一个关注点**。

银行应该长时间开放并在夜间开放。**长时间开放是一个关注点，而**

在夜间开放是另一个关注点。

银行应该提供额外的服务，如可以买卖股票或能够购买人寿保险。**买卖股票是一个关注点，而购买人寿保险是另一个关注点。**

在我想给银行寄信的时候，银行应该提供免邮费服务，同时提供免费的网上银行业务。**免邮费是一个关注点，而免费网上银行业务是另一个关注点。**

当你提出一个具有双重关注点的问题时，你将无法解释其结果。银行应该拥有友好且知识渊博的员工可能是一个很好的想法，但可能不是必需的。成为最友好的银行可以使其与众不同，员工知识最渊博的银行也是如此。

问题的表述应该尽可能直截了当

问题应该明确、扼要，而不应该冗长、啰嗦。如果访谈者需要用两句或更多句话来提出问题，那就可能太长了。下面是来自一份电话问卷的可笑但却真实的问题实例。

> 我将向你读出下面这些陈述，它们涉及你对通过目录购物的态度。通过目录购物是指通过邮寄或电话的方式提交订单，你购买的商品被送到你的家里、办公室或其他地方，或者是通过某种类型的送货服务交给你。我们所说的通过目录购物不是指你通过邮寄或电话下订单，然后亲自到零售店或批发商店去取货。对于每一种陈述，请告诉我你在多大程度上同意或不同意这一陈述反映了你对通过目录购物的感受。
>
> 我们采用了5分量表，其中“5”代表你非常同意这一陈述描述了你对通过目录购物的感受，而“1”代表你非常不同意这一陈述描述了你对通过目录购物的感受。当然，你可以使用其间的任何一个数字，这取决于你在多大程度上同意或不同意这一陈述描述了你对通过目录购物的感受。

这一问题可以简化如下：

> 我将向你阅读一些关于通过目录购物的陈述，通过目录购物是

指你订购的商品被送到你的家里或办公室里。每一种陈述都可以在一个5分量表上打分，其中“5”代表你完全同意这一陈述，而“1”代表完全不同意。

下面是另一个过于啰嗦的问题：

人们可以通过许多不同的方式来描述公司。有些词语比另一些词语更常见。有些是正面的，有些是中性的，而有些则是负面的。我将向你阅读几家公司的名字，每次读一个，然后会阅读一些描述这家公司的词语。每读完一个词汇后，如果你觉得它准确地描述了这家公司，就说“是”，如果你认为它没有准确地描述这家公司，就说“否”。

这一问题很容易进行简化：

我会告诉你几家公司的名称。请你根据我阅读的描述公司的词语来决定说“是”还是“否”。

一定要牢记，被调查者很难记住或理解冗长、复杂的问题。尽管你可能认为长度对于提问一个问题来说很重要，但简短、明了同样有效。

独立填写的问卷

大多数独立填写的问卷（self-administered questionnaire）都是通过邮件或网络送达的。有时候，这些问卷也可能在贸易展览会和乡村集市中计算机控制的资讯亭内分发或填写。在没有访谈人员帮助的情况下由被调查者填写的问卷应该遵循前面讨论的大部分准则。但是，在编写独立填写的问卷时，需要考虑如下所述的一些特殊问题。

简单，简单，再简单

在填写问卷的时候，被调查者很容易被搞糊涂。为了减少混乱，请遵循下列准则：

1. 完成问卷的主要说明应该使这一任务看起来毫不费力，如“回答本调研中的问题只需要在指定的地方画‘✓’即可。请确保回答所有问题。不要跳过任何问题。感谢您花时间回答我们的问题”。

2. 至少使用 12 磅的字来提高易读性。
3. 使用黑体字和/或下划线来强调问题中的重要因素，如“**在过去 30 天内**，你在一家零售店里购买过多少次？”
4. 在问题之间至少要空一行。
5. 同一个问题不要跨页。

减少问题的跳转

不要让被调查者不断地跳转。要按顺序提出问题。一个问题应该尽可能紧跟另一个问题。信不信由你，有 20% 的被调查者不会根据指令从问题 1 跳到问题 3。

有时候，对一个问题的回答需要指定下一个要回答的问题。如果你必须让被调查者跳转到其他问题，那就假定是一名儿童在填写问卷。下面的例子说明了这一心态：

1a. 你曾经去过跳蚤市场吗？（选择一个）
去过。（如果去过，回答问题 1b）
没去过。（如果没去过，转到问题 2）

1b. （如果对问题 1a 的回答是“去过”）你多长时间去一次跳蚤市场？（只在一行上画“✓”）
每周一次或更频繁 ＿＿＿＿＿
每月两次或三次 ＿＿＿＿＿
每月一次或更少 ＿＿＿＿＿

为每一个问题提供一个说明

对于每一个问题，你都应该告诉被调查者需要做些什么。看看下面的例子。

例 1：

1. 在下面能够最好地描述你的一种陈述旁画“✓”。（只能在一行上画“✓”）
我是一名狂热的收藏家 ＿＿＿＿＿
我只对收藏产生过一时的兴趣 ＿＿＿＿＿

我什么都不收藏　______

例 2：

1a. 在过去 12 个月中，你买过多少次礼品？（只在下面的 1a 栏中画“✓”）

1b. 在过去 12 个月中，你在折扣店购买过多少次礼品？（只在下面的 1b 栏画“✓”）

	问题 1a 礼品购买	问题 1b 折扣店
没有购买过礼品	______	______
购买过一次	______	______
赎买过两次或更多次	______	______

例 3：

1. 下面列出的是关于购买礼品的陈述。对于每一个陈述，在能够最好地描述你对它的同意或不同意程度的一列中画“✓”。（请记住，在每一个陈述中只能画一个“✓”）

	完全同意	某种程度上同意	某种程度上不同意	完全不同意
你总在寻找独特的礼品	______	______	______	______
你喜欢怀旧的礼品	______	______	______	______
你喜欢赠送高品质的礼品	______	______	______	______
你喜欢将艺术品作为礼品	______	______	______	______

避免开放式问题

在独立填写的问卷中，被调查者倾向于跳过开放式问题。即使他们真的回答了这些问题，也只是提供一些肤浅的论述。诸如“你为什么喜欢访问墨西哥”或“你对那个广告能够回忆起什么”之类的问题最多只能得到一两个词的回答。花钱得到这些回应根本就不值得。

独立填写的问卷中的问题应该是百分之百结构化的。被调查者需要做的就是在预先列出的答案上打钩。如果你认为需要提问“为什么”，或者需要论文式的问题，那么要么是你没有完成家庭作业，要么是你疯了。实际情况是，在使用独立填写的问卷收集数据之前，你就应该知道你想要量化的答案。

考虑问卷控制问题

你根本无法控制在完成一份独立填写的问卷之前被调查者会做些什么。他们可能会首先通读一遍问卷。在这种情况下，他们会知道你的问卷要解决哪些问题，这有可能影响他们的回答。他们还可能对这些问题经过几天的思考之后才填写问卷。

我们再次考虑一下缺乏控制的问题。如果你认为一个问题可能被误解，那就假设它将被误解，并重新编写这一问题。如果你感觉先回答某些问题有可能影响被调查者对后续问题的回答，那么你很可能是正确的。重新考虑一下提问的顺序。如果保密性非常重要，那就应该确保你已经尽了最大的努力来隐藏调研的发起者。

问卷的长度不是问题

不管问卷有多长，激励被调查者完成独立填写问卷都是首要的任务（第14章在讲述调研类型时讨论了如何获得被调查者的合作）。

我们的经验是，如果问题编写得很好、易于填写且很有意思，那么被调查者就愿意完成一份长达40页的问卷。如果问卷非常杂乱、复杂，那么即使只有两页，他们也会把它扔到一边。

访谈者和独立填写问卷的问题背景

开发一份有效问卷的艺术在于提出问题的背景。背景是问题代表的观点。下面是形成关于服装购买地点的无提示认知（unaided awareness）的几种不同的提问背景：

1. 当你想到为自己购买服装时，你会想到哪些折扣店？
2. 当考虑销售高档服装的折扣店时，你会想到哪些？
3. 当考虑通过目录或网络为自己购买高档服务时，你会想到哪些？

上述每个问题都提供了一种不同的背景，并会带来不同的回答。第一个背景十分宽泛——只是考虑购买服装的折扣店。第二个背景限制在高档服装的范围内。第三个背景更加狭窄，只考虑通过目录或网络购买高档服装。

在编写问题时，讲清楚问题的背景十分重要。你必须确信这些问题会为你提供你想得到的信息。世界上最令人沮丧的感受就是看着被调查者的回答并意识到问题并不切题，因为你没有在正确的背景中提出问题。

后面章节中提出的背景问题（contextual question）可以作为编写问卷的准则。在编写涉及各种话题的问题时，它们都应该有所帮助。在你认为合适的时候利用这些准则。

需要澄清的是，下面的背景问题是针对销售以零售为导向的产品编写的。在涉及消费者导向的公司或 B2B 公司时，应该改变问题的措辞以反映市场状况。换句话说，消费者不是“购买”活期存款账户，而是“选择”一个地点开立活期存款账户。高管们不是“购买”会计师事务所，而是选择会计师事务所。等等。

下列提问背景的例子最适合访谈者管理的问卷。在独立填写的问卷中，供选择的答案作为问题的一部分而显示出来，你不能认为答案是无提示的。如果你正在编写一份独立填写的问卷，应该改变提问背景以反映前面讨论的独立填写问卷的准则。

获得“最先想到的”无提示回应

对于品牌认知：

在考虑［你的产品类别］时，你最先想到的［品牌/公司/产品类型］是什么？

你还会想到其他哪些［品牌/公司/产品类型］？

对于广告认知：

想一想［你的产品类别］，在过去［30 天或其他合适的时间框架］内，你看到或听到做广告最多的［品牌/公司/产品类型］是哪一个？在过去［30 天或其他合适的时间框架］内，你还看到过哪些［品牌/公司/产品类型］做过广告？

对于品牌忠诚度：

当你购买［你的产品类别］时，最常购买的［品牌/公司/产品类别］是哪一个？你还买过哪一种［品牌/公司/产品类别］？

对于品牌流失（brand attrition）：

你不会考虑购买哪一种［品牌/公司/产品类别］？

上述品牌忠诚度和品牌流失无提示问题应该包含一系列品牌、公司或产品类型，以使访谈者可以在答案旁边画"✓"即可，而不必写下回答。

获得有提示的回应

注意：有提示的回应（aided response）既适用于访谈者管理的问卷，也适用于独立填写的问卷，但两者的措辞有明显不同。

对于品牌认知度：

我要提及一系列［品牌/公司/产品］，每次读一个。每读完一个，请告诉我你是否听说过。

对于广告认知度：

我将提及一系列［品牌/公司/产品］，每次读一个。每读完一个，请告诉我在过去［30天或任何适当的时间框架］是否听到或看到其做过广告。

对于品牌忠诚度：

在购买［品牌/公司/产品］时，在过去［30天或任何适当的时间框架］，你是否曾经购买过下列［读出品牌/公司/产品，每次一个］？

对于品牌流失：

对于我读出的下列［品牌/公司/产品］，你会考虑购买哪一个（如果打算购买的话）？

在形成有提示认知（aided awareness）时，访谈者应该只提及在提问无提示问题时没有被选择或被打上"✓"的名称。

下列的情境问题（context question）是为系列问题而编写的。

需要澄清的是，在下面的情境问题中使用了5分量表。其他量表

（如 7 分量表、9 分量表或 10 分量表）同样适用。请参考本章前面的量表部分。

形成关于重要性的认知

当你希望确定一系列特征对于购买者的重要性时，使用下面的情境问题：

> 我将向你阅读一系列关于［产品类别］的陈述。对于每一种陈述，在考虑购买［产品类别］的时候它对你来说的重要性或不重要性如何？"5"意味着极其重要，"1"意味着根本不重要，你可以选择其间的任何一个数字。第一个陈述是［你的陈述］。

形成关于是否同意的认知

当你希望确定被调查者同意或不同意关于你的产品或竞争对手产品的陈述时，使用下面的情境问题：

> 我要向你阅读一系列关于［产品类别］的陈述，并想知道你对每一种陈述的同意或不同意程度。"5"代表完全同意这一陈述，"1"代表完全不同意这一陈述，你可以选择其间的任何数字。第一个陈述是［你的陈述］。

确定公司或品牌概况

当你希望利用一系列陈述来确定公司或品牌的概况时，使用下面的情境问题：

> 我将向你阅读一系列关于［公司/品牌］的陈述。请告诉我你对每一种陈述同意或不同意的程度。"5"代表完全同意它对［公司/品牌］的描述，"1"代表完全不同意它对［公司/品牌］的描述，你可以选择其间的任何一个数字。第一个陈述是［你的陈述］。

确定总体度量指标

调研中包含一个总体态度问题是很常见的——这一问题将获得被调查者对公司、品牌或产品的总体感觉。在对数据进行分析时，总体态度通常被作为一个独立变量（在第 17 章中我们将对独立变量的使用进行进一步解释）。

考虑下面确定总体度量指标（summary measure）的情境问题：

考虑到你了解的一切，你对［品牌/公司/产品］的评级是：

卓越 ____________

优秀 ____________

还行 ____________

糟糕 ____________

考虑到你了解的一切，在一个 9 分量表中你如何对［品牌/公司/产品］进行评分？“9”代表最好，“1”代表最差，你可以选择其间的任何一个数字。

需要澄清一下，在上述问题中使用的量表可以是 7 分量表或 5 分量表，根据你的需要而定。

锚定问题

在确定公司概况或评估对产品的反应时，锚定问题（anchor question）是特别适合的。当被调查者可以看到问题并可以通过画“✓”来进行回答时，则回答这类问题就更容易。下面的例子说明了这一点。当然，你需要插入适合你的品牌或公司的词语：

下面列出的各对词语具有相反的意义。对于每一对词语，请在能够描述你对［品牌/公司/产品］的感受的位置画“✓”。要确保在每一对词语所处的每一行上画一个“✓”。

	5	4	3	2	1	
令人兴奋	____	____	____	____	____	无聊
当代	____	____	____	____	____	过时
独特	____	____	____	____	____	普通
友好	____	____	____	____	____	没有人性
有趣	____	____	____	____	____	乏味
经典	____	____	____	____	____	时髦

需要澄清的是，在通过电话提出锚定问题的时候，你可以使用适合电话的措辞（如“如果你感觉这家公司令人兴奋，则选‘5’，如果你认为它很无聊，则选‘1’，或者选择其间的任何数字”）。另外还可以考虑使用只有两个锚点的量表，如：

更多的是一个令人兴奋的品牌 ____ 或 更多的是一个乏味的品牌 ____

更多的是一个更加现代的品牌 ____ 或 更多的是一个过时的品牌 ____

更多的是一个独特的品牌 ____ 或 更多的是一个普通的品牌 ____

强迫选择问题

如果你正在比较两种或更多种选择，并且想确定是否有一个明确的赢家，那就应该考虑强迫选择问题（forced-choice question）（如比较产品、广告、促销、赠品等的时候）。下面是几个在强迫选择环境下的背景问题实例：

请考虑下面两种赠品，如果你购买一种过去没有品尝过的新品牌的咖啡，你就可以免费得到。哪一种最有可能促使你购买新品牌的咖啡？

赠品 1 __________

赠品 2 __________

一种新口味的可乐饮料即将上市。它将有三种口味。你最有可能率先购买哪种口味的产品？

巧克力味 __________

柠檬味 __________

樱桃味 __________

下面是西尔斯百货的两个广告。请看看这两个广告，并选出你认为最可信的一个：

广告 1 __________

广告 2 __________

价格

为了确定消费者愿意在一种产品上花费多少钱，你可以提问多种问题。“定价问题”的问题在于，如果你直接向被调查者提出一个价格问题，那么他们的回答通常会高估或低估现实。

考虑这个问题：“你愿意为一台新计算机付多少钱?”不管你给出什么回答，考虑到你的需求，你的回答都有可能与你实际付出的价格有很大出入。

最好将定价问题放到一个背景中。如果你正在试图确定一个人愿意花多少钱在豪华酒店度周末，那么你可以按下列方式来构造问题：

> 豪华酒店客房的价格各不相同。在一周中，你最少可以花 200 美元租住一间豪华酒店的客房，也可能要花 600 美元在一家五星级豪华酒店中租住一间客房。如果你想在一家豪华酒店度周末，那么你愿意花多少钱？（记录金额：______）

确定豪华酒店客房价格的另一种方式是利用排除法（bracket approach）。例如：

> 豪华酒店客房的价格各不相同。在一周中，你最少可以花 200 美元租住一间豪华酒店的客房，也可能要花 600 美元在一家五星级豪华酒店中租住一间客房。如果你想在一家豪华酒店度周末，你愿意花 200 美元吗？
>
> 是 ________
>
> 否 ________

（如果回答为“是”，则问被调查者是否愿意花 225 美元。如果回答为“是”，则问他或她是否愿意花 250 美元，并持续以 25 美元为增量提高价格，直到被调查者不愿意再支付更高的价格为止。如果回答为“否”，则问被调查者是否愿意花 175 美元。如果回答是“否”，则问他或她是否愿意花 150 美元，并持续以 25 美元为减少量降低价格，直到被调查者回答“是”为止。）

用向上/向下排除法来确定价格是十分常见的。从一开始，它就设定了一个现实的背景，然后测试被调查者对支付更多钱或更少钱的容忍程度。记住，关于定价问题，对你的产品和利益的描述越真实（即设定一个现实的背景），你就越有可能获得消费者愿意支付的真实价格。

我们需要强调一下，如果你的主要调研是确定消费者愿意为你的产品或服务支付的价格，如果公司的成功取决于获得良好的调研结果，那么你就应该聘请调研专家。对消费者愿意支付的价格有一个现实的评估是调研最困难的任务之一，游击调研新手无法胜任这一工作。

问卷流程

问卷中的问题应该遵循一定的顺序。在认证阶段之后，主要问卷通常会从一般问题转向具体问题。但是，你所能进行的调研种类有很大不同，每一份问卷的目标也不同，因此对于提出问题的顺序来说没有必须遵守的规则。尽管如此，我们还是要提出下面的指导原则：

- 使被调查者每次只关注一个问题。在转到下一个话题之前，如果可能的话，把所有关于某一话题的问题都提出来。例如，不要在询问愿意去哪里购物之后，接着询问购买哪些品牌，然后再询问一些关于愿意去哪里购物的问题。
- 先询问简单的问题。关于行为的简单问题，如购物的频率、购买的品牌或购买的地点，对于被调查者来说很容易回答，因为这些问题不需要很多思考。正是由于这一点，被调查者可以很快地适应访谈。
- 提问完比较简单的问题后，就要提问一些需要更多思考的问题。一旦开始提问简单的问题，就要准备好过渡到需要思考的问题。在被调查者习惯了访谈过程之后，他们并不介意对复杂的问题进行更多的思考。
- 如果告诉被调查者是在为谁进行调研非常重要，那就尽可能推迟告诉他们的时间。有时候，你必须在访谈开始时说出发起者的名字，但如果没有必要，那就不要告诉被调查者。一旦被调查者知道了是谁在进行调研，他们给出的每一个回答就都会存在偏向。
- 将敏感问题留到最后。再强调一次，并不是总能做到这一点，但要知道，敏感问题会疏远被调查者，并使他们退出整个访谈过程。

4. 人口统计资料阶段

人口统计资料问题（如年龄、职位、子女数量、收入以及其他敏感的个人问题）应该放到访谈的最后阶段再提出。在被调查者与访谈人员的关系达到某种程度，并且访谈即将结束的时候，他们更有可能提供一些私人信息。人口统计资料问题应该是一般性的问题，而不是具体的问题。下面是一些例子：

一般性问题：你的年龄：（读出列表）

不到 21 岁 __________
21 ~ 34 岁 __________
35 ~ 44 岁 __________
45 ~ 54 岁 __________
55 ~ 64 岁 __________
65 岁或更大 __________

特殊性问题：告诉我你的年龄。

一般性问题：你的家庭的年收入：（读出列表）

低于 25000 美元 __________
25000 ~ 49000 美元 __________
50000 ~ 74999 美元 __________
75000 ~ 99999 美元 __________
100000 美元或更多 __________

特殊性问题：你的家庭年收入是多少？

一般性问题：你有多少名子女住在家里？（读出列表）

没有 __________
一个 __________
两个或三个 __________
四个或更多 __________

特殊性问题：告诉我你有多少子女住在家里。

尽管在筛选阶段可能需要提出一些人口统计学问题，但那时提出的都是为确定被调查者是否适合进行访谈而绝对必要的问题。

5. 感谢阶段

电话销售人员的骚扰电话损害了市场调研产业，使得很多人不愿意与正当的市场调研人员进行合作。美国营销协会（American Marketing Association，AMA）、调研组织委员会（Council of Survey Research Organizations，CASRO）、美国民意调查协会（American Association of Public Opinion Research，AAPOR）、欧洲营销与民意调研协会（European Society for Marketing and Opinion Research，ESOMAR）都认为，打着进行一次市场调研访谈的幌子来请求被调查者购买某些物品是十分不道德的。这被称为“假市调真推销”（selling under the guise，SUGGING）。

非营利组织、政党和个别政治家也会定期做出一些类似的违反道德的事情——以进行营销调研为借口筹集资金（fund raising under the guise of conducting marketing research，FUGGING）。他们通常利用邮件来做到这一点。

因此，在感谢被调查者抽时间参与调研并与你协作的时候，调研人员可以重申一下被调查者的意见将绝对保密，没有人会因为他们的合作而同他们联系。

第 16 章

顾客满意度调查

不管你是刚涉足调研领域，还是以前就进行过调研，我们都要向你强调理解顾客态度的重要性。将一名潜在顾客转变成真正顾客的营销与销售成本如此之高，仅向顾客销售一次几乎是不可能赚钱的。而且毫无疑问，你能犯下的最大的错误就是在花费了所有的金钱和努力将一名潜在顾客转变成真正顾客之后，却因为他们不满意你的产品或服务而再次失去他。

尽管顾客有时候的确不止一次从你那里购买，但那有可能是因为他们只把你当成了更加方便的临时选择。然而，与顾客保持密切的联系会使你的成本增加，但顾客也会更多地推荐你的产品，而且不大可能转而购买竞争对手的产品——即使是受到低价格的诱惑时。

16.1 评估顾客满意度的方法

评估顾客满意度的方法有很多种。对于某些公司来说，特别是那些通过零售折扣店而不是直接向终端用户销售产品的较小的公司，顾客满意度通常是通过零售商对产品的接受程度来衡量的。但是，生产速动消费品的大型公司如宝洁、雀巢、卡夫、可口可乐以及菲多利（Frito-Lay）则会通过在调研中顾客对其产品的评级来判断顾客满意度。这些规模较大的公司会对零售商店中的顾客满意度进行正式、直接的评估，有时候是通过销售人员或公司负责某一零售客户的销售代表来完成的，而有时候则是通过市场调研来完成的。

当超市、便利店、折扣店、大型零售店、百货店、其他零售店和零售网站在进行顾客满意度调查时，通常依据它们提供的客户服务以及对商店或网站的外观和感觉来进行判断。这可能包括对购物的方便性、购物环境、退货政策、员工的友好性、商品品种数量、营业时间的长短、有竞争力的价格等方面进行评级。在此，顾客满意度的决定因素与环境和员工的关系更大，而与所销售产品的关系较小。

与无数的其他公司一样，大多数 B2B 公司和拥有专业销售人员的公司都会聘用客户服务代表来负责与客户的联系。这类公司的数量不断增加，对于它们来说，顾客满意度十分重要，以至于销售团队和顾客服务人员的奖金通常要根据调研中的满意度评级而不是销售的增长来发放。

16.2　为什么顾客满意度指标十分重要

当今的市场竞争十分激烈，由于产品构思、设计或生产方面的问题和/或客户服务表现不佳（这是顾客满意度的一个关键组成部分）而失去顾客是不可原谅的。在公司的每一位员工的桌子上都应该放上这样一块牌子，不管他们是否经常与顾客接触：

> 吸引一名新顾客的成本是维持老顾客的 7 倍。

另外，我们知道，如果一名顾客不满意，那么适当、适时的调停会使这名顾客重新回到高度满意者的行列中。下面是另一个对员工的重要通告，通过算术的方式说明了保持顾客满意有多么重要：

> 一位不满意的顾客平均会向八个人抱怨，而一名满意的顾客会向三个人讲述他的经历。

花些钱以确保自己留住了你的老顾客应该是调研的第一要务。显然，可靠的顾客满意度调研应该成为你的企业取得成长的基础，而不应该成为资产负债表中的沉重负担。

16.3　多长时间进行一次调研最合适?

在第 4 章中我们讨论了如何开始调研。回忆一下讨论“跟踪顾客满意度”的那段文字是一个不错的着手点。我们需要对其中的要点进行详细说明。

顾客满意度不是静态的。你获得的评级每周、每月或每年都会发生改变。这些改变出于多种原因。下面列出了其中的一些:

- 你或你的竞争对手改变了营销规划的要素。
- 你或你的竞争对手改善了产品或服务。
- 你或你的竞争对手推出了新产品或服务。
- 你启动了一个培训计划，旨在改善销售代表或客户服务代表的行为。
- 如果顾客满意度得分提高，你就会启动一个客户服务代表的奖励计划。
- 有些客户服务代表离开了，又来了一些新人。

为了使顾客满意度调查能够对你的公司产生最积极的影响，评估应该定期进行，并在长期中进行追踪。这使你能够看出你的评分和评级如何对你的营销、产品、客户服务甚至是竞争对手的行动做出响应。

多长时间进行一次调查呢？这个问题没有明确的答案。备用答案是：应该以你可以根据客户满意度的得分采取行动为宜。

有些公司每个月进行一次调查，有些公司每季度进行一次，有些公司半年进行一次，有些公司则是一年进行一次。有些公司甚至在每进行一次销售或拜访后（如汽车、医院）就会进行调查。捷蓝航空公司（Jet Blue）是一家不太大的航空公司，它在每次航班上对6名乘客进行访谈。我们认为，这种调查越频繁越好。

如果每个月都进行追踪，你就能很快地把握变化趋势。正在改善的领域变得很明显，你可以继续努力。同时，你也可以密切关注以前没有发现的问题。借助每月的追踪，你可以迅速理解一些微小的策略变化如何对顾客造成影响。

每个季度进行追踪能够使你评估可能对你的企业造成影响的季节性变化（逐季）。通常，当出现某些对你不利的情况时，每季度进行一次跟踪就足以使你能够采取快速应对措施，而不至于感到措手不及。

每年两次甚至每年一次的追踪至少会令你关注顾客满意度，并使你能够在对待顾客的方式方面做出较大的战略改变。这样一个调研频率也向顾客和员工发出了一个信号：你的公司是一家以顾客为中心的企业，你不允许问题长期恶化。

巨型跨州住宅建筑商帕尔迪公司（Pulte Homes, Inc.）会在很长时期内追踪顾客满意度。在顾客购买房屋之后，它会立即进行调查，并在几年后再进行一次调查，以确保买房人仍然满意。根据公司的说法（《华尔街日报》，2006 年 10 月 30 日），这一策略使得帕尔迪公司的增长率从 2001 年的 20% 提高到 2006 年的 45%。另一家跨州住宅建筑商帕斯奎耐利住宅公司（Pasquinelli Homes）也对顾客满意度进行评估，但要到购买房屋的 12 个月后才进行，因为它认为购买新住房后的喜悦心情会产生误导。它宁可等到房主真正了解了他的房屋之后才进行调查。

16.4　成本因素

我们不会冒昧地告诉你每年应该在顾客满意度调查上花多少钱。这取决于企业的财务状况以及你是否愿意最优先考虑顾客满意度。看一看下面的场景。

假设你有 15000 美元的预算，用于来年追踪顾客满意度。你认为通过电话对顾客进行 5 分钟的简短访谈是最好的方式，能够为你提供所需的数据。你决定利用这笔预算在 1 年中进行 800 次访谈。

你可以按下列方式利用 15000 美元的预算：

1. 一次性完成所有的 800 次访谈，然后等到下一年再进行 800 次跟踪访谈，从而利用一整年的时间来观察你的进步。这一设计为你提供了作为基准的第一年的评级，使你能够为关注的领域设置 12 个月的目标，并看一看第二年实现了何种评级。随后，你就可以为第三年设立新的目标。
2. 在第一年中，分两批完成 800 次访谈。首先进行 400 次访谈，并设立6个月的目标。6个月后，再进行400次访谈并评估你的进展。在第二年中，设立新目标并在6个月后衡量你的进展，依此类推。

3. 在第一年中，分4批完成800次访谈，每个季度进行一次访谈。这使你能够设立更直接的目标并判断你的进展，同时还使你具有更大的灵活性来识别季节性趋势。
4. 在第一年中分12批完成800次访谈。通过每个月进行67次访谈，你可以观察到逐月发生的更加剧烈的正面或负面变化。利用这种方法，每个季度你可能还可以积累并报告一些数据，并且每个季度都能够进行200次访谈，同时获得在统计上更可靠的数据。
5. 如果你的销售量少于800件产品，那么你甚至可以考虑在每次销售后的适当期间内与顾客联系，以评估他们的满意度。
6. 还有其他的选择。利用同样的15000美元，你可以进行更少量但更长期的访谈，这使你能够收集到更加丰富的信息。或者你可以通过完成600次访谈（每4个月进行200次访谈）来降低调研成本。

这些方法都有其积极和消极的一面。你要分析的访谈次数越多，数据在统计上就更可靠，看待某些事情（如顾客的年龄以及其他人口统计特征、在你的产品上花了多少钱、购买的产品等）之间的差别就更灵活。

考虑到更大的样本量，你看待数据的方式只受到你拥有的客户档案信息的限制。访谈越少，就越不能对数据进行“雕琢”以观察人口统计信息和行为方面的差异。然而，在发现主要问题并指导采取快速行动进行挽救方面，较小的样本量也是有效的。

16.5 定义顾客满意度调研

我们已经用了几页的篇幅来谈论顾客满意度调研的重要性，现在我们将正式为它下个定义。实际上，在能够对顾客满意度（或其他任何事情）进行度量之前，你必须给它下个定义。可以通过很多方式来做到这一点。

最常见的定义是：顾客满意度是由消费者做出的售后表现评估。这意味着只有当某个人经历了购买并使用你的产品或服务以及售后问题这一完整的过程之后，才能对顾客满意度进行彻底的衡量。

换句话说，不管潜在顾客对你的公司多么熟悉，都无法进行满意度调查，因为他们还没有购买你的产品。你也不能在那些购买礼物送给别人的顾客中调查顾客满意度，因为他们可能不知道接受礼物的人是否遇到了问题并需要同你的公司联系。同样，你也不能在那些还没有来得及使用产品的顾客中进行满意度调查。

有很多营销调研供应商和咨询公司专门与客户协作进行有效的客户满意度调查，这没有什么让人感到奇怪的。这一领域对于公司来说十分重要，研究人员正在开发独特的用于追踪顾客满意度的方法和提问流程。实际上，这一话题已经变得非常重要，短短的一章内容肯定不能够充分涵盖其内容。

但是，我们可以让你很好地理解这一主题，并为你提供一个很好的入手点。不管你是一家大公司还是小公司，保持顾客满意都是一家企业能够拥有的最好的进攻性和防御性武器。对于游击营销人员来说，这一点更是生存的必要条件。

把写有下面这些字的标牌放在桌子上：

> 经过艰苦且代价高昂的战斗赢得了顾客之后，却因为没有达到他们的预期而又失去他们，这是由游击队员迅速变成猴子的最佳途径。

16.6　衡量顾客满意度

看看下面这个完全虚构的 ABC 航空公司的例子。

提出的满意度问题是：“从总体上看，你对最近一次乘坐 ABC 航空公司的飞机的满意程度如何?”这一关键问题被称为“因”变量，因为答案取决于顾客头脑中关于最近一次飞行的所有感受。

在调研中，这个问题可以用这样的话语来表达：

1. 评价一下你对最近一次乘坐 ABC 航空公司飞机的总体满意度（10 表示最高分，0 表示最低分，选择一个分数）。

   10__ 9__ 8__ 7__ 6__ 5__ 4__ 3__ 2__ 1__ 0__

对这一总体“因”变量进行评级后，顾客还可以对公司一系列“绩效”变量进行评级。航班准时到达、售票人员的友好程度、空中服务人员的专业程度、飞机内的清洁程度等可以用 10 分制来进行评级。

我们假设得到了下面的平均分数据：

最近一次飞行的总体评分	6.5
准时到达	9.0
售票人员的友好程度	4.0
空中服务人员的专业程度	8.0
飞机内的清洁程度	4.0
票价合理程度	6.5

仅观察这一数据，总体 6.5 的评分可以被认为较高，也可以被认为较低，因而它不会为我们提供很大的帮助。当然，在长期内，随着你积累了越来越多的总体满意度评分，你就能够很好地判断这一结果是否可以接受。在此，我们可以得出结论，“准时到达程度”以及“空中服务人员的专业程度”相对较高的得分抵消了“售票人员的友好程度”和“飞机内的清洁程度”相对较低的得分。也许 ABC 公司应该专注于改善评分较低的领域，以期获得总体评分的提高。

我们假设下面的评分来自两个时间点：

	2009 年 1 月	2009 年 7 月
最近一次飞行的总体评分	6.5	7.5
准时到达	9.0	9.0
售票人员的友好程度	4.0	5.5

空中服务人员的专业程度	8.0	7.0
飞机内的清洁程度	4.0	7.5
票价合理程度	6.5	6.5

根据这两组指标，你很高兴地发现你的总体评分提高了，因为6个月前得分较低的两个领域的得分提高了。只有到了现在你或许才能得出结论：如果“空中服务人员的专业程度”的得分不下滑，那么你的总体得分可能会更高。你还可以得出结论：你有办法将“售票人员的友好程度”的得分提高到“空中服务人员的专业程度”的得分。

机票价格方面的评分保持稳定。或许在这段时间内所有的航空公司都在提高票价，因此这一因素不像其他因素一样对总体评分产生较大的影响。

顾客满意度调查还可能是出于设立一个基准的目的而进行。你并非只能够获得上述顾客评分，你还可以获得产业的总体评分并与你的得分进行比较。请注意下面的问题如何使这一比较成为可能：

1. 想一想过去12个月中你所有乘坐航班的经历，其中“10”代表最高分，“0”代表最低分，对你乘坐的所有航班的总体满意度进行评分（选择一个分数）。

   10＿ 9＿ 8＿ 7＿ 6＿ 5＿ 4＿ 3＿ 2＿ 1＿ 0＿

2. 现在，用“10”表示最高分，用“0”表示最低分，对你乘坐的所有ABC公司的航班的总体满意度进行评分（选择一个分数）。

   10＿ 9＿ 8＿ 7＿ 6＿ 5＿ 4＿ 3＿ 2＿ 1＿ 0＿

如果总体航班体验的评分是7.5分，而你的公司——ABC公司——的评分是6.5分，那么你的表现就低于行业总体水平。但是，如果行业的总体评分和你的评分都为7.5分，那么你的表现就与竞争对手相当。这种类型的提问与分析也可以利用“绩效”因素完成。

顾客满意度还意味着你的顾客通过对他们从你那里得到的与他们的期望进行比较，来确定他们的需求是否得到了满足。这意味着需要对问卷进行措辞，以便将他们的期望包含在内：

1. 与你的期望相比，你对最近一次乘坐 ABC 航空公司航班的总体满意度如何（选择其中一个）？

   比期望的好得多 ________

   比期望的好 ________

   与期望的一样 ________

   比期望的差 ________

   比期望的差得多 ________

请注意问题的措辞是如何将实际表现与期望结合在一起的。同样，其他“绩效”变量也可以进行衡量，例如：

2. 与你的期望相比，请给 ABC 公司航班准时到达程度评级（选择其中一个）：

   比期望的好得多 ________

   比期望的好 ________

   与期望的一样 ________

   比期望的差 ________

   比期望的差得多 ________

通过对顾客满意度所进行的研究，我们还了解到，你在情感上吸引顾客的程度是一个重要的总体满意度促进因素，因此我们还建议你提出下面这些问题：

请指出你在多大程度上同意或不同意下面的陈述：

1. 我最近一次乘坐 ABC 公司的航班是一个明智的选择（选择其中一个）：

   完全同意 ________

   在某种程度上同意 ________

   无所谓 ________

   在某种程度上不同意________

   完全不同意 ________

2. 最近一次乘坐 ABC 公司的航班令我十分兴奋（选择其中一个）：

完全同意 ____________
在某种程度上同意 ____________
无所谓 ____________
在某种程度上不同意 ____________
完全不同意 ____________

3. 最近一次乘坐 ABC 公司航班之后，我有一种满足的感觉（选择其中一个）：

完全同意 ____________
在某种程度上同意 ____________
无所谓 ____________
在某种程度上不同意 ____________
完全不同意 ____________

16.7　绩效变量的重要性

不论哪一种顾客满意度衡量方法适用于你的公司，你都需要向被调查者提出一系列问题，以表明某些绩效变量（performance variable）的重要性。

继续以我们虚构的 ABC 公司为例，顾客应邀对准时到达、售票人员的友好程度、空中服务人员的专业程度、飞机内的清洁程度、票价的合理程度等因素的重要性进行评级。

下面是“重要性”问题的一个例子：

> 在一个 10 分量表中，“10”代表极其重要，“0”代表根本不重要，在选择乘坐某一航空公司的航班时，准时到达的重要性如何？（选择其中一个）
>
> 10 __ 9 __ 8 __ 7 __ 6 __ 5 __ 4 __ 3 __ 2 __ 1 __ 0 __

这使你能够理解在更加重要的变量方面你做得如何，并为你提供了一个非常有用的、可以指导你采取后续步骤的网格图，如图 16.1 所示。

	高绩效	低绩效
重要性高	这些变量很重要，我们在这些方面做得也很好。目标是保持这种绩效	这些变量当前被认为很重要，而我们做得并不好。目标是改善绩效
重要性低	顾客认为这些变量不重要，而我们在这些方面做得很好。目标是：或者提高它们在顾客心目中的重要性，或者不再强调这些方面（并节约成本）	顾客认为这些变量不重要，而我们在这些方面做得也并不好。临时目标是什么都不做，但要持续观察

图 16.1　绩效与重要性

16.8　净推荐值

人们普遍相信，如果询问他们是否会向其朋友推荐一家公司，那是在考验他们的可信度。因此，他们很可能会经过认真思考后才给出回答。这种思考的结果使得另一个因变量——净推荐值（net promoter score）得到了广泛应用。

再次以 ABC 公司为例，净推荐值问题如下：

> "10"表示你肯定会向朋友推荐 ABC 公司，"0"表示你肯定不会向朋友推荐 ABC 公司，那么，你如何评价这家公司？

净推荐值是通过从两个最高分（被称为"推荐者"，9 和 10 用粗体表示）减去 7 个最低分（被称为"批评者"，0～6 用斜体表示）得到的。在这一指标中，评分为 7 和 8 的顾客被认为是"被动的"顾客，不包含在计算中。看一看下面虚构的 ABC 公司得分表：

愿意向朋友推荐 ABC 公司：

评分	给出这一评分的比例
10	**20%**
9	**25%**
8	10%

7	10%
6	*5%*
5	*5%*
4	*5%*
3	*5%*
2	*5%*
1	*5%*
0	*5%*

用评分为 10 或 9 的顾客比例 45% 减去评分为 6、5、4、3、2、1、0 的顾客比例 35%，我们就得到了 +10% 的净推荐值，即有 10% 的顾客会向其朋友"推荐"ABC 公司。净推荐值的范围从最高 100% 到最低 -100%。当然，净推荐值的数值越高越好。调研表明，领先企业如西南航空公司拥有 60% 或更高的净推荐值，相比之下，虚构的 ABC 公司的结果比较差。

只得到一个顾客满意度分数（不管是净推荐值还是因变量得分）的关键问题在于：如果单独使用，你就不知道应该采取何种措施来提高这一分数。

16.9 更深入地挖掘

你也许想看一看几个服务行业中的一些总体顾客满意度得分。这些数据来自密歇根大学罗斯商学院的研究，并在 2006 年 10 月 30 日的《华尔街日报》上进行了报道。表 6.1 显示了一系列行业的排名（最高分为 100）。

表 16.1　几个服务行业的总体顾客满意度得分

排　名	行　业	顾客满意度得分
1	快递	83
2	网络零售	81

续表

排　名	行　业	顾客满意度得分
3	因特网搜索引擎	79
4	网络拍卖 财产/灾害保险	78 78
6	网络旅游公司 有限服务的餐厅	77 77
8	健康用品/个人保健用品商店 网络经纪人 互联网门户网站	76 76 76
11	商业银行 百货店/折扣店 酒店 人寿保险	75 75 75 75
15	医院 特色零售店 超市	74 74 74
18	互联网新闻/信息	73
19	能源公用事业	72
20	美国邮政局	71
21	固定线路电话服务	70
22	加油站	69
23	健康保险	68
24	无线电话服务	66
25	航空公司	65
26	有线电视/卫星电视 报纸	63 63

将你的顾客满意度调查结果与你所在行业的基准值进行比较的能力非常有价值，因为它使你能够在一个更宽泛的环境中解释你的销售结果。这一普遍的愿望使得 JD Power 等公司在汽车、住宅建筑和医疗保健

等产业中进行了顾客满意度调查。

因此，满意度调研的来源之一就是从一些机构中购买。建筑商帕尔迪公司和帕斯奎耐利公司都购买 JD Power 公司进行的调研，但它们自己也进行调研，以调查 JD Power 公司没有涵盖的内部问题（正如我们在第 9 章中提到的）。

第 17 章
抽样

让我们暂时回顾一下。与 2008 年的美国总统选举一样，在 2004 年选举中，民意调查无处不在。2004 年，我们进行了一次投票后的民意调查（exit survey），这一调查表明，候选人的品德是决定投票人选择的主要因素，如表 17.1 所示。我们继续写道：

> 简直是废话。世界上的任何一次民意测验或态度调查都会存在与各个数字相关的误差范围（error range），也就是说，每一个数字都存在着误差范围，如果再进行一次同样的调研，那么这一数字会在这一范围内上下波动。

表 17.1　2004 年的投票人选择问题

确定投票人选择的主要问题	选择的比例（%）
道德观	22
经济	21
国内问题	19
伊拉克战争	18
其他问题	20

2004 年民意调查的误差范围［通常被称为“误差幅度”（margin of error）］是 ±4%。也就是说，如果重新进行投票后的民意调查，那么所有的数字都可能上下波动 4%。道德观（moral value）的数值 22% 可能降低到 18%，而伊拉克战争的数值可能会上升到 22%。在统计意义上，2004 年，有 5 个同等重要的因素决定了投票人的选择，而仅将其中的一

个因素当成投票人选择的主要原因会对结果造成扭曲。

17.1　抽样、误差范围与预测

民意测验和调研是一回事，只不过“民意测验”通常是指政治研究。因此，涉及民意测验和调研的抽样理论是一样的，而且十分简单。

如果你要对 300 人的样本进行访谈，你可能希望确保他们的回答与另外 300 次访谈、其后的 300 次访谈中得到回答是一样的（假设抽样方式以及问题是一样的）。简言之，你希望你的样本能够准确预测整个目标总体所持有的看法。

民意测验和调研都力图确保从一个相对较小的样本中得到的回答与你扩大样本量并对所有人进行访谈时得到的回答相同。这被称为“可推广性”（projectability）。

请注意报纸或杂志上报道的调研的样本量。许多调研结论是根据 400 名被调查者这一较小的样本量得出的。这是因为，抽样理论的整个基础依赖于这样一个不容争辩的事实：通过对少量精选的被调查者进行访谈，其结果可以代表众多没有被选择进行访谈的人——但总是处在一个特定的误差幅度范围内。

误差幅度也被称为“置信区间”（confidence interval）。如果以完全相同的方式进行第 2 次、第 3 次或第 100 次调研，那么得到的数值可能会在这一区间内波动。实际上，每一次调研中得到的所有数据都存在一个误差范围。

如果你认为你可以通过多种视角来观察从调研中获得的数据，以推动你的政治目标的实现，或者促进营销决策的制定，那就是在骗自己。必须考虑误差范围，并利用误差范围来确定最优样本量，以及何时对数据进行分析和解释。

表 17.2 显示出了在 95% 置信区间内给定样本量的误差范围。

表 17.2　误差范围

调研样本量	误差范围（±%）*
2000	2
1500	3
1000	3
900	3
800	3
700	4
600	4
500	4
400	5
300	6
200	7
150	8
100	10
50	14

* 假设95%的置信区间。

看一看150的样本量，在95%的置信水平上，误差范围为±8%。这意味着，如果有60%的被调查者声称他们喜欢你的产品的口味，而40%的人声称不喜欢，那么就存在着一个在统计上可靠的差异。考虑到8%的误差范围，60%最低可能会达到52%，40%最高可能会达到48%。因此，你有95%的信心认为，如果向世界上的所有人进行提问，你仍然会发现喜欢这种口味的人多于不喜欢这种口味的人。

同时，你应该能够看出，随着访谈人数的增加，误差范围的减少有多么微小。对300名而不是150名被调查者进行访谈，误差范围只下降了2个百分点，即从8%下降到6%。对400名而不是300名被调查者进行访谈，误差范围仅下降了1个百分点。

调查采用相对较少的被调查者数量的原因是：有时候，没有理由花费更多的金钱来对更多的人进行访谈。数据的精确度也不会有较大的提高。

但是，这种想法仅适用于总体样本（total sample）。如果你对 200 名被调查者进行访谈，误差范围是 ±7%，但如果你的样本中包含 100 名男性和 100 名女性，而你希望知道在不同性别之间有什么差别，那么误差范围就会上升到 10%。

如果你希望在同一调研中对年轻女性和老年女性进行调查，那么误差范围将会非常高，因为你需要将 100 名女性拆分成更小的样本。由于这些原因，一般来说，调查通常需要较大的样本量，因为重要的不仅仅是所有被调查者的意见，子目标群体常常也十分重要。因此，你需要充足的样本量分析子目标群体的意见，并具有充分的统计可靠性。

关于置信水平的几句话

很不幸，百分之百地确信数据会落在样本量的误差范围之内是永远都不可能的。如果你再次进行同样的调研，总有可能发生一些奇怪的事情，数据会偏离误差范围。在现实世界中，能够在 95% 的置信水平上获得数据，其中数据错误的概率只有 5%，这已经很好了。

有意思的是，在我们刚开始从事调研工作时，客户通常都会坚持 99% 的置信水平，有时候这需要极大的样本量和更高的调研成本。现在，95% 已经成了标准的置信水平，许多客户满足于 90% 甚至 80%。调研人员和营销人员降低对置信水平的重视程度，是因为达到 99% 置信水平所需要的更大样本量以及增加的成本并没有为调研增加很多的价值。

让我们这样想一想。如果你必须制定一个与大笔资金有关的决策，你需要在知道可能有 1% 的机会或者 5% 的机会出错后制定决策吗？对于我们来说，将出错的机会控制在 1% 而不是 5% 所增加的调研成本不会改变我们的决策。

当然，如果知道你的决策有 1%、5%、10% 甚至 20% 的机会出错并不会为你带来足够的胜算，那还是节约一些调研费用吧。

17.2 确定样本量

确定一项研究的适当样本量是围绕着一系列因素进行的。下面讲解一下这些因素。

误差范围

这是最大的猜测。如果你十分肯定调研会显示被调查者的态度有很大不同，那么你就可以很有信心地选择拥有较大误差范围的较小样本量。

例如，假设你正在进行一次调研，以确定在选择家庭装饰用品商店购物时最重要的属性。表 17.3 显示出了两个样本组对一系列购物属性的评分。从中我们可以看出，不管样本量大小如何，同样比例的被调查者将同样的属性看成是最重要的。

表 17.3　根据样本量划分的属性重要性

属　性	最重要属性的评分（含误差范围）	
	样本量为 150（%）	样本量为 200（%）
便利性	72 – 80 – 88	73 – 80 – 87
价格	42 – 50 – 58	43 – 50 – 57
选择	37 – 45 – 53	38 – 45 – 52
一站式购物	27 – 35 – 43	28 – 35 – 42
销售知名品牌	12 – 20 – 28	13 – 20 – 27

如果你知道在调研中“便利性”将占主导地位，你就可能会选择150 的样本量。样本量为 150 时的误差范围为 8%，“便利性”的百分比为 80%，但可以低至 72%。如果“价格”的百分比由 50% 上升到58%，“便利性”仍然比“价格”重要得多。

但是，在样本量为 150、误差范围为 8% 的情况下，你并不能得出这样的结论：“一站式购物”比“销售知名品牌”更加重要。在此，

35% 可以低到 27%，而 20% 可以高到 28%，这表明这一数字在统计上是没有差别的。然而，在样本量为 200 时，误差范围为 7%，此时在统计上就存在差别。不幸的是，在确定你的调研样本量时，“事后诸葛亮”是不可行的。

分析子集

在上述例子中，我们假设只有一个目标市场是重要的，即一般性的家庭装饰用品商店的购物者。在这个例子中，你希望访谈的最小样本量为 150。

但是，如果你希望确定家庭装饰用品的男性购买者与女性购买者的态度是否存在差别，或者年轻购买者与老年购买者之间的态度是否存在差别，你的样本量可能至少需要增加到 300。此时，你可能希望对 300 名被调查者进行访谈：150 名男性，150 名女性，而且在这些分组中各有 75 名年轻的被调查者和 75 名年老的被调查者。在评估这些通过不同样本量获得的数据时，你应该以合理的统计准确程度确定各个目标细分的态度是否存在重大差别。

成本

显然，访谈的被调查者越多，数据的误差范围就越小。同样，样本量越大，调查的成本也就越高。这一事实迫使人们确定优先顺序，并做出妥协，因为人们总是要在能够承受的成本和最优样本量之间进行权衡。

理论与实践

有许多图书和文章讲述了如何为市场调研确定适当的样本量。如果你是一名狂热的统计学爱好者，你可能会花费几个小时来研究随机分层抽样（random stratified sampling）而不是定额抽样（quota sampling）、无应答偏倚（non-response bias）、低应答偏倚以及其他几十种会令你的调研陷入混乱的因素。

在你学完所有该学的有关抽样的内容后，你很有可能只剩下摇头了。你很有可能得出结论：严格坚持科学抽样原则在商业市场调研的领域中是不可行的。如果坚持这些原则，你可能会发现这样做的成本太高了。

这并不是贬低理解良好抽样过程的重要性。专业调研人员必须知道这些过程造成的影响。我们假设你想从事调研这一职业或者成为一名抽样专家，因此我们将告诉你一些实用的抽样原则。

在成千上万次调研中，我们已经建立了一些关于样本量的一般性原则。它们是：

- 对于基本战略研究来说，最小样本量为600。在观察不同目标细分市场的数据时，这一样本量将提供灵活性。对于游击营销人员来说，基本不需要进行样本量大于1000的调研。一般来说，那些希望理解众多不同顾客或潜在顾客态度的大公司才会进行如此大样本量的调研。
- 如果不进行战略研究，那么对于大多数调研来说，其可靠的样本量为300。样本量超过300并不能带来更低的误差范围，不值得为其增加成本。
- 一般来说，150的样本量对于较小规模的战术性研究（如广告传播、产品或包装研究）来说是适合的。这些调研只需要对两三种选择进行测试，而且通常只需要对一个目标细分市场的数据进行观察。
- 样本量低于100很危险，如果可能的话，应该尽量避免。±10%的误差范围被认为非常大，只有在回答的变化范围很大时才能产生有效的统计差异。当相对差异很小时，样本量为100不会提供在统计上显著的数据。

代表性抽样

不管你尝试采用何种抽样程序，你都希望你访谈的那些人的回答与没有访谈的那些人的回答是一样的。这意味着你会尽一切努力获得一个有代表性的样本。

如果你向 10000 个人发出了邮件问卷，只有 5% 的人回应，那么你的样本量就是 500，如果孤立地看，那么就可以认为这一样本量足以进行一次调研，但是，在只有 5% 回复率的情况下，你肯定会质疑 500 人的样本量是否具有代表性。关于这一点，基本问题是：没有回复问卷的 9500 人的态度是否与回复问卷的 500 人的态度一致。这就是第 14 章中讨论的无应答问题（non-response problem）。

面对如此低的回复率，你可能会怀疑那些回应者别有企图，并且在回答问卷时过度消极，或者也有可能过度积极。也许他们特别积极，并提供过于乐观的回答。也许这些顾客在人口统计学上并不合格，他们填写问卷只是因为没有什么更好的事情可做。

在进行电话调研时，形成代表性样本同样也是一个问题。假设你想要完成 300 次电话访谈，而你有一份列有 10000 个电话号码的清单，这些人都有可能有资格接受访谈。你希望确保你聘用的电话访谈公司有一种软件可以随机拨打这 10000 个号码。这会保证所有的 10000 个号码拥有相同的机会成为你最终的 300 个样本之一。

良好的抽样通常意味着目标对象中的每一个人都拥有相同的被访谈机会。同时，它还可以保证回应率足够高，以确保那些你没有访谈的人与你访谈过的人具有相同的态度。

17.3　获得高回应率

获得代表性样本在很大程度上取决于回应率。如果在 100 个人中只有 5 个人（5%）同意回答你的问题，不管是通过电话、邮件或网络，那么你很有可能认为人们的回答具有偏向性。但是，如果有 30%、40% 或都多的人同意接受访谈，那么你就可以更有信心地认为自己减少了潜在的偏向性。

如果以正确的方式接触被调查者并为他们提供足够的激励，那么愿意提供意见的人数会超出你的想象。

接触被调查者

我们在前面讨论了如何接触被调查者以便在访谈中得到他们的合作。除了保证不向他们销售任何东西并告诉他们这一调研的发起人外，一些无形的东西（如访谈人员的语气以及在方便的时候拜访被调查者）同样也很重要。

假设你正在进行一次电话调查，你需要就获得随机样本这一问题同你的电话访谈公司进行讨论。记住，如果你能向他们提供适当的激励，那么你几乎可以鼓励任何人对调研做出回应。通常，这意味着花更多的钱。

17.4 抽样准则

下面是一些准则。

电话

如果你的问卷需要20分钟或更短的时间完成，那么通常不需要提供激励。但是，如果问卷需要20分钟或30分钟完成，那么一般来说5美元的激励就足以保证被调查者不挂断电话。对于时间更长的访谈，激励应该相应增加：35分钟需要10美元，40分钟需要15美元，等等。

但是，请记住，你提问的目的，以及你要寻找的被调查者的类型，还有他们认为其时间的价值，都会影响激励的数量。对于那些使用常用的产品和服务的顾客来说，较少的激励就足够了，因为找到这类人进行访谈的成本并不高。在接触那些使用不常见产品的顾客时，提供较高的激励是明智的，因为一旦你发现他是一名合格的顾客，就不希望失去他。

另外，在通过电话对专业人士（如律师、医生、企业主、代购人员或各种企业管理人员）进行访谈时，激励通常会较高。从每次访谈提供75美元开始，但如果事实证明这一激励不够多，那就要准备好多花些钱。在对专业人士进行访谈时，提供超过100美元的激励也很常见。例如，占用内科医生10分钟的时间需要支付250美元。

邮件调研

大部分通过邮件进行的调研在你寄出问卷的时候都应该包含少量的激励。我们发现，一张崭新的2美元钞票就能够吸引人们的注意力并刺激他们做出回应。当问卷相对较短的时候（2~3页，或者4~6面的问卷），1美元就够了。在问卷被寄回来后提供额外的激励同样也会极大地鼓励人们做出回应。在消费者中进行的大部分调研中，5美元或10美元是很常见的。

再强调一次，你应该提高对专家的激励，以形成一个良好的样本。我们发现，大多数情况下，为了从顾客那里收回填写完整的问卷，你最高可以承诺支付20美元。抽取更大的奖项或者承诺向慈善机构捐赠对于B2B被调查者来说也是有效的。

对于第一次从事邮件调研的游击营销人员来说，利用不同的激励进行若干次试邮寄（pilot mailing）是明智的。向一个样本群体邮寄100份问卷，内含1美元，收到寄回的问卷时再支付5美元。向另一个样本群体邮寄100份问卷，内含2美元，收到寄回的问卷时再支付5美元。如果问卷比较长，比如说6页（12面），那就放入2美元，并承诺收到寄回的问卷后再支付10美元。先对不同的激励进行测试总是一种明智的做法，并会为你提供在未来的邮件调研中所需的信息。

因特网调研

在利用你拥有的电子邮件列表进行因特网调研时，只有当问卷完成后才需要支付激励。通常，为邮件问卷提供的激励也适用于因特网问卷。然而，找到一家专门进行因特网调研的公司咨询一下激励水平是明智的。因特网的优势是：你几乎可以每天测试不同的激励以使回应最优化。

对于某些专业性团体（如组织成员、捐赠者、销售代表或经销商）

来说，可能不需要激励。团体的联系越紧密，参与的热情越高，则越有可能不需要激励。一般来说，日用消费品的客户和潜在客户没有被过多地包括在调研中，以避免提供激励。奢侈品（如豪华汽车）的所有者以及 B2B 客户是否需要激励取决于这些被调查者的数量。

17.5 样本的来源

在进行调研时，从哪里获得调研样本永远都是一个问题，换句话说，就是在哪里能够找到你希望听取其意见的被调查者。获得样本［在调研的术语中被称为“抽样框架”（sampling frame）］的来源很多，下面我们只讨论其中的几种。

内部顾客清单（in-house customer list）是一个常用的抽样来源。理论上，你应该掌握了选择样本所需的所有信息：完整的联系信息（包括电话号码、电子邮件）、购买行为的信息、性别等，这取决于你的系统的复杂程度。

但是，请记住，你需要设计一种方法来选出一个随机且无偏（unbiased）的样本。

假设你有 6000 名顾客有资格接受调研，而你估计你最终需要的样本量为 200。你进一步估计，在你希望接触的那些人中，有 10% 可以在一个合理的时期内联系到，并愿意参与调研。下面是计算方法：

100%/10% =10，这表明你每联系 10 名顾客就可以完成一次调研。

10 ×200 =2000，这是你需要为调研选出的姓名数。

6000/2000 =3，这意味着在客户列表中，每隔 2 个就要选出 1 个。

其他内部列表（如过去的顾客、潜在顾客、销售代表、经销商，甚至供应商）也是一个很好的样本来源。

多年前，电话簿曾经是一种比较好的消费者和某些类型企业的样本来源。但近年来，由于未列入电话簿的电话号码越来越多，而且许多年轻的消费者只使用移动电话，电话簿的代表性越来越低，作为样本来源，它不像以前那样有用了。

相反，人们现在更常使用一种被称为“随机数字拨号”（random digit dialing，RDD）的技术。利用 RDD 技术，你可以生成一系列电话号码，这些号码或者列在电话簿上，或者没有列在电话簿上。你可以从一些公司那里购买 RDD 样本，也可以在一些网站上获得这类样本。

专业目录（professional directory）是商业目标样本的良好来源，这些目录中有很多可以通过印刷品或电子的形式获得，包括商业协会、专业社团以及志愿组织的成员名录，全国性协会的本地成员列表，教师名录，等等。

商业杂志订阅者（trade magazine subscriber）也是一个常见的抽样来源。在使用这种方法时，你可以非常有信心地认为，订阅者很有可能有参与调研的资格，因为他们显然与你的产业关系密切。通常，你还可以根据商业杂志订阅者的头衔、职业、地理位置来选择样本，这就使得你更容易接触到你想要访谈的人。

杂志将订阅者看成是其主要资产，对于提供订阅者姓名的使用权会非常谨慎。尽管有些杂志会轻易地开放其订阅者名单，但很多杂志只向声誉良好的第三方开放其名单。它们这样做是为了限制订阅者名单的使用权。而第三方则需要为你的市场营销调研而打电话、邮寄或发电子邮件。

许多消费和商业杂志都拥有自己的调研部门，它们愿意进行调研并收取合理的费用。如果它们的订阅者名单能够很好地满足你的需求，而且你选择从它们那里购买这些调研而不是自己进行，那么这可能是一种十分经济的方法。

请注意：如果你在一本消费或商业杂志上做广告，而这一杂志拥有自己的调研部门，你也许可以免费完成这些调研。大多数杂志都为其广告客户提供“商业信用”，如免费参加杂志主办的贸易展、免费“测试”你的广告在其出版物上的表现，以及免费市场调研。它们经常定期在其订阅者中进行调研，以支持其编辑人员，如果你是一家当前的或潜在的广告客户，它们通常愿意在调研中加上一些你的问题。

通常，调研样本都是从专门向调研公司和营销人员提供此类信息的公司购买的。这些公司被称为“名录经纪人”（list broker），在任何搜索引擎上输入这个关键字，或者在商业电话目录的相同标题下查询，你都能很容易地找到这些公司。

名录经纪人之间的竞争很激烈，一定要多联系几家，以获得最优的价格。有些经纪人只销售自己专有的名录，而有些经纪人则经销上千种可以获得的名录。如果你认真地定义了你想从名录经纪人那里获得哪些样本，那么两种类型的经纪人都能满足你的调查需求。

除了提供 RDD 样本外，某些公司还会按照你的要求提供其他样本。或者你希望样本是年轻消费者而不是老年消费者，是受过高等教育的，甚至是使用某些品牌的产品或者驾驶某些特定型号汽车的消费者。有些公司可以为你提供不同类型被调查者的姓名、地址和电话号码，以便于你找到他们。

大多数名录经纪人的最低收费是 500 美元，花这么多钱你最多可以得到 4000 个姓名和地址。一般来说，要想获得电话号码，还需要多付一些钱。如果你需要的人名超过 4000 个，那么每增加 1000 个，他们会收取 125 美元左右的费用。如果你只需要 2000 个人名，那么你仍然需要支付最低价——500 美元。如果你需要 5000 个人名，那么你就要支付 625 美元。这些人名只能使用一次。要购买在 1 年内无限次使用的名单，你需要付更多的钱。

再强调一次，经纪人、杂志和行业协会销售的名录被认为是一种资产，销售者拥有安全系统，以防止滥用。有些组织在销售给你的名录中会埋下“种子”，这些“种子”的名字是错误的，以便检查你与人们联系的次数是否超过合同规定的次数。有时候，他们会要求评估你的问卷，以确保你正在进行合法的调研，而不是试图向人们销售某些东西。

再提醒你一下：如果你为自己的调研聘用了一家全方位调研提供商，那么它会将提供合格名录的费用包含在其报价中，你不必单独支付这一费用。

第 18 章

数据的组织

调研要求对问题的答案进行汇总，以便进行有效的分析。完成这一任务最常用的方法是利用一种被称为“交叉表”（cross-tabulation）的数据处理工具。

对调研数据进行制表的费用已经降低到了历史最低点，即使是进行电话调研时也是如此。过去，打孔机的操作员需要用手工对每一份问卷中每一个问题的答案进行打孔。尽管这一处理过程的人工成本相对较低，但这是一笔必然要发生的成本。而且，正如我们在前面提到的，这一过程会造成少量的数据错误。

今天，有些调研仍然需要纸质的问卷，因而需要手工数据输入。现场访谈、购物中心现场采访、邮寄问卷是最常见的例子。在后一种情况下，同你的调研提供商进行某些事先的规划可以使你的问卷适合进行光学扫描——这可以为你省下时间和金钱。

但是，今天，实际上所有的电话、互联网和 IVR 数据收集公司在进行访谈的同时就可以将来自问卷的数据输入到交叉表软件中，这不仅使得调研的速度更快、更容易且更加准确，而且还消除了任何类型的数据输入错误。

交叉表的成本取决于问卷的数量以及问题的数量。问卷较长、样本量较大的调研在数据处理上可能要花费 2500 ~ 3000 美元，特别是在需要键盘输入或开放式问题编码的情况下。但更常见的情况是：调研的规模较小，数据处理支出要低得多。再强调一次，通过消除手工键盘输入，你最多可以省下 50% 的成本。

18.1 交叉表的设计

为了使数据以能够满足你的需求的方式显示出来，你就应该对交叉表进行设计。设计交叉表有助于你确定如何对数据进行“修剪”，即如何根据你所提出的问题对数据进行排列。从根本上说，交叉表显示出了数据的组织及呈现方式，并可以作为提交给数据处理公司的文档，这样它们就可以按你希望的方式来准备交叉表了。

在设计交叉表时，你需要假定数据中的哪些字段对于分析来说可能会比较重要。显然，你需要将所有数据都列出来。如果你的样本量是600，你就需要看一看所有600名被调查者是如何回答所有问题的。但是，你最重要的发现很可能不是在总体数据中获得的。

爆米花调研

假设你已经就爆米花的话题对600名被调查者进行了调研。你的总体目标是：

理解在选择一个品牌的爆米花而不选择另一个品牌爆米花时的重要影响因素，并确定食用者对市场上各爆米花品牌的重要因素的感知程度。

具体目标如下：

- 不同市场细分对重要态度有何不同看法——爆米花的大量食用者与少量食用者、大家庭与小家庭等？
- 不同品牌的购买者是否对重要的因素具有不同的态度？
- 那些经常购买微波炉爆米花的人与自己从头开始制作爆米花的人是否具有不同的态度？
- 对潜在的新口味爆米花有什么意见？新口味会带来更多的爆米花消费量吗？

交叉表的含义

交叉表的设计应该反应调研的总体目标和具体目标。由于总体目标是确定品牌的认知，因此你希望看一看人们对市场上各主要品牌的认知程度。这说明你应该按品牌对数据进行列表。假设你最感兴趣的主要品牌是 Orville Redenbacher、Paul Newman 和 Pop Secret。

对于具体目标（不同市场细分对重要态度有何不同看法——爆米花的大量食用者与少量食用者、大家庭与小家庭等），在设计交叉表时首先应该对爆米花的大量食用者和少量食用者进行定义。在问卷中，你当然要提出一个与在家里食用爆米花的频率相关的问题。

在进行交叉表设计时，在你制定关于这一设计的最终决策之前，首先要求为你开发交叉表的公司就某些问题提供总数（这应该是免费的）通常是必要的。

表 18.1 显示了你可能提出的关于爆米花消费的问题，以及可能得到的典型回答。

表 18.1　爆米花消费的例子

你多长时间在家里制作并食用一次爆米花？	%
每天	3
每周 4 ~6 次	5
每周 1 ~3 次	10
每周大约 1 次	20
每 2 周 1 次	25
每 3 ~4 周 1 次	20
每月 1 次	10
每月不到 1 次	7

平均值 = 每 6.6 天 1 次

大量食用者与少量食用者可以通过将样本简单地划分为高于平均值和低于平均值来进行定义。在此，平均值为大约每周 1 次。因此，你可以决定将数据分为两组，将那些每周食用 1 次或更多次爆米花的人定义为大量食用者，每周食用次数少于 1 次的人定义为少量食用者。

根据表 18.1，我们的划分将产生 228 名大量食用者（将 3%、5%、10% 和 20% 加在一起，再乘以 600 名被调研者）和 372 名少量食用者

(将其余的人加在一起)。

另一种方式是根据回应的频率做出判断。你可以将一些分组合并在一起。将每周食用 3 次或更多次的人合并在一起（总计 18%），得到 108 名被调查者，这是一个很好的被调查者群。你还可以将每周食用 1 次和每两周食用 1 次的人（45%）合并在一起，共计 270 名被调查者。还剩下 37%，总计 222 名被调查者。

这一方法将为你提供 3 种不同食用者的定义：

1. 大量食用者 = 108
2. 正常食用者 = 270
3. 少量食用者 = 222

如果你希望根据家庭规模、收入等来评估数据，那么你可以遵循相同的流程。

在确定如何组织与评估数据时，你必须做出一系列重要的判断。在这些情况下，方法很少有对错之分。如果分析显示各个组别中存在着重大差别，那么决策以及你可能采取的行动通常是根据常识来确定的。

另一个具体目标是确定经常食用微波炉爆米花的消费者与自己从头制作爆米花的消费者在态度上是否存在差别。因此在设计交叉表时，你应该按微波炉爆米花的消费者和从头制作爆米花的消费者来组织数据。

问题是如何做到这一点。由于许多家庭既用微波炉制作爆米花，也自己从头制作爆米花，因此你应该在问卷中就此提出几个问题。你可以这样问：

> 在家里，你最常用哪种方法制作爆米花——购买微波炉爆米花还是从头制作爆米花？

也可以这样问：

在家里，你吃微波炉爆米花的频率如何？

每天 __________

每周 4 ~ 6 次 __________

每周 2 ~ 3 次 __________

每周大约 1 次 __________

每 2 周 1 次　　＿＿＿＿＿
每 3 ~4 周 1 次　　＿＿＿＿＿
每月不到 1 次　　＿＿＿＿＿

在家里，你自己从头制作爆米花的频率如何?
每天　　＿＿＿＿＿
每周 4 ~6 次　　＿＿＿＿＿
每周 2 ~3 次　　＿＿＿＿＿
每周大约 1 次　　＿＿＿＿＿
每 2 周 1 次　　＿＿＿＿＿
每 3 ~4 周 1 次　　＿＿＿＿＿
每月不到 1 次　　＿＿＿＿＿

如果在确定购买微波炉爆米花还是从头制作爆米花时你采用这一系列更加复杂的问题，那么你就能够更准确地对数据进行组织，分析也会更深入。

18.2 行列表格

在完成了交叉表的设计后，你或你的调研提供商就需要根据具体要求准备数据。最终得到的结果是一份包含所有问题的问卷，问题的排列和安排方式可以帮助你理解这些数据。同时，你还需要理解“标题行变量数”和“问题列”的概念。

“标题行变量数”（banner points）指的是排列在表格顶部的变量数量，如总计、大量食用者、正常食用者、少量食用者、男性、女性等。通常在列表报告中你可以选择每页设置 20 个标题行变量。“问题列”(stub）指的是问卷中所设计的问题。

表 18.2 是一个典型的调研数据打印表。在表的左侧就是问题列(自上至小)，列出了调查中所问的问题。顶部则是标题行，告诉我们数据的组织方式。

在交叉表完成后，你可能已经指定了多达 20 个标题行变量，希望

表 18.2　**典型的调研数据打印表**

XYZ 公司零售复印、打印和递送研究

问题:如果 XYZ 公司允许你在线检查工作状态,你会使用 XYZ 公司的数量。

	用户					家庭用户					商业用户			
			商业			复印总支出			家庭规模		复印总支出			
	总计 (A)	家庭 (B)	1~5 (C)	6~19 (D)	总计 (E)	50~99美元 (F)	100~299美元(G)	300美元以上 (H)	2人或更少 (I)	3人以上 (J)	299美元或更少(K)	300~999美元(L)	1000~2999美元(M)	3000美元以上 (N)
总计	475	175	150	150	300	84	47	40	77	82	76	84	43	42
净值:头两项数据	218 45.9%	68 38.9%	81 54.0% B	69 46.0%	150 50.0% B	30 35.7%	17 36.2%	19 47.5%	23 29.9%	39 47.6% I	45 59.2%	40 47.6%	21 48.8%	19 45.2%
3-所有复印和打印工作	107 22.5%	39 22.3%	43 28.7% D	25 16.7%	68 22.7%	16 19.0%	11 23.4%	12 30.0%	13 16.9%	24 29.3% i	21 27.6%	18 21.4%	11 25.6%	11 26.2%
2-大部分复印和打印工作	111 23.4%	29 16.6%	38 25.3% b	44 29.3% B	82 27.3% B	14 16.7%	6 12.8%	7 17.5%	10 13.0%	15 18.3%	24 31.6%	22 26.2%	19 23.3%	8 19.0%
1-偶尔的复印和打印工作	143 30.1%	55 31.4%	39 26.0%	49 32.7%	88 29.3%	27 32.1%	18 38.3%	10 25.0%	25 32.5%	27 32.9%	20 26.3%	30 35.7%	14 32.6%	11 26.2%
0-所有复印和打印工作都不使用 XYZ 公司	90 18.9%	32 18.3%	27 18.0%	31 20.7%	58 19.3%	19 22.6% G	3 6.4%	8 20.0% g	18 23.4% J	9 11.0%	10 13.2%	14 16.7%	8 18.6%	11 26.2% k

续表

	用户					家庭用户					商业用户			
			商业			复印总支出			家庭规模		复印总支出			
	总计（A）	家庭（B）	1~5（C）	6~19（D）	总计（E）	50~99美元（F）	100~299美元（G）	300美元以上（H）	2人或更少（I）	3人以上（J）	299美元或更少（K）	300~999美元（L）	1000~2999美元（M）	3000美元以上（N）
净值:最后两项数据	233 49.1%	87 49.7%	66 44.0%	80 53.3%	146 48.7%	46 54.8%	21 44.7%	18 45.0%	43 55.8%	36 43.9%	30 39.5%	44 52.4%	22 51.2%	22 52.4%
不知道	24 5.1%	20 11.4% CDE	3 2.0%	1 0.7%	4 1.3%	8 9.5%	9 19.1%	3 7.5%	11 14.3%	7 8.5%	1 1.3%	0 -	0 -	1 2.4%
均值	1.52	1.48	1.66	1.42	1.54	1.36	1.66	1.62	1.27	1.72	1.75	1.52	1.56	1.46
标准差	1.06	1.08	1.09	1.00	1.05	1.08	0.99	1.16	1.07	1.05	1.01	1.01	1.08	1.16

在表格上反映这些变量。如果标题行变量超过 20 个，你可以再增加一个标题行。只要第一个标题行设计出来，下一个标题行的设计就不是什么难事了。

例如，假定我们为一家跨市场房屋建造商完成了一项月度客户满意调研。我们根据关键人口统计资料、满意度和房屋成本指标对数据进行了分析。我们还对它开展业务的 10 座城市逐一进行了分析，对月度间数据进行了比较。这样就得到了三张完整的列表，包含所有的数据，我们在本章末会给出这些数据。

下一步你还要决定如何呈现问题列。在表 18.2 中，注意问题列的表述，你可以方便地理解什么是“净值”。净值是指对两个或更多个问题的答案的总和或总结。在这个例子中，净值涉及所有 4 个答案。

在本例中，净值就是简单的加总。头两项数据净值指的就是对问题给出“3”和“2”答案的答卷人总数，而末两项数据净值指的就是对问题给出“1”和“0”答案的总数。在问题列中给出净值可以节省分析数据的时间，因为只要扫一眼就可以知道答卷人中有多大的比例给出正面答案，有多大比例给出中立或负面答案。阅读列表的分析人员不用自己再算一遍。

18.3 交叉表设计示例

下面给出了一个交叉表设计（tab plan）的示例，通过这样的设计你可以获得所希望的交叉变量呈现。这张表包括了 19 个标题行变量，表中标示的问卷中问题的序号，是指这些标题行变量的结果来自对应序号所代表的问题。表中还给出了某些标题行变量的答卷人数量。问题序号和答卷人数量对于制表人是有用的信息，可以方便他们建立正确的标题行变量。

此外，列表设计还可以告诉我们期望的重要检验的条件。注意统计检验的置信区间为 95% ~90%：

1. 总数（答卷基数 =325）

2. 雇员人数 1 ~ 19 人（Q14）
3. 雇员人数 20 ~ 49（Q14）
4. 雇员人数 50 ~ 99（Q14）
5. 雇员人数多于 100 人（Q14）
6. 公司收入不足 50 万美元（Q16）
7. 公司收入在 50 万 ~ 100 万美元之间（Q16）
8. 公司收入在 100 万 ~ 1000 万美元之间（Q16）
9. 公司收入高于 1000 万美元（Q16）
10. 大量使用本店打印和复印服务（Q11a，答卷基数 = 68）
11. 使用其他打印和复印服务（Q11a，答卷基数 = 222）
12. 过去曾经使用过 Alpha 公司的打印和复印服务（Q12a，答卷基数 = 88）
13. 过去未使用过 Alpha 公司的打印和复印服务（Q12a，基数 = 169）
14. 享受 Alpha 公司打印和复印服务的价格折扣（Q13c）
15. 未享受 Alpha 公司打印和复印服务的价格折扣（Q13c）
16. 客户所在产业——专业服务（包括会计、银行、教育、医药、法律、不动产）
17. 客户所在产业——实业（包括建筑、制造、运输）
18. 接受 Alpha 公司的特别补助促销（Q13d）
19. 接受其他公司的特别补助促销（Q13d）

t-检验的置信区间为 95% ~ 90%，检验对象包括第 2 栏至第 5 栏，第 6 栏至第 9 栏，第 10 栏和第 11 栏，第 12 栏和第 13 栏，第 14 栏和第 15，第 16 栏和第 17 栏，第 18 栏和第 19 栏。

由自己来设计交叉表有助于理清思路，明确你打算如何分析数据。不过，在今天这并不是一项必须由你本人来做的工作，市场上任何一家调研数据处理公司都会帮助你决定如何建立交叉表和制定交叉表方案，并且这项服务是不收费或几乎不收费的。

下面是另一个例子，是前面提到过的为房屋建造商设计的三张交叉表标题行变量。在本例中，我们没有列出问卷中对应问题的序号，在制作交叉表时，这样的省略也是绝大多数公司能够接受的。

交叉表1　人口统计资料标题行变量

1. 总计
2. 总体满意度得分的前3位（10，9，8）
3. 总体满意度得分的最后3位（1，2，3）
4. 男性
5. 女性
6. 未接受大学教育
7. 接受了大学教育
8. 接受了大学以上的教育
9. 35岁以下
10. 35～54岁
11. 55岁以上
12. 住宅售价低于15万美元
13. 住宅售价为15万美元或更高

t-检验的置信区间为95%～90%，检验对象包括第2栏和第3栏、第4栏和第5栏、第6栏至第8栏、第9栏至第11栏、第12栏和第13栏。

表2　月度标题行变量

1. 总计
2. 1月
3. 2月
4. 3月
5. 4月
6. 5月
7. 6月
8. 7月
9. 8月

10. 9 月

11. 10 月

12. 11 月

13. 12 月

t-检验的置信区间为 95% ~90%，检验对象包括第 2 栏和第 3 栏、第 3 栏和第 4 栏、第 4 栏和第 5 栏等。每个月都与下一个月进行比较，以获得逐月的变化。

表 3 市场标题行变量

1. 总计
2. 市场 1
3. 市场 2
4. 市场 3
5. 市场 4
6. 市场 5
7. 市场 6
8. 市场 7
9. 市场 8
10. 市场 9
11. 市场 10

t-检验的置信区间为 95% ~90%：将每个市场与总体（平均）和其他各个市场的结果进行比较。

第 19 章
统计技术

我们不是统计学家，大多数人也不是专业营销调研人员。尽管如此，我们都拥有不同技术的应用知识，并对何时使用它们具有一般性的理解。你也应该了解这些知识——我们将在下面的章节中进行讲解。

19.1 显著性检验

大多数调研不需要复杂的统计技术来分析数据。实际上，仅仅对数据进行列表并看一看人们的回答就足以为你提供明确的答案。但是，调研中的数据都应该接受统计显著性（statistical significance）的检验。

显著性检验（significance test）通常是 *t*-检验（*t*-test），有时候也可以是卡方检验（chi-square test），它告诉你在两个或更多数字之间是否存在差别。这些数字可以是出现在交叉表中的百分数（如 60% 与 40%），也可以是平均数［被称为“均值”（means），如 5.5 与 4.5］。这是一个简单、成本低廉的检验方法，你应该在所有使用交叉表的调研中应用这种方法。

看一看表 19.1。如果你询问 200 名喝啤酒的人是否会尝试一种新柠檬口味的啤酒，则误差范围是 ±7%。如果 60% 的人回答“是”，40% 的人回答“否”，则 *t*-检验表明，我们可以有 95% 的信心得出结论：喝啤酒者中赞成这一想法的人比不赞成这一想法的人更多。请注意，我们比较的是标有 A 的两个数字。

表 19.1　对柠檬口味啤酒的态度

问题："如果一种新啤酒有点儿柠檬口味，你会尝试它吗？"

	总　计	大量饮用者	少量饮用者
被调查者数量	200	100	100
是	60% A	55% B	65% B
否	40% A	45%	35%

在大量饮用者和少量饮用者的样本量都为 100 时，误差范围将为 ±10%。在此，*t*-检验表明，你不可能有 95% 的信心认为大量饮用者和少量饮用者给出的回答之间是无差别的。也就是说，大量饮用者和少量饮用者对柠檬口味啤酒这一想法的赞成程度是相同的，尽管 55% 和 65% 这两个数字本身有可能导致你得出其他结论。下面，我们比较标有 B 的两个数字。

我们提醒你一下达到 95% 的置信水平意味着什么。它意味着如果采用相同的抽样方式和相同的问卷重复进行调研，则上述数据波动不超过统计误差范围的机会为 95%。换一种说法就是，如果重复进行调研，则关于柠檬口味啤酒吸引力的问题只有 5% 的概率得到一个不同的结论。

统计显著性是进行比较的样本量和被发现的差异大小的函数。实际上，在小样本量的情况下，较大的差异可能是统计上显著的，但较小的差异需要较大的样本量，才能得出统计上显著的结论。

在"管理上有意义"（managerial meaningfulness）和统计显著性之间也存在着差别。仅仅由于两个数字之间存在着统计上显著的差别并不意味着它会影响你需要制定的决策，它只是意味着这一差别是真实的，而不是随机偶然的结果。在进行样本量非常大的调研时，几乎一切都是统计上显著的，而唯一重要的差别与调研的总体目标和具体目标相关。

"管理上有意义"的一个很好的例子是数据具有明确的模式但还没有达到统计显著性水平的时候。

看一看表 19.2，该表取自一次实际的住宅建筑商客户满意度调查。评估公司销售代表绩效的数据被分为两个市场、在两个连续年份中展示出来。

表 19.2 销售代表的评估（10 分量表的均值）

	市场 1		市场 2	
	第 1 年	第 2 年	第 1 年	第 2 年
职业表现	9.01	8.42	8.20	8.60
诚实	8.83	7.68	6.91	8.15
回答问题的能力	8.90	7.85	6.29	8.17
关于住宅特色的知识	9.00	8.12	7.00	8.25
关于竞争对手特点的知识	8.47	7.13	5.88	7.22
关于社区属性的知识	8.75	7.77	6.27	7.98
关于融资选择的知识	8.75	8.24	7.06	8.09
及时对问题做出回应	8.87	7.92	6.91	7.98
理解需求	8.88	8.02	6.47	8.21
建造独一无二的住宅	8.71	7.73	6.21	7.73

来自两个市场的样本都太小了，因而逐年的变化不足以达到统计显著性，但这并不影响我们得出某些结论。看一看平均分你就可以发现，两年中大多数得分都接近 7 分或更高。9 分至 8 分的评分是在一个 10 分量表上得到的，因此我们可以得出结论：两个市场上的销售团队都做得很好。

此外，在第 1 年和第 2 年间，市场 1 中的所有 10 项属性的评分都是下降的，而市场 2 中 10 项属性的评分都有所改善。尽管这些变化都没有达到统计显著性，但这些模式在管理上是有意义的，我们可以很正当地认为：市场 1 中的销售队伍越来越差，而市场 2 中的销售队伍在不断改善。

在这种情况下，管理层进一步调查为什么市场 1 的各项评分不断下滑而市场 2 的评分趋于上升是非常明智的。

在市场调研中，经验法则是：在进行显著性测试并制定决策时，利用 95% 或 90% 的置信水平。然而，有时候应用更低的置信水平得出结论并制定决策也是合理的。请注意，你不必支付额外的费用，就可以得到在 99%、95%、90%、85% 置信水平上对你的数据进行测试的表格。

表 19.3 显示了另一个显著性测试的例子。在这个例子中，啤酒的大量饮用者和少量饮用者给出的回答之间存在着 20 个百分点的差异。误差范围同样是 ±10%，*t*-检验会告诉你：你不可能有 95% 的信心认为差异在统计上是显著的。实际上，你无法得出这样的结论：与大量饮用者相比，少量饮用者更有可能尝试新的柠檬口味啤酒，因而他们是新产品更好的目标市场。在此，我们对比了标有 C 的两个数字。

表 19.3　对柠檬口味啤酒的态度——无统计差异

问题："如果一种新啤酒有点儿柠檬口味，你会尝试它吗？"

	总　计	大量饮用者	少量饮用者
被调查者数量	200	100	100
是	60% A	50% C	70% C
否	40% A	50%	30%

表 19.4 提供了另一个例子，说明了当样本量增加时会出现什么情况。该表显示的结果与表 19.3 完全相同，只是这次被调查者的总数为 300 而不是 200，大量饮用者和少量饮用者都是 150 而不是 100。在较大样本量 150 的情况下，误差范围为 ±8%，*t*-检验显示存在着统计差异。我们比较的是标有 D 的两个数字。

表 19.4　对柠檬口味啤酒的态度——增加样本量

问题："如果一种新啤酒有点儿柠檬口味，你会尝试它吗？"

	总　计	大量饮用者	少量饮用者
被调查者数量	300	150	150
是	60%	50% D	70% D
否	40%	50%	30%

19.2　关于确定样本量的几句话

正如前面讨论的，成本永远都是确定对多少名被调查者进行访谈的一个决定性因素。但是，应该存在着一个临界点，样本量少于或多于这一临界点都会造成浪费。

在柠檬口味啤酒的例子中，事实证明，每个目标市场各 100 名被调查者（按 70% 和 50% 划分）太少了，不足以产生显著差异。在每个目标市场的样本量为 150 时，存在着统计差异。我们再强调一次，统计显著性是样本量和进行比较的两个指标差异大小的函数。

现在，如果在进行调研前就能知道结果，那么你就可以知道为了产生统计上可靠的结果而需要的最小样本量，并可以花费最少的钱来获得可付诸行动的数据。由于你不可能事先知道结果，因此可以使用表 19.5 作为部分指导。

表 19.5　在 95% 置信水平下确定样本量的指南

样本量	两种回答都接近 50% 时的误差范围（±%）	两种回答大约为 75% 或 25% 时的误差范围（±%）	两种回答接近 90% 或 10% 时的误差范围（±%）
25	19.6	16.6	8.5
50	13.9	11.6	6.2
75	11.3	9.4	4.9
100	10.0	8.2	4.2
150	8.0	6.6	3.5
250	6.2	5.1	2.7
500	4.4	3.7	1.9
1000	3.1	2.5	1.2
2000	2.2	1.8	<1.0
2500	1.9	1.6	<1.0

在样本量为 25 时，不管回答之间的差别有多大或有多小，误差范围都相对较大：±19.6%、±16.6%、±8.5%。当样本量为 2500 时，不管差别有多大，误差范围都很小：±1.9%、±1.6%、小于 ±1.0%。这再一次表明，随着样本量的增加，误差范围不断下降。

让我们看一看回答之间的差别对误差范围的影响。正如我们在啤酒的例子中看到的，在样本量为 100、两种回答都接近 50% 的时候，误差范围为±10%。随着两种回答之间的差别越来越大，即一种答案达到大约75%或25%时，样本量为100时的误差范围变小了：±8.2%。当两种结果的差别十分明显，如一种回答接近90%或10%时，误差范围就缩小到±4.2%。

通过观察误差范围，并尝试着“猜测”你有可能发现的差别，你就可以利用这张表找到95%置信水平的样本量。请注意，最保守的回答（即两种回答都接近50%）总是需要最大的样本量。你也可先计算出自己可以负担多大的样本量，然后再看一看你将要忍受的误差范围。

让你的调研数据接受*t*-检验总是一个成本低廉且良好的做法。要想知道一组百分数或均值相互之间是否真的存在差别，这是唯一的途径。

19.3　回归分析

让我们以博物馆进行的顾客调研为例，在9分的“总体满意度”问题中，博物馆得到了7.92分的高平均分。我们可以称这个问题是一个“因变量”（dependent variable），即其表现被认为受到同一调研中其他变量的影响。在同一次调研中，还就博物馆的39个不同属性向顾客提出了问题，这些可以被称为“自变量”（independent variable）。

回归分析（regression analysis）是一种统计工具，用于将总体满意度（因变量）与39个属性的得分（自变量）联系在一起。我们的目标是确定对满意度得高分影响最大的某些属性。

回归实际上是一个预测 R^2 值的方程式——它会衡量每一个自变量的重要性。R^2 值越高，统计模型越优秀。

博物馆的属性产生的 R^2 值可以解释总体满意度得分变化的60%——我们认为这是一个很好的模型。该模型显示，在39个变量中，只有8个对总体评分影响较大。表19.6显示了最重要属性的平均得分。

表 19.6　回归结果

进入回归模型的变量（按重要性降序排列）	总体评分（9 分量表）
态度："参观博物馆令我很高兴"	8.5
在"提供有用信息"方面的表现	7.35
态度："我会向朋友或家人推荐这一博物馆"	8.59
作为"不可不看的地方"的表现	7.35
在"激发智慧"方面的表现	7.49
期望博物馆成为"一个学习和探索的地方"	6.08
在"提供清晰的标志以找到展品"方面的表现	7.15
态度："对于参观博物馆，我有一种复杂的感受"（负面）	4.05

这一回归表明，为了提高参观者的满意度，博物馆应该传递出"这是一个学习和探索的地方"这一信息。现在，在9分量表中，这一项的得分仅为6.08分，因此还有改善的空间。另外，博物馆还应该改善其在"提供有用信息"、"不可不看的地方"、"激发智慧"以及"提供有用的内部引导标志"方面的表现。如果做好了这些事情，那么博物馆就很有可能在参观者中维持很高的评分，并进一步减少为数本来就不多的"拥有复杂感受"的参观者的数量。

这是对非常复杂的统计过程的简单解释。对于回归分析来说，需要记住的重点是：它可以协助解释你应该采取哪些行动才能得到你期望的顾客行为——在这个例子中，是提高参观者的满意度。记住，尽管顾客可能对企业、产品或博物馆的某些属性感受强烈，但这并不意味着这些属性对于刺激顾客购买或游客更频繁地参观非常重要。博物馆的例子表明，在39个变量中，只有8个变量会对参观者的满意度产生重大影响，而在这8个变量中，有一些需要更多的改善。

19.4　TURF 分析

TURF 是"总体不重复到达率与频率"（total unduplicated reach and

frequency）的缩写。TURF 分析最初是用来分析广告媒体活动以回答这样的问题：媒体选择的何种组合能够向最多的受众传递信息。

以3个电视节目——节目1、节目2、节目3——为例。与仅仅将观看每个节目的人数进行加总相比，确定非重复受众（unduplicated audience）要复杂得多。这是因为有些观众观看所有3个节目（节目1、节目2和节目3），有些观众则观看2个节目（节目1和节目2，或节目2和节目3，或节目1和节目3），有些观众仅观看1个节目（节目1，或节目2，或节目3）。

TURF 算法消除了相互重叠的观众。这样，我们就得到了当在这些节目中做广告时非重复受众的数量。从这里你可以看出这一名称的来历。

这种想法被扩展应用到其他领域。一个例子是进行 TURF 分析以最大化至少会购买产品线中一种产品的顾客总数，同时最小化所有产品之间的重叠。

这一统计模型可以用来回答下面这些问题：

- 我们应该在哪里做广告，以影响最多的潜在观众？
- 如果在当前销售的产品线中再加入一种新产品，我们的潜在市场份额将达到多少？
- 如果在当前销售的产品线中加入一种新的口味、颜色、香型或配方，我们会赢得多少新顾客？
- 为了刺激尽可能多的顾客采取我们希望的行动，我们的广告、促销或其他销售材料应该传递出哪些组合信息？

表19.7显示出了进行 TURF 分析的一个实际例子。假设你有10条可能的广告信息，你可以向潜在顾客传递这些信息以刺激他们光顾你的零售店。这些信息显示在表19.7中，该表中同时还显示出了认为各条信息对吸引他们光顾商店非常重要的人的比例。

表 19.7　刺激人们光顾一家零售店的信息的评级

潜在顾客认为信息很重要	
信　　息	比例（%）
1. 低价格	65
2. 最多的选择	60
3. 退款保证	55
4. 知识丰富的销售人员	50
5. 快速服务	50
6. 知名品牌	45
7. 频繁购买折扣	35
8. 每天开放 18 个小时，每周 7 天	30
9. 方便停车	25
10. 儿童游乐场	15

正如你看到的，有 5 条不同的信息刺激了 50% 或更多的潜在顾客光顾商店。人们最初的想法可能是在一系列营销传播计划中特别强调这 5 条信息。

TURF 分析可以确定那些受到激励而光顾商店的无重复被调查者的数量。这一点很重要，因为它可能证明是“低价格”、“退款保证”以及“频繁购买折扣”对同一些人产生了吸引力。表 19.8 显示出了这一点。

表 19.8　要尽可能传递给无重复受众的 5 条最重要的信息

无重复广告受众	
信　　息	比例（%）
1. 低价格	35
2. 快速服务	49
3. 知识丰富的销售人员	59
4. 最多的选择	66
5. 方便停车	72

如表 19. 8 所示，“低价格”信息将影响 35% 的潜在顾客，并刺激他们光顾商店。“低价格”和“快速服务”结合在一起会刺激 49% 的潜在顾客光顾商店。“低价格”、“快速服务”和“知识丰富的销售人员”结合在一起将会刺激 59% 的潜在顾客光顾商店。

在表 19. 7 中，尽管单独考虑时“最多的选择”是次重要的因素，但当与“低价格”、“快速服务”和“知识丰富的销售人员”结合在一起时，它只增加了 7% 的影响力。“方便停车”并不是表 19. 7 中的前 5 大因素之一，但在 TURF 分析中却增加了 6% 的影响力。另外，“退款保证”在表 19. 7 中是第三重要因素，但根本没有出现在表 19. 8 中。

总体来说，当结合起来使用时，这 5 条特定的信息总共可以影响到 72% 的潜在顾客光顾零售店。要点在于，对于传播哪些信息来说，与仅仅观察重要性评级相比，通过 TURF 分析，你会得到一个完全不同的结论。

TURF 分析应该成为每一位游击营销人员调研工具箱中的工具之一。它有助于优化新产品、新产品构成、产品线扩展的范畴，并因此使得业务得以增加，而不仅仅是将当前顾客从购买一种产品转到购买另一种产品。

19. 5　要素分析

当存在大量的变量时（如对公司提供的产品或服务的态度，或者对公司或品牌的认知），要素分析（factor analysis）通常是一种很好的工具。在这类情况下，根据被调查者回答的相似性，我们可以将被评分的众多属性或态度结合起来。结果，变量的数量得以减少，我们可以将这一较小的变量集称为“要素”（factor）。

看一看表 19. 9 中博物馆用来进行顾客满意度调查的长长的属性列表。你会注意到，进行要素分析后，根据被调查者针对这些属性的回答的相似性，它们被分成 3 列。

表 19.9　与参观博物馆相关的不同态度的要素分析分组

	要素 1： 博物馆体验	要素 2： 运作效率	要素 3： 帮助人们理解
愉快与乐趣	0.826		
成为一个学习和探索的地方	0.812		
带孩子玩儿的好地方	0.797		
展览让人还想再次来参观	0.780		
展览吸引成年人	0.774		
让孩子和家人高兴的地方	0.773		
产生美好的回忆	0.758		
可以长时间进行探索	0.755		
激发智慧	0.755		
亲手实践	0.750		
自助餐厅里好吃的食物		0.823	
自助餐厅里热心服务的员工		0.807	
快餐店里的员工很优秀		0.762	
指向餐厅的标志很清晰		0.745	
快餐店里的食品很好吃		0.725	
休息室很干净		0.714	
礼品店里的员工很优秀		0.705	
协助人们理解自己的文化			0.745
协助人们理解不同的文化			0.624
协助人们理解环境			0.519

第 1 列包含与在博物馆中的各种体验相关的 10 个变量。我们称这一要素为“博物馆体验”（museum experience）。

中间一列包括与博物馆运营方面相关的 7 个变量，如引导标志、休息室、食品、便于使用的网站等。我们称其为“运作效率”（operational efficiency）要素。

第 3 列只包括 3 个变量，所有变量中都包含“理解”一词，因此我们将这一要素称为“帮助人们理解”(aids in understanding)。

在讨论我们的发现时，谈论 3 个“要素”要比讨论 20 个单独的变量容易得多。要素分析是一种强大的、有用的统计工具，另外，你还可以在回归分析中使用这些要素，这会简化数据分析任务。

19.6　聚类分析

聚类分析（cluster analysis）与要素分析类似，因为它可以将大量的条目结合成数量较少的同类组，这些组被称为“聚类”(cluster)。

在这种情况下，被调查者被分入不同的聚类中，因此在同一聚类中的被调查者的关联度很高，而不同聚类之间的被调查者关联度则较低。换句话说，它取决于每一个聚类中被调查者持有的态度和意见、从事的行为或人口统计特性的一致性程度。

下面是 3 组被调查者以及各组人员的特征。在进行要素分析时，当统计程序形成了这些聚类后，调研分析人员就会为每一个聚类起一个能够描述其特征的名称。下面是一些例子：

聚类 1：寻欢作乐的人
爱情派对
只要可能就会欢庆
喜欢成为注意力的中心
喜欢讲故事
年龄在 25 岁以下

聚类 2：认真的观察者
喜欢看电影和戏剧
更喜欢听别人讲故事
喜欢历史小说
对别人取得的成就感到高兴
性别：女性

聚类 3：局外人

讨厌人群

没有邀请不会外出

很难找到新朋友

收入低于 50000 美元

喜欢在电视上看肥皂具

聚类分析是一种能够更好地理解被调查者在态度、行为和人口统计学等方面所存在差异的技术。通过了解如上所述的生活方式，营销人员就可以确定哪些因素最有可能吸引各聚类中的人。

在这个例子中，找出了“寻欢作乐的人”、“认真的观察者”和“局外人”这些聚类之后，它们就可以成为交叉表标题行（cross-tab banner）的一部分。这使你能够确定各聚类在回答调研中的其他问题时是否存在差异。深入了解被调查者以及他们所属聚类的生活方式，为营销人员提供了一个独一无二的机会，使他们在制定营销和广告计划或者开发新产品或服务时能够以特定的生活方式作为目标。

19.7 其他统计技术

大多数分析调研数据的游击营销人员会发现，没有必要使用基本的交叉表（如第 18 章所述）或前面介绍的常用统计技术之外的技术。尽管如此，我们还是要介绍几种非常有用的技术。

联合分析

联合分析（conjoint analysis）常常被称为“权衡分析”（trade-off analysis），在同时对产品特征进行展示时，这一统计工具使得调研人员能够发现各种产品特征——包括价格——的相对重要性。

例如，在一次汽车调研中，被调查者可能会被要求对比各种特征（如安全性、价格、豪华性、耗油量等）的不同组合。另外，每一种产品特征都可以具有不同的水平。例如，不同的组合可能包括“在城区每加仑汽油行驶 15 英里/在高速公路上每加仑汽油行驶 20 英里—汽车的价格为 20000 美元”、“在城区每加仑汽油行驶 20 英里/在高速公路上每加仑汽油行驶 25 英里—汽车的价格为 25000 美元”、“在城区每加仑汽油行驶 25 英里/在高速公路上每加仑汽油行驶 30 英里—汽车的价格为 30000 美元”等。

在联合分析中，调查人员向被调查者成对地展示可能的产品特征组合和价格，并迫使他们在每一个产品特征组合—价格对中选出一个自己偏好的选择。被调查者被迫进行权衡。在上面的例子中，如果“在城区每加仑汽油行驶 20 英里/在高速公路上每加仑汽油行驶 25 英里—汽车的价格为 25000 美元”是 3 个选择中最吸引人的一个，那么生产商在开发新产品型号时就会使重点偏向这一选择。

通过对所有的产品特征以及所有的价格进行此类分析，市场对于愿意花多少钱购买哪些产品特征的偏好就被揭示出来了。

在应对产品开发挑战问题时，联合分析也是一种常用的工具，同时它也是进行价格调研的最佳方式之一。

多维量表法与认知图表法

多维量表法（multidimensional scaling）和认知图表法（perceptual mapping）是指一系列统计过程，这一过程会产生特殊的数据表现形式，能够根据顾客对公司、品牌、产品或服务之间的认知揭示出它们之间的关系。

这些方法可以生产真实的形象化图示，展示出被调查者对产品或公司的相似性或差异性的认知。在进行复杂的市场划分和战略研究时，认知图表可以被当成是一种规划工具。它们还使得营销人员能够年复一年地追踪公司或产品在认知方面的变化。

多维量表需要提出特别的问题来评估被调查者认为什么是理想的、度量各种选择的相似性，并确定人们偏好哪种选择。这种工具不能用于事后分析，而必须在考虑调研总体目标和具体目标时就进行规划。

19.8 保持机警

让我们回忆一下 2004 年美国总统选举中关于年轻选民的报告。分析家声称，所有花费在请年轻选民（18 ~ 29 岁的选民）投票上的钱基本上都打了水漂。他们指出，参加 2000 年选举的选民中有 17% 的人年龄在 18 ~ 29 岁之间，这一数字与 2004 年选举时相同。

实际上，2004 年，参加投票的 18 ~ 29 岁年轻人比以前更多，因为 2004 年参加投票的人比以往任何一次选举中都多。1.2 亿选民中的 17% 就是 2100 万人。这与 2000 年 9500 万选民的 17%（即 18 ~ 29 岁年龄段的人数为 1600 万）形成了对比。因此，2004 年投票人数比 2000 年多了 500 万人，显著增加了 30%。

在你的营销调研中，不要犯这类错误。记住，只有在如何提出问题、如何解释对问题的回答以及与这些回答相关的统计可靠性背景下，这些数字才有用。

第 20 章
讲故事：分析调研结果

数据分析这一话题十分宽泛，因为分析工作取决于调研的类型及其目标。复杂的背景调研可以通过多种视角并在长期中进行分析。这些数据通常需要大量的挖掘工作才能揭示出最终有用的信息。规模较小的战术研究可能只需要看一下交叉表就知道应该采取什么行动。我们喜欢这样说：

> 优秀的分析为我们讲述了一个故事，一个始终如一的、清晰的故事。综合考虑一些问题应该指向相同的结论。我们不相信一个统计量本身能够确定我们必须做些什么。

但是，正如编写一份有效的问卷是一次永无终点的学习过程一样，分析调研数据也需要一种只有经验才能带来的视角。

每一次调研所获得的数据中都包含着一个故事。这个故事可能自己跳出来，也可能必须经过梳理才能显露出来。有时候人们对不同问题的回答保持着一致性，因而可以产生清晰、明确的结论。但有时候人们对不同问题的回答所产生的信息有可能会让你兜圈子，令你无法理解数据的含义。当出现这种情况时，可能意味着你没有完全考虑到在你的调研中这一主题的复杂性，有时候需要在未来进行额外的调研以进行进一步的澄清。另外，它还有可能意味着你在数据上花费的时间不够，因而看不到完整的图景。

如果你是一名市场调研新手，但仍然需要同一系列交叉表及其含义打交道，那么你就会面临一条陡峭的但并非难以克服的学习曲线。

下面以空中交通管理员为例来说明问题。空中交通管理员盯着计算机屏幕上显示出的他们负责的那一部分天空。屏幕上显示的信息标出了不同的飞机、飞机的飞行方向、飞行速度和高度。另外，这些信息是动态的——一切都在变化。为了完成其工作，他们需要找到众多信息点（point of information）之间的一种模式，并在其整个班次中维持这一模式。

观察数据集与之类似。你需要对数据不断进行研究，直到找出一种模式为止。数据可能占满了很多页纸，有时候会有数百页。最初，这些数据毫无意义，但慢慢地，一种模式出现了，然后，你理解了其中的含义。而且令人高兴的是，你与数据打交道越频繁，发现基本模式所需的时间就越短。

请注意：你不可能一次只花 10 分钟来分析数据，并从一个任务转到另一个任务，然后再重新开始第一个任务。分析数据需要你在一段时间内持续集中注意力而不受干扰。我们发现，最好的办法是留出几个小时的时间，清理一下自己的头脑，找到一个安静的房间，然后开始分析数据。

对于我们来说，看到大量的交叉表我们会感到非常兴奋。数据集是我们在开发调研目标、编写问卷、进行访谈、设计交叉表上所花费时间的一种反映。终于，我们可以看到成果了。

我们擅长于处理大量的数据，能够快速翻阅交叉表并从中发现有意思的数字。不同目标市场之间的差别快速地显现出来。有时候，我们认为可以产生有趣信息的问题却没有带来有价值的信息。有时候，我们认为不具有多少指导价值的问题却幸运地做到了这一点，并成为令人兴奋的战略以及精确的执行计划的基础。

在第一次分析数据的时候，我们静静地坐着阅读表格。我们阅读每一个问题以及所有被调查者回答这些问题的方式。我们浏览每一份表格，以便看一看 t-检验是否发现不同目标市场对问题的回答存在着差异。

我们用铅笔把有意思的、令人惊讶的或让人莫名其妙的数字圈出来。通常，用不了多长时间我们就可以理解这些数据的含义，一个清晰的故事就开始浮现出来。而有些时候，数据平淡无奇，模式非常模糊，指示的方向也不清晰，我们知道，此时要进行艰苦的数据分析才能使故事浮现出来。

如果你是数据分析方面的新手，那么我们建议让故事慢慢地浮现出来，如果可能的话，就花上几天的时间。遵循我们的建议，阅读每一份表格并圈出关键数字。拥有了耐心、恒心、决心和好奇心，你肯定可以揭示出这些数据讲述的故事——一个将各种因素结合在一起并为你提供可靠方向的故事。

20.1 对数据的思考

数据本身没有什么意义。对数据进行分析和解释后，才能将它们转变成可付诸行动的信息。

如果在一次调研中你描述了一种你认为很有潜力的新产品，有 25% 的被调查者声称会购买，你认为这个结果是好还是不好？如果有 50% 的顾客认为你的客户服务非常出色，那你是应该高兴还是不高兴？如果 75% 的顾客表示会再次购买你的产品，你是否应该认真考虑一下？

在分析数据时，你必须持续不断地问自己一个问题："与什么相比？"

假设过去的调研表明，如果购买意愿达到 25% 就可以被看成是一种成功的产品，那么 25% 就不错了。如果有 50% 的顾客认可你的客户服务，而相比之下，有 75% 的顾客认可你的主要竞争对手的客户服务，那么你就会很不高兴。如果现在的重复购买比例是 75%，而 6 个月前这一数字是 90%，那么你很有可能遇到了大麻烦。

20.2 利用控制组和对比来分析调研结果

因此，你可以从多个角度来分析调研结果，包括：

1. 利用控制组。
2. 与以前的调研进行对比。
3. 与行业基准进行对比。

4. 与实际购买行为进行对比。
5. 将一个目标市场与另一个目标市场进行对比。
6. 不同选择之间相互比较。

下面我们逐一进行分析。

1. 利用控制组

控制组（control）可以是任何有用的对照标准。但在选择控制组时，我们应该假设，在与控制组进行比较时，将产生一个胜出者。例如：

- 你的新产品或服务的评级与对竞争对手已经成功推出的同类产品或服务评级的对比。可以是你实际开发出的产品与早已上市的竞争对手产品的对比，也可以仅仅是描述产品利益的概念说明与已有产品利益的对比。
- 你的评级与市场领导者和/或其他竞争对手评级的对比。这些对比可以跨越任何维度，包括出售的产品或服务、公司形象、态度、感知或以前的体验。
- 你的评级与你为自己设立并努力实现的评级目标的对比。

当你利用控制组进行对比时，目标是至少达到（最好是超过）控制组获得的分数。如果你正在开发一种新的花生酱，你很有可能会希望产品的口味至少与领先的对照品牌的口味一样好。如果将你的花生酱产品与控制组进行对比，而它没有达到或超过控制组得到的评级，那么你就应该对你的产品配方进行调整。

如果你打算开一家新健身房，那么你的竞争对手可能是全国的健身房连锁店或当地健身房。你可以写一份长度为一两段的“概念”说明，以描述加入你的健身中心的好处，再为全国健身房连锁店或当地健身房也写一份类似的说明。此时，你有两个控制组——它们都是你的竞争对手。如果在你的目标市场中的很多消费者对加入你的健身中心的评级低于对加入竞争健身中心的评级，那么你也许应该重新思考你的优势。

与成功的控制组进行比较是对调研最好的应用之一，并且是最容易掌握的数据分析技术。

如果你的目标是至少与一个成功的竞争对手一样优秀，那么数据会迅速揭示出你是否应该向前迈进。如果你的目标是比竞争对手优秀 1 倍，那么数据会告诉你是否实现了这一目标，还是需要做更多的工作。

我们曾经为一家啤酒客户进行过一次口味测试，其目标是：客户的啤酒至少与市场领先者的啤酒一样好喝。我们客户的啤酒评级与成功品牌啤酒的评级相当，其后来对产品配方的调整吸引了许多新顾客。

我们还为一家止咳药生产商进行过一次调研，这家生产商的新产品是一种胶囊，需要放到嘴里咬破以释放出浓缩的止咳糖浆。这是一个全新的想法——一种不需要量匙就可以服用的止咳糖浆，这就消除了麻烦，使人们随时随地都可以服用止咳药。

调研主要集中在胶囊口味和口感以及容量上，但客户从来也没有想出一个适当的控制组。它进行了数次调研，也对产品的配方进行了多次调整，但最后还是放弃了这一项目。如果没有一个成功的控制组，那么就没有一种经济的方式来确定这一产品是否会成功。这家公司的营销总监说："别忘了，下一次测试也许会比上次的结果更好。"

2. 与以前的调研进行对比

另一种有效的控制组是以前调研的结果。如果你正在进行一次形象和态度调查、认知调查，或顾客满意度调查，那么你应该从确定当前水平的标杆调查开始，然后再将定期进行的跟踪调查与标杆进行对比，看看是否有进步。

另外，假设你知道一些项目或产品在市场上的表现，那么在推出新的广告、营销方式、产品或服务时，以前调研中达到的水平将对你很有帮助。如果你知道调研中达到的某些分数预示着在实际市场中的成功或失败，那么你就已经建立起了强大的控制指标（control measurement）。

在制定执行/不执行的决策时，进行过多次调研的公司具有巨大的优势。以前调研得到的分数可以作为可靠的成功预测指标。例如，对于惠普公司来说，除非调研测试者对新打印机的评分高于顾客给其当前产品的评分，否则它就不会推出新一代的打印机。

3. 与行业标准进行对比

许多市场调研公司都向其客户提供行业标准数据。就这一点而言，专门进行广告测试的调研公司做得最好。例如，如果你已经为一种新的软饮料开发出了一个广告，那么你可以让广告文案写作公司来测试你的广告，它们会告诉你新饮料相对于以前测试过的其他软饮料的得分。

其他调研公司拥有一些标准数据，在一种产品有机会获得成功之前，其评分必须达到这些分数［也被称为门槛评分（hurdle rate）］。

各类协会也是行业标准数据的一个很好的来源。例如，直复营销协会（Direct Marketing Association，DMA）会不定期地在通过直销进行购买的消费者中进行调研，并向这些公司提供总体满意度数据。如果你是一名网络营销人员，有些公司会提供人们浏览你的网站与浏览其他网站的满意度得分。你可以利用任何一个搜索引擎，输入“态度调研”（attitude research），再加上你所在的行业（如“住房翻修态度调研”），就会发现很多信息，利用这些信息可以形成极有价值的行业标准数据。

在使用行业标准数据时，你必须确保你的问题的措辞与行业标准数据调研中的措辞完全一致。另外，你进行访谈的被调查者也要与标准数据调研中的被调查者具有可比性。这是你对从目标市场中获得的数据与已经存在的行业标准数据进行有效对比的唯一途径。

4. 与实际购买行为进行对比

如果你拥有一个顾客数据库，那么对于某些类型的调研来说，你就具有了内在的控制组。也许你正在试图确定应该采取哪些措施以鼓励某些顾客群组更频繁地购买你的产品。你的控制组可以从具有类似情况的两个顾客群组中选取。差别在于，一个群组按你期望的方式采取行动，而另一个群组则不然。通过对比两个群组的态度，你就会发现需要改善和关注的地方。

5. 将一个目标群组与另一个目标群组进行对比

在对一个数据集进行分析时，你最常进行的对比是同一调研中不同被调查者群组间的对比。

在定义调研目标以及确定访谈对象时，你可能早已做出了假设。或许你已经确定了供其他群组进行对比的控制组。如果是这样的话，那么你的控制组就很明确，并成为交叉表中的标题行变量之一。

但是，在某些研究中，控制组可能并不明确。如果调研的目标是找出最佳目标群组，那么在查看了最初的交叉表后，你就可以做出一些假设。在进行背景研究以便确定战略方向时，这一点尤其正确。

在样本量较大的战略/背景研究中（样本量为 600 或更多），毫无疑问，你会获得大量数据，这些数据使你能够描绘出不同顾客或潜在顾客的概况，包括你认为自己较好的客户、竞争对手较好的客户，或者你认为可以转化成真正客户的潜在客户。很容易将问卷中发现的不同特征结合起来，以形成不同的被调查者群组，然后将他们组成一个或多个控制组。

一旦确定了控制组的特征，你就可以给它起个名字，使其成为交叉表中的一个标题行变量。然后，你就可以比较控制组和其他群组的态度。通过进行这类对比，对许多目标群组都非常重要的问题就会浮出水面。

6. 不同选择之间相互比较

有时候，你可能发现难以确定一个控制组。也许你的产品或服务过于独特，进行比较十分困难或没有意义，而且你倾向于不进行任何调研，直接采取行动。

当你认为对比没有作用的时候，那就考虑几种可供选择的方法或利益，以便为你的产品或服务进行定位。写出两三种强调不同销售方式的概念，并对它们进行相互测试。在你测试的所有情况中，如果人们的兴趣都不大，并显示出缺乏热情，那么这些数据就表明这些概念本身很脆弱。另一方面，如果在一种情况下得到的数据比在其他情况下得到的数据要有利得多，那么你就会知道最佳成功机会在哪里。

请记住，如果在没有控制组的情况下观察数据，那么你认为鼓舞人心的发现很可能意味着一场灾难，而看起来令人沮丧的结果则有可能意味着巨大的成功。如果没有某种控制组，你根本就无法做出判断。

20.3 深入思考

确定控制组是最重要的工作。然后，我们就应该对数据进行详细分析了。

有时候你很幸运，从交叉表中就可以看出一些情况。在确定应该采取行动的时候，不需要再进行额外的调研分析或特殊的统计流程。如果数据明确地指出了方向，而且你能够采取适当的行动，那么你就进行了一次成功的调研，并且可以充满信心地前进了。

更常见的情况是，你需要认真研究交叉表并对数据进行挖掘。这意味着你需要从交叉表中提取数据并建立定制的表格。研究人员称之为“采集数据”（pulling the data）。

采集数据就是以不同的视角对交叉表中的数据进行排列。为了完成这一工作，研究人员通常利用纸和笔手工绘制新的表格。下面的章节讲述了如何对数据进行采集和排列。

分析系列问题

在解释调研数据时，分析系列问题是一个重要的挑战。表 20.1 显示了在对目录商店进行调研时提出的典型的系列问题。问题是：“在通过服装目录进行购买时，下面这些声明的重要性或不重要性如何?”

在研究表 20.1 的时候，你可以进行一系列的观察。你可能只看“总计”一列，并得出结论：与其他因素相比，客户服务、最低的价格、高质量的品牌以及熟悉的品牌不太重要。

但是，在比较频繁购买和不频繁购买的客户时，你会发现一些令人吃惊的差别。与不频繁购买者相比，优秀的客户服务、高质量的品牌以及熟悉的品牌对于频繁购买者来说重要得多。与频繁购买者相比，容易下订单、容易退货、令人满意的担保、免费送货、物超所值、最低的价格对于不频繁购买者来说则重要得多。

表 20.1　对评级为极其重要的因素进行排列的实例

	经常通过服装目录进行购买（%）	不经常通过服装目录进行购买（%）	总计（%）
将下列声明评级为极其重要的百分比			
使得下订单很容易	58*	50	55
不管什么理由，都允许你退回订购的物品	56*	41	48
拥有完全令人满意的担保政策	49	43	45
提供免费送货	48	42	45
让你的钱花得超值	45*	30	32
拥有优秀的客户服务	34	43*	32
拥有最低的价格	31	11	22
拥有高质量的品牌	30	40*	36
拥有你熟悉的品牌	27	39*	33

*：显示出了频繁购买者和不频繁购买者在95%置信水平上的统计显著性差异。

当然，你解释数据的方式取决于你的营销目标。如果你希望对两组人群产生同样的吸引力，那么你就会观察“总计”一列，并得出结论：实现这一目标的最佳方式是关注容易下订单、容易退货，以及完全令人满意的担保政策。

但是，如果你正在努力说服不频繁购买的顾客增加购买频率，你就应该更加关注物超所值、价格、满意度以及容易下订单。为了向频繁购买者提供更多的支持，你应该提醒他们不要忘了优秀的客户服务以及能够找到熟悉的、高质量的品牌。

重要性与认同

找出了重要因素后，问题通常就变成了你和竞争对手在这些因素上的表现如何。选择重要的目录商店声明，比较目录销售公司 Bob 和 Gerry 在每一个因素上的表现。表 20.2 显示出了极其重要的因素，以及被调查者是否强烈认同 Bob 和 Gerry 兑现了它们在这些因素上的承诺。

表 20.2　在对目录商店进行评级时极其重要因素的对比

	被评级为极其重要（%）	在对商店进行评级时强烈认同其声明	
	总计（%）	Bob 目录商店（%）	Gerry 目录商店（%）
使得下订单很容易	58	70*	60
不管什么理由，都允许你退回订购的物品	56	43*	35
拥有完全令人满意的担保政策	49	40*	35
提供免费送货	48	35	53*
让你的钱花得超值	45	45	60*
拥有优秀的客户服务	34	50*	40
拥有最低的价格	31	25	55*
拥有高质量的品牌	30	45*	25
拥有你熟悉的品牌	27	40*	20

*：显示出了加星号的数字与同一行中相邻数字之间在95%置信水平上的统计差异（例如，“使得下订单很容易”中的70%与60%显著不同）。

从表 20.2 中可以看出，对于“不管什么理由，都允许你退回订购的物品”以及“拥有完全令人满意的担保政策”来说，两家目录商店在市场认为极其重要的这两个方面表现不佳，因此它们都应该关注这些领域的改善。

对于“易于订购”和“拥有优秀的客户服务”，两家目录商店在市场认为并不重要的这两个变量上的表现都很好。因此，对这些领域的改善不应该成为这两家商店的首要任务。

然而，Bob 目录商店在“易于订购”、“易于退货”、“完全令人满意的担保”、“优秀的客户服务”、“拥有高质量的品牌”以及“拥有熟悉的品牌”方面具有竞争优势。相对于 Bob 目录商店来说，Gerry 目录商店如果想更具竞争力，就必须在这些领域获得改善。

最后，Gerry 目录商店在“让你的钱花得超值”、“拥有最低价格”以及“提供免费送货”方面具有竞争优势。相对于 Gerry 目录商店来说，Bob 目录商店如果想更具竞争力，就必须在这些领域获得改善。

差距分析

另一种类型的分析是差距分析（gap analysis）。差距值表明了一家公司的表现超越或低于顾客要求的程度。

在本例中，差距值就是顾客期望一家“理想的”目录商店的表现与你和竞争对手的表现之间的差异。表 20.3 显示出了这些差距值是如何计算出来的。

表 20.3　Bob 目录商店差距值

	对理想目录商店的认同	在对 Bob 目录商店进行评级时对其声明的认同	差　距（%）
使得下订单很容易	62	70	+8
不管什么理由，都允许你退回订购的物品	54	43	-11
拥有完全令人满意的担保政策	44	40	-4
提供免费送货	43	35	-8
让你的钱花得超值	42	45	+3
拥有优秀的客户服务	50	50	0
拥有最低的价格	45	25	-20
拥有高质量的品牌	45	45	0
拥有你熟悉的品牌	35	45	+10

请注意，“使得下订单很容易”一项的差距值为 +8。这是一家理想目录商店的表现得分与 Bob 目录商店得分之差。这表明，Bob 目录商店的实际表现超越了市场对这一特性的要求。另外两个正数得分表明，Bob 目录商店在相应领域也超越了预期。

在“不管什么理由，都允许你退回订购的物品”上的 -11 分以及其他负数得分表明，Bob 目录商店在这些方面没有达到市场的预期。Bob 目录商店可能会考虑将资金从提升品牌方面（其表现有些过度）转移出来，投入到更慷慨的退货政策方面（其表现较差）。

差距分析是理解企业应该将重点放在哪里的一种强大工具。从理论上说，一家公司在所有因素上都应该达到0分，而0分表明企业的表现与市场的预期恰好相同——不多也不少。但是，实际上，企业总是在某些方面表现过度，而在其他方面表现不足。

然而，通过过度表现，企业通常可以在市场上获得一个特殊的定位。Nordstrom公司借助其客户服务的表现过度使其开发出一种独特的定位。保时捷公司可能在汽车性能方面表现过度。沃尔玛可能在“拥有高质量的品牌”方面的表现较差，而在提供低价格方面的表现超出人们的预期——这已经成为其核心定位和取得成功的重要原因。

简言之，差距分析绘制出了一张清晰的图画，描绘了公司在市场中的位置与理想情况的对比。这样，差距分析就为改善那些阻碍企业成长的领域提供了指南，或者为占据或维持一个独特的地位而需要表现过度的领域设定标杆提供了指导。

因变量

绝大多数调研都应该包含一个因变量（dependent variable)。因变量是关于一家公司、一种产品或服务的关键问题，其答案来自于对问卷中其他问题的回答。回忆一下本书第19章对回归分析的讨论。

下面两个问题可以被当成因变量。第一个问题与未来购买意愿相关，而第二个问题与总体态度有关。

在未来，你购买［加入公司/产品/服务的名称］的可能性如何？

绝对会购买 ________

有可能会购买 ________

有可能买也有可能不买 ________

可能不会购买 ________

绝对不会购买 ________

从总体来看，你对［加入公司/产品/服务的名称］的评级如何？

远高于一般水平 ________

高于一般水平 ________

一般水平　　　　　　__________
低于一般水平　　　　__________
远低于一般水平　　　__________

因变量还可以与其他公司或产品目标相关联。如果你正在努力实现高品质的形象或最佳客户服务，那么因变量问题就可以按下面的方式提出：

提到高质量，你如何对［加入公司/产品/服务的名称］进行评级？“10”代表你给予其最高的质量评级，“1”代表着最低的质量评级，你可以选择 10 和 1 之间的任何评级。

提到客户服务，你如何对［加入公司/服务的名称］进行评级？“10”代表你给予其最高的客户服务评级，“1”代表着最低的客户服务评级，你可以选择 10 和 1 之间的任何评级。

也许你的因变量是购买频率。例如：

想一想以后 10 次购买［加入产品类型］。在这些购买中，你有多少次会购买［加入产品名称］？

因变量对于度量你的所有营销努力所产生的影响十分重要。如果你的目标是让更多的人购买，那么你就希望理解那些能够赢得更多购买者的关键因素。如果你的目标是说服人们你拥有最好的客户服务，那么你就希望找出那些会对客户服务的认知产生较大影响的活动。

你可以通过几种方式来利用因变量。表 20.4 显示了被调查者对一些基于购买意向的因素的态度。请注意数据是如何根据被调查者进行划分的，这种划分显示出了未来有可能购买和不大可能购买的被调查者的对比。

通过以这种方式应用因变量，我们很容易看出，那些有可能购买的人更加认同 Bob 目录商店拥有优秀的客户服务和销售独特的产品。那些不大可能购买的人更加认可公司的产品价格低，但并不认可其拥有优秀的客户服务。

最后，企业的目标是说服那些不大可能购买的顾客转变成更有可能购买的顾客。从表 20.4 中，我们可以合理地得出结论：Bob 目录商店需要说服那些不倾向于购买的顾客，告诉他们公司拥有优秀的客户服务和独特的产品。

在使用其他因变量的时候，情况也是如此。如果有些人认为你拥有一家极好的公司，或者在你的公司购买较大份额的产品，并且拥有某种强烈的看法，那么你就可以得出结论：这些看法就是你希望每个人都拥有的。

因此，在确定因变量的时候，想一想你正在努力赢得的行动或意见。你可以设立一些标题行变量，来比较你从某些顾客群组中赢得的积极态度以及你需要改变的其他群组的消极态度。然后，你就可以研究一下那些需要改进的领域，以便使持消极态度的顾客转变为持积极态度的顾客。

表 20.4 被调查者对 Bob 目录商店的评级

被调查者声称他们		
	绝对会/有可能购买（%）	可能不会/绝对不会购买（%）
销售独特的产品		
强烈认为 Bob 目录商店	50	20
易于订货	20	25
拥有价格低	30	50
拥有优秀的客户服务	60	10

20.4 超越交叉表

第 19 章讨论了许多可以用来从数据中获得额外见解的统计技术。是否要使用交叉表之外的技术取决于你对交叉表讲述的故事是否满意、对数据进行更深入挖掘花费的时间，以及聘用一名统计人员的意愿。

如果你的分析使你对某些事情产生了疑问，那就和一名统计人员讨论一下你了解到的情况以及你为什么仍然不断地努力。我们发现，在统计上花费相对少量的钱就可以使一幅模糊的图像变得清晰起来，使你走上最佳的行动路线。在这些情况下，考虑一下回归分析就有可能让你明白什么事情重要，或者使用 TURF 分析或其他类型的统计技术，它们有助于你设定明确的优先顺序。

许多统计技术需要在调研之初就加以应用，可能需要以特殊的方式提出特定的问题，而且需要较大的样本量。如果你的调研是战略性的，那么我们建议你在开始收集数据之前向一名调研统计人员展示你的问卷。如果以后你会聘用他们，那么大多数统计人员不会对评估问卷收费——他们可能会提出一些有价值的问题，为你分析数据增加一个新的维度。

分析的满意度

你何时才会因充分挖掘出调研的全部价值而感到满意？

有些分析师在数据上花费很少的时间就可以从中读出故事。他们有一种本领，能够快速发现结果中的要点以及应该采取的行动。在这些情况下，事情就结束了。

其他一些分析师则需要对数据进行艰苦的分析。他们对于透过表象挖掘出更深层次的含义充满了好奇和固执。他们喜欢将看起来无意义的数据转变成有创造性的发现。通过花费时间进行分析，他们就可以找到原本无法发现的独特的行动计划。

但是，分析的满意度（analytic satisfaction）取决你的调研范围以及你对复杂故事的容忍程度。

下面是我们的一些建议：最初几次分析调研数据时，与一位调研专家讨论一下你的结论。分析学习曲线非常陡峭——实际上是如此陡峭，以至于在没有专家意见的情况下，哪怕是分析最简单的调研都是不明智的。在最初的分析期间聘用一位经验丰富的调研人员是一种精明的做法。如果不这样做，那么你最好的知识就很有可能仍然被埋藏在数据中。

20.5　书写报告

如果你为一家公司工作，而这家公司认为写一份调研报告十分重要，而你在这方面又没有经验，那么我们为你提出下面这些建议。将其他人以前编写的报告作为指导，或者花几个小时的时间向调研专家咨询如何写调研报告。

市场调研报告可以非常详细，也可以是对信息的简单总结。调研的本质和写报告的原因在确定其范畴时非常重要。如果你为一家调研提供商工作，或者在一家公司的调研部门供职，那么你可能需要写出一份非常详细的报告，以便让局外人也能看到这一项目的完整图景。如果你是为少数经常打交道的受众编写报告，那就没有必要过于详细。

下面是我们能够提供的最重要的建议：

规则一：考虑编写报告和展示调研结果的对象的需求。

规则二：参考规则一。

我们曾经见到过耗资 25 万美元、花费了 6 个月的时间完成的调研，却因为没有遵守规则一而被完全置之不理。这是一项针对美国餐馆产业的调研。这一综合性的分析旨在为客户至少在 5 年内提供管理其业务的“智慧燃料”。

展示会在董事会办公室中进行，公司的大多数高级主管及其广告代理商出席了会议。调研提供商以他们进行的统计分析作为会议的开场白，非常晦涩难懂。10 分钟之后，恼火的董事会主席要求调研提供商离开，并宣布展示会到此结束。这一调研的结果不仅从来没有得到分享，而且从那一天之后甚至不允许再提起那次调研。请参见规则一。

永远都不要忘了谁会看你的书面报告或陈述。如果是你自己，那么一些简单的注释可能就足够了。但是，如果是公司中需要认同调研发现的其他人，或者是你的银行、董事会、投资者和伙伴、供应商、分包商或行业中的其他人，那你就必须考虑一下你的视角。

这些受众都有自己不同的需求，可能需要不同的详细程度。对于董事会来说，一个大标题，利用简单的图表进行概述，再加上对调研发现的简要总结，或许就足够的。但是，如果你正在试图说服银行借给你 100 万美元，那么就有必要对每一个问题的准确措辞以及对访谈形式、表格、图形和调研结果进行详细论述。

因此，为了确保最大限度地利用调研的成果，开发几个不同版本的报告以适应不同目标受众的特点是很正常的。

如果受众对全部细节感兴趣，那么在编写调研报告的时候，你可以遵循下面的大纲：

1. **扉页**。描述调研内容的标题，以及调研发布的时间。
2. **调研的总体目标及具体目标**。这通常是一个大纲，概括了调研的总体目标和具体目标。
3. **调研方法论**。这一部分描述了数据的收集方式、进行访谈的数量、目标被调查者的类型，以及调研的时间和地点。
4. **管理摘要**。对于管理摘要来说，对关键调研发现进行 2 ~ 4 页的文字描述就足够了。以大纲形式写出研究发现通常是最有效的，一般来说还要用到一些关键的图表。
5. **建议**。建议应该从管理摘要中独立出来。作为分析人员，你从数据中得出的建议与行动方案可能与其他人的看法有很大不同。这一部分应该提出你从数据中获得的观点。
6. **详细的调研结果**。这一部分应该由调研表格、图形构成，这些表格和图形应该凸显出来自分析中的关键数据。在每一个图表的上方，应该用 1 ~ 3 句话说明图表的要点。
7. **人口统计资料**。调研中被调查者的人口统计资料可以在表格或图形中进行说明，而且应该出现在报告的结尾处。
8. **附录**：附录由用于调研的问卷以及其他有助于理解调研如何进行的文档构成。

在编写焦点小组报告时，可以遵循 1 ~ 5 点。焦点小组报告详细调研结果的编写（第 6 点）在某种程度上像是在写一本书。这部分应该对从调研中了解到的情况进行讨论。

由于不断增加的数据负担和时间压力，许多受众喜欢使用 PowerPoint 软件和大纲等，而不喜欢非常详细的文档。

下面是一份真实的焦点小组报告对调研结果进行详细说明的部分，显示出了如何对信息进行组织：

- A 部分。对理想的服装目录商店的需求和需要。
- B 部分。哪些因素使一个目录商店有别于其他目录商店。
- C 部分。对目录商店客户服务的看法。
- D 部分。目录商店可以改善的主要领域：
  - 服务的速度与效率。
  - 分类与选择。
  - 个性化。
  - 拥有一种关怀的态度。
  - 价格
  - 提供信息。

在上面各个部分中，最多以 5 页的篇幅来详细说明各个主题。人们通常会引用来自被调查者的言论以说明一个观点或阐明一种态度。焦点小组报告中，详细说明调查结果的部分可以非常简短、扼要，也可以对调研中出现的态度、认知和观点进行冗长的分析。这取决于这一报告的使用者。请参见规则一。

焦点小组报告不需要加入人口统计资料部分（上面的第 7 点），但对目标的描述是必要的。讨论指南和筛选器应该成为附录的一部分。

第 21 章

将调研结果转化为行动

到目前为止，你应该非常清楚营销调研的重要性。希望你已经知道了如何制定调研计划、如何执行这一计划，以及如何分析数据。但是，对于你们中的大多数人来说，战斗才刚刚打响。

如果你是调研的唯一执行者，而调研没有得到充分利用，那么你就不能责怪别人，只能责怪自己。但是，如果你要说服其他人相信你的调研的好处，那么你就可能面临着挑战。

有很多调研报告实际上是战术性的，这些报告指出了明确的行动路线。没有什么需要沟通或认真考虑的。看一看结果，行动步骤就会浮现在你的眼前。你开始前进，对自己选择的方向充满信心。

另一些调研从本质上看是战略性的，或者会造成企业的变革。这类调研通常有解释的余地，而且会造成观点的差异。可供选择的行动步骤的代价可能很高，并激烈地争夺本可以用于其他用途的企业资源。

意义深远的调研通常面临着消化和实施的挑战，公司中负责将数据转化为行动的人的地位将起到关键作用。因此，以协作的方式进行意义重大的调研是明智的——应该从不同角度考虑备选方案，在向前推进之前得到团队的“认可”是非常重要的。

如果你是老板，那么在对结果进行沟通时，人们可能会给予更多的关注。而你也总是可以指定你希望的前进方向。另一方面，如果你需要其他人的支持，那么这种方法可能就不太明智。

毫无疑问，对于你的调研报告来说，最糟糕的事情就是让人们传阅，然后等待人们采取行动。

对调研结果进行沟通有两种方式。首先，如果你想要浪费你的努力，那就按下列方式去做：

- 让人们传阅报告，并希望他们能看出一些含义。
- 让人们传阅报告，并等待他们的反馈。
- 让人们传阅报告，并附上你的行动建议，然后等待行动的发生。
- 写出一份简短的调研发现摘要，并附上你的建议，然后希望这会鼓励其他人采取行动。
- 做上面所说的所有事情，但不设定讨论或反馈的日期。
- 将报告束之高阁，直到你认为应该展示给其他人为止。

或者，如果你希望增加人们采取行动的可能性，那就按下列方式去做：

- 将报告看成是转变方向、采取新行动或考察新机会的开始。
- 将报告看成是一种头脑风暴的刺激因素。
- 将报告看成是讨论以往战略和潜在新战略的起始点。
- 认为报告会对全公司产生影响，如果使用得当，会让所有人受益。

我们在前面的章节中提到过这一问题，并将在本章中进行详细讨论。为了让你、公司中的其他人和/或外部咨询人员、供应商充分利用这些调研，请尝试一下后面各节详细讲述的方法。

21.1 对结果和行动进行沟通

让人们传阅报告，并指定时间进行讲解

永远都不要忘了将你的团队召集在一起并展示调研的结果。

要知道，传阅一份调研报告是一回事，而鼓励人们在讲解前阅读报告则完全是另一回事。毫无疑问，如果人们在进行讲解前阅读了调研报告，就可以提高参与程度，并为采取行动做好准备。

另外，如果遵循了我们在第 2 章中提出的建议，并在调研完成后就制定了潜在的行动方案，那么现在就应该重新思考一下最初的想法。你

可以通过遵循下面的推荐行动表来做到这一点。

建立推荐行动表

这是一个 5 分行动表，你应该将它同报告一起让人们传阅。在进行讲解前，与每个人进行核实以确定他们已经填好了行动表。如果还没有，则重新安排讲解时间。

5 分行动表应该是下面的样子。我们建议每一个收到调研报告的人至少应该收到 5 份这样的表格。他们应该在每一份表格中写下一个关键调研发现以及支持这一发现的行动计划。

调研行动表

1. 调研的发现：

2. 根据调研发现写出第一个可能采取的行动计划：

3. 根据调研发现写出第二个可能采取的行动计划：

4. 根据调研发现写出第三个可能采取的行动计划：

5. 写出在规划这一调研时最初考虑的行动计划（如果最初的计划与根据调研结果得到的计划不同的话）：

利用讲解拉开行动的序幕

我们曾经多次看到，在讲解结束时，人们都认为调研结果“很有意思”、“令人惊讶”、“没什么新鲜的”，等等。如果这种事发生在你身上，那么你就浪费了你的钱。很有可能什么事情都不会发生——至少不会发生什么重要的事情。

为了避免落入这一陷阱，在讲解完成之后，或至少在第二天，在所有人都出席的情况下，立即审查他们的行动表。在黑板上写下这些行动计划。在这一过程中，对新的行动计划展开头脑风暴。

让每一个人对所有的行动计划进行排序并打分。可以使用下面所述的分类系统：

1. 让我们从那个计划开始吧。
2. 值得考虑的计划，但需要更多的思考。两个星期后再研究。
3. 在长期中是个好计划。3 个月后重新研究。

会议结束时，你应该列出这 3 个领域中的所有行动计划。然后，将每一项行动的责任分配给具体人。所有同意这一行动计划的人都应该确定一个完成日期。

21.2 支持这一流程

对于所有值得完成的事情来说，支持都是至关重要的。必须有人负责这一流程并承担起采取行动的责任。

完成上述步骤是一个良好的开端，但是，如果行动的责任由多个人承担，那么进行后续跟踪就非常重要。通常，在调研结束之后仍然让最初支持调研的人参与流程是有益的。

除非有人支持，否则最完美的行动计划也会遇到麻烦。另外，最好的行动计划也会发生改变，从而不再反映调研最初建议采取的行动。调研支持者应该以一个现实的时间间隔同接受不同任务的人员会面。相关的调研发现和行动应该同相关人员一起进行评估，以确定他或她没有偏离目标并在不断前进。

如果行动遇到麻烦或根本没有实施，那么支持者应该能够催促那些负责人并协助他们在截止日期前完成任务。

21.3 3 个月后对调研进行回顾

对所有人来说，重新聚在一起再次审查和回顾某一调研是值得的。对已经采取的行动和获得的结果进行评估。如果所有的会议都决定要强化已经采取的或正在采取的行动，那么人们就会非常满意，因为调研做出了重要贡献。重要的是，时间能够改变人们的观点。

重新评估结果会为人们提出新的或更好的行动方案。时间还会揭示出一些以前没有想到的理念。最重要的是，参与者将知道，调研是一种动态工具，是公司文化的重要组成部分，是公司发展势头的驱动器。

21.4　定期对调研进行评估

在被新的调研取代之前，一项调研总是有意义的，并不会因为时间过了 6 个月或 1 年就不重要了。当出人意料的问题和挑战出现时，再分析一下以前进行的调研。在老调研报告中，你会很惊讶地发现一些新的见解。

21.5　地雷阵

最大限度地利用调研不仅需要一个流程、一位支持者或后续行动，而且还需要具备避免踩到地雷上的一些知识。其中最主要的就是“非我发明症”（not-invented-here syndrome）。

团队中总会有一个怀疑者——不管出于什么原因，这个人总是充当魔鬼代言人的角色。他们会这样说：

> 你为什么不对更多人进行访谈？
>
> 但是，我们客户服务人员的说法不是这样的。
>
> 请再次准确地解释一下你是如何进行回归分析的。

总有人不愿意承认调研的客观性或公正性，他们害怕你的调研会给他们带来威胁。

维持现状的人会扼杀调研——如果你对他们放任的话。

另一颗地雷是：“你提出的建议需要的实施时间太长。”这完全是废话。如果每一个问题都很容易解决，那你早就解决了。如果你首先进行调研，那肯定是遇到了问题。完成了整个调研过程但却因为你认为变革需要花费的时间过长而放弃，这太丢人了。

记住，在进行变革的过程中，其速度会不断加快。

又有人说了："我们早就那样做过了。"这个地雷是保护自己的领地和抗拒改善的终极武器。我们对这种言辞的回应是："做了什么?"我们相信你或许正在采取某些措施，但那些措施很可能不是调研结果所强调的。

如果调研结果对你正在做的事情提出质疑，那么你就可以相当肯定地认为你可以做得更好。

另一颗大地雷是态度："我能从中得到什么好处?"这通常是隐蔽的，并不容易被看出来。如果数据表明应该进行变革，而你要人们证明当前的状态是合理的，那么你就遇到大问题了。

21.6 尝试奖励系统

在为上百家公司工作过之后，我们认识了一些使用调研结果来确定员工奖励的人。我们曾经遇到过这样的情况：销售团队的奖励是根据客户满意度的得分改善确定的。这太有意思了！他们的奖励不是根据销售情况确定的，而是根据向顾客销售正确的解决方案然后确保整个公司没有辜负顾客的期望而确定的。

我们还遇到过另一种情况：客户服务人员知道他们的奖励基于顾客对其表现的反馈。公司获得的结果令人惊讶。

我们始终都感到奇怪，为什么公司如此抗拒将员工的奖金与调研结果结合在一起。

调研几乎可以被当成是改善公司任何职能的激励。当奖金需要根据情况而定的时候，能够提供公司形象、产品满意度、新顾客购买率或老顾客重复购买率、顾客平均支出增加量、顾客满意度等态度指标的跟踪调研对你的员工来说就是巨大的激励因素。

进行一次标杆跟踪调研。对与顾客和潜在顾客接触的公司各职能部门进行度量。建立起一个公司奖金池。确定跟踪调研的标准，员工必须不断改善这一标准才能获得奖金。

向公司的关键管理人员展示标杆调研的结果，告诉他们各个部门的奖金中有多少取决于其部门的表现，并为他们设定必须达到的跟踪调研水平。重要的是，让他们及其员工有权做他们认为能够改善标准的事情(当然不能超出给定的成本要求)。

在6～12个月之后再进行一次调研，向应该得到奖励的部门颁发奖金。你还会高兴地看到，那些没有得到奖金的部门会在下一个时期中加倍努力——你的公司底线也同时得到了改善。

21.7　变革的文化

从根本上说，只有当企业文化允许时，调研才能真的发挥作用。优秀的调研几乎总是能够揭示出许多需要变革的领域。但不幸的是，许多公司的管理层只是在口头上承认调研的重要性，需要他们对调研结果提供支持的时候，就找不到他们了。

幸运的是，作为一名游击营销人员，你在本质上拥护调研结果所建议进行的变革，而不是对现状感到满意。

我们无意中看到了一篇美国生产率与质量中心（American Productive and Quality Center）于2006年发表的文章。尽管这篇文章讲述的是创新的法则，但其观点也可以直接被当成调研的法则。我们冒昧地将“创新”一词替换成了“调研”。下面就是美国生产率与质量中心的法则：

- 为了使调研获得成功，需要将其深深地嵌入组织价值体系和文化之中。
- 合作的文化是获得调研成功的基本要素。
- 对有效利用调研的奖励通常是公司总体奖励与认可计划的一部分。
- 如果要求组织文化支持调研，那么它就不应该被看成是一种额外的工作，而应该被当成是组织运作方式的一部分。
- 在利用调研的时候，应该剔除“非我发明症”的影响。

任何一家公司，不论是老公司还是新公司，不论是小公司还是大公司，都有自己的文化。有些公司具有自上而下的文化，而另一些公司则具有自下而上的文化。有些公司在解决问题时采用的是独裁的方式，而另一些公司在寻求增长和机会的时候则是采用协作的方式。不管你的公司具有何种文化，如果进行营销调研，你都有可能需要制定影响企业未来的重要决策。

回到2000年，金赛咨询公司（Kinsey Consulting Services）的总裁卡罗尔·金赛·戈尔曼博士（Carol Kinsey Gorman）向我们提出建议："公司能够犯下的最大错误之一，就是在管理转型（transformation）时，采用与管理渐进式变革（incremental change）时相同的战略。"她继续写道：

> 渐进式变革是线性的、可预测的、符合逻辑的，并基于以往绩效的不断提高。转型是对"我们是谁"以及"我们做什么"的重新定义。它通常不可预测（对无法预料的环境、挑战和机会的响应）、不符合逻辑（要求人们和组织在最成功的时候进行变革）。最重要的是，在转型式变革中，我们过去的成功并不能成为未来成功的合理指示器。实际上，过去的成功可能是我们面临的最大障碍。

营销调研是科学也是艺术。它是这样一个过程——提出下面的问题："为了实现业务增长，我认为我应该知道哪些东西？"然后根据得到的答案采取行动。营销调研几乎永远也不能带来一劳永逸的方法，但调研结果几乎总会为你指出明确的方向。

我们希望你每天都在努力进行渐进式变革，并让调研为你提供指导。同时，我们相信你也在不断寻求转型式变革，因为这是在当今竞争激烈的市场中生存下去的根本。如果你愿意接受营销调研，并且你的企业文化也支持营销调研，那么它就会协助你找到答案。

21.8 最后的话

对市场的研究永远都不会停止。只要抱着虚心的态度，你就会获得无数有助于企业成长的新事实和新信息。你甚至不需要花很大的力气就可以得到这一切。

但是，如果你采取一种主动的方式，那么你和你的企业将获得更大的收益。因特网是一个不断扩大的信息海洋。要经常利用这一资源。向它提出关于你的企业的问题。到图书馆去。与亲朋好友交谈。只要是免费的而且时间允许，你都可以去尝试。

然而，随着企业的成长，你面临的形势会越来越复杂，企业继续成长所需的信息只能通过一手资料调研来获得。

我们希望你每年都能为营销调研分配预算。你会发现，营销调研激发了人们的创造力，并鼓励人们探索新的选择。你会在很大程度上改善你对企业的看法，而且肯定会做出更明智的选择。

第22章
营销调研的未来

我们认为，游击营销人员会迫切地拥抱新思维。由于在本质上具有灵活性，并且具有更少的官僚习气，因此与大企业相比，游击营销人员更容易成为早期采纳者。随着营销调研职业进入新的十年，以及新方法的迅速普及，我们坚信游击营销人员会成为积极的参与者。

对于游击营销人员来说，探索那些无人尝试过的方法、最早理解哪些方法有效并最终获得成功是他们的本能。

毫无疑问，企业推销自己及其产品的方式正在发生改变。经典的营销模型被打破了，还没有被广泛认同的新模型取而代之。在某种程度上，营销人员正在被蒙上眼睛驾驶，传统的智慧已经不再完全适用。

我们可以感觉到著名经济学家约瑟夫·熊彼特（Joseph Schumpeter）的“破坏性创造之风”（creative winds of destruction）吹拂在我们的脸上。想要证据？看看数字融合（digital convergence）——有线电视、无线电视（broadcast TV）、电台、计算机、因特网和电话的融合——是如何改变一切的吧。

仅仅以媒体为例，数字视频录像机（DVR）改变了人们观看电视的模式；有线电视频道数量的大幅增加在深层次上划分了电视观众；XM/Sirius 正在激发无线广播市场；由因特网和 GPS 推动的无处不在且不断改变的新信息来源正在改变媒体的行为；人们的阅读习惯发生了如此巨大的变化，以至于报纸正在走向灭亡。人员数量巨大的社交网络（social network）现在已经成为创造新趋势的关键驱动因素，而快速变化的通信平台使我们可以即时与任何人取得联系，不管我们和他们在哪里。

1970年，阿尔文·托夫勒（Alvin Toffler）在其《未来的冲击》

（*Future Shock*）一书中分析了一种令人不安的个人方向的迷失，这是由“在如此短的时间内发生如此多的变化”引起的。那是在 40 年前，他说的与实际情况还差很远。而最重要的是那一年之后发生的空前的经济剧变，以及这种剧变将对我们经营企业和消费的方式产生的影响。

实际上，未来是游击营销人员以及他们利用营销调研的完美世界。

企业及其营销领导人员开始努力理解并应对这些挑战，因此必须进行营销调研。未来已经近在眼前。继续像以前一样经营企业必将在未来的某一天使企业遇到麻烦。

《游击营销调研》（第 2 版）的目标是扩展、强化和更新我们在 3 年前提出的那些经过实践验证的调研方法。同时，我们还努力让游击营销人员认识到调研在企业成长中的重要性，并最大限度地利用其调研费用。

到现在，我们希望你认同这样的观点：本书为那些想要将营销调研作为获利工具的游击营销人员提供了一种实用、务实的基础。让我们再看一看即将被采用的新调研方法，或许在未来几年编写《游击营销调研》（第 3 版）时我们会提到这些方法。

22.1　挑战

我们都喜欢说：“不管你喜欢不喜欢，世界都在不停地改变。”我们已经指出了一些根本性的变革对营销的总体影响以及对媒体的特殊影响。关于营销调研需要如何变革，请看一看下面这些深刻的见解：

> 如果不能将我们的能力转化为更加密切地接触顾客生活方式的途径，那么，据我们所知，消费者调研产业将能维持到 2012 年（Kim Dedeker，V-P External Capabilities Leadership，Global Consumer and Market Knowledge for P&G，*Advertising Age*，September 15 2008）。

> 除了离开调研领域之外，我不知道我们是否还有其他选择。我们仍然在持续不断地用无聊的、过时的调研方法来折磨消费者（Donna Goldfarb，V-P Consumer and Market Insight for Unilever，*Ad-*

vertising Age, September 15 2008）。

传统调研试图通过直接提问的方式——如为什么他们会购买一种特定的品牌——来理解消费者，这种方式的作用有限。我们正在努力形成一些见解，以便更加深入地理解消费者行为。我们的方法是：(1) 假设有很多信息被隐藏起来；(2) 利用不同的信息来源；(3) 需要消费者更深入地参与以赢得移情作用（empathy）；(4) 专注于真实世界的环境；(5) 尝试着成为消费者（Diego Kerner, Managing Partner, The Brand Gym, *Brand Strategy*, March 2008）。

早在2000年，大卫·泰勒（David Taylor）就曾经写道：

以我的经验，问题在于来自消费者调研中的错误发现，这些调研是为了获得对消费者的洞察力。它们完全不同。我们将洞察力定义为敏锐的理解力，这种理解力可以提示出机会。我们建议成立洞察力团队，并进行下面的洞察力练习：

- 品牌/品类如何进一步协助改善人们的生活？
- 当产品真的上市（或失败）时会是什么样子？
- 人们真正看重一个品类中的哪些因素？
- 人们拥有哪些相互矛盾的需求？
- 从消费者的角度看，品牌正在争夺什么样的大市场？品牌能够再做些什么以满足这些"更高层次"的需求？
- 在实际中人们如何使用产品？其他哪些产品可以替代这个产品，替代产品在哪些方面做得比较好？

（David Taylor, Group Director of Brand Strategy for Added Value, The Strategic Marketing Consultancy, *Brand Strategy*, March 2000）

另外，Widmeyer Research & Polling公司高级副总裁道格·阿什（Doug User）博士谈到，顾客细分使得发现和理解目标受众更加困难：

传统的方法论更适合于不同的文化。传统的方法已经变得不太可靠，并带来了数据质量问题。我们需要新的指标和方法：视频博客、在线门户、情绪指标、数据采集、在线论坛评论的分析，以及私人在线社区。

全球最大的营销调研企业之一 Millward Brown 公司的 CEO 玛丽·安·帕科（Mary Ann Packo）以下面的方式概括了影响未来市场调研的挑战：

> 对于营销者来说，挑战在于在快速变化的世界中建立品牌；对于消费者来说，挑战在于在众多选择中做出决定；对于调研人员来说，挑战在于如何将营销者和消费者联系起来。

万事达公司（MasterCard）的高级主管弗雷德里克·约翰（C. Frederick John）认为，时间和财务压力正在降低调研人员收集数据的质量。他特别担心网络调研中的消费者有可能变成职业被调查者，尽管在人口统计学上具有代表性，但在态度方面并不能代表目标群体。

实际上，许多调研实践者担心，与过去相比，在进行电话和因特网调研时，生成的消费者样本正在变得越来越不具有代表性。因为联邦法律禁止采用移动电话自动拨号方式，因此许多电话调研都排除了移动电话的使用者。即使是合法的访谈人员进行电话调研，而且在保证不会泄露个人秘密的情况下，消费者出于对隐私问题和电话推销的担心，也会有差不多 1/3 的人直接挂断电话。

在写作本书前我们访谈的一些人［包括 Guideline 调研公司的总经理泰·阿尔伯特（Ty Albert）］都认为，在将来，我们收集数据时将需要采用更加科学的方法。他们认为，通过采用科学的抽样模型，来自多个来源的少量数据汇总在一起也会提供有价值的见解。而且他们还认为，这一行业需要更具创造性的方法，以确保被调查者能够提供数据，并接受 35 分钟以内的关于态度和产品使用方面的电话调研。

有什么好消息吗？答案是肯定的，这是因为营销人员和调研人员最终都承认他们对某些事情缺乏了解，而且正在开始采用新的思维和技术。

22.2 预测

在结束《游击营销调研》（第2版）之前，我们来展望一下未来。我们的预言来自不同的来源，同时也来自我们加在一起长达75年的调研战场经历以及对这一产业发展的观察。但是，与任何预测未来的人一样，我们在预测这一行业未来发展时也抱着谦恭的态度。

下面就是我们的预测。

1. 将数据开发与态度调研结合在一起将变得更加普遍

数据开发（data mine）可以被看成是向过去积累的一个大数据库中累积信息。我们在此所说的数据库包括公司自己开发的私有数据库、从外部可以登录的数据库以及定制营销调研的组合。

私有数据库可以包含公司获得的任何信息，通常由下面这些内容构成：

- 顾客交易与历史数据：
  - 特定物品的购买。
  - 购买的频率。
  - 购买价格。
  - 通过何种渠道购买。
  - 购买的准确日期。
  - 购买的准确时间。
  - 具体促销措施。
  - 顾客的信用等级。
  - 退货。
  - 顾客满意度评分。
- 公司运营数据：
  - 毛利率。
  - 库存。

- 地区、领域等。
- 分销商。

- 关于营销活动的时间、种类以及成功率的数据。

公共数据库可以供成千上万家公司、政府机构和媒体登录。来自企业 10K 财务报表的数据也可以在上面找到。邓白氏（Dun & Bradstreet）和益百利（Experian）等公司还提供了企业和顾客的信息，你可以用很低廉的价格购买这些信息并使其成为你的数据开发活动的一部分。

另外，还有一些来自于营销调研的信息，这些信息涉及企业自己的品牌、竞争品牌、客户和潜在客户需求等，都是企业想要了解的信息。

我们正在学习如何将消费者的态度（从对消费者的实际调研中获得）与其实际行为（从私有数据库和公共数据库中获得）结合起来。新软件的出现以及更精密的统计评分模型为我们分析数据、更好地预测营销项目的类型以及广告传播提供了新的方法，使我们能够更有效地激励消费者尝试新品牌或保持对当前品牌的忠诚。

将来，在试图确定针对不同目标市场最强有力的信息时，营销人员将不愿意只看调研数据。他们将能够利用具有细微差别的信息瞄准高度具体、高度个性化的受众，并且直接指出每一个目标市场的感觉和行为。在这种对未来的憧憬下，除非将在调研中产生的消费者态度与数据库中的所有要素结合起来——并且对营销行动的建议都是根据这种观点提出的，否则大多数战略态度调研都被认为是无用的。

现在，游击营销人员就应该开始通过建立或调整其数据库来制定规划。许多公司和咨询人员都愿意且有能力开发这一强大的工具。你会对这笔投资获得回报的速度感到惊讶。

2. 监控数字对话将成为一种常见的调研方式

“消费者数字对话”（digital customer conversations）这一术语定义了当前发生在数以亿计的博客、聊天室、电子邮件、电话、短消息和社交网络中的现象，消费者们会在其中谈论关于产品、服务和公司的问题。这些数字对话中包含着千万种实时的、未经过滤的观点、行为和意向。

普华永道公司（PricewaterhouseCoopers，LLP）于2008年发布的一份报告预言：

数字对话将被广泛使用以更好地理解消费者。这些对话可以转化为能够付诸行动的知识，这些知识将改变企业，并提高它们的竞争优势。

同一份报告中还声称：

消费者对话的大量增加已经改变了人们对产品和服务进行沟通的方式。现在，消费者有能力并且可以自由地跨越地理边界迅速自我组织起来，以便表达自己不断变化的需求。消费者有权要求自己想要的，现在他们希望自己的需求能够得到快速响应。

持续监控这些数字对话的营销人员将率先发现趋势，并揭示出新的、不断变化的市场需求。

3. 社交网络将为收集数据开辟新的渠道

Facebook、MySpace、LinkedIn、Twitter等已经吸引了数百万人加入社交网络。利用人们经常参与的社交网络，一些有亲和力的人开始为其公司带来调研收入流。

例如，对于为简单的问题寻找答案来说，Facebook投票（Facebook Polling）是一种新方式。用户登录后，输入一个简单的问题，指定地理位置和样本量，支付区区50美元（100次访谈），然后结果就开始流入。利用Facebook投票，第一个调研步骤可以仅花费200～300美元，可以在几天内提出一系列问题、调整问题的范畴，甚至可以顺便回答一些咨询。

LinkedIn最近发布的调研路径（survey route）看起来很有希望，因为这一网络具有将其数据库按专业领域、经验、资历和地理位置分类为各种样本的能力。现在，它正在测试可以在多大程度上对其会员进行调研而不会让他们感到厌烦，同时也在确定能够向营销人员（他们希望接触其会员）收取多少费用。

短期内，利用社交网络进行调研肯定会在调研纯粹主义者（research purist）中产生一些问题，如样本的代表性、被调查者的匿名性，以及调研发起者的保密性。这还会令某些社交网络成员感到恼火，他们认为这样做是对其信任的违背。

对于游击营销人员来说，相对较低的价格以及能够快速获得结果将会为他们提供很好的机会来判断社交网络营销是否会提供价值。

4. Web 2.0 调研网站将会不断发展

Web 2.0 这一术语是由 O'Reilly Media 公司于 2004 年发明的，用来描述人们如何开始贡献自己的内容，而不仅仅是下载已有的东西，Wikipedia、MySpace 和 Twitter 都是其中的一些例子。

调研提供商，甚至公司本身，都可以找到一些方法鼓励消费者登录 Web 2.0 网站，并写下他们对企业和使用过的品牌的评论、为什么满意或不满意，以及企业可以做些什么才能获得更高的顾客忠诚度。

5. 移动电话调研群组将会不断发展

网络已经超过电话成为最常见的数据收集方法，这会使这一产业很快耗尽新的网络调研参与者资源。对于在线调研的需求如此之大，以至于一些大型被调查者提供商发现获得有用样本的难度越来越大。这使得激励被调查者的成本越来越高，需要付出更多的努力才能保证数据的质量。

建立移动电话用户群组为收集调研信息提供了一种新方法。

今天，一些公司早已建立起了移动电话调研群组——基本上是那些提供在线调研群组的公司。你会看到这样的公司越来越多。它们的运行方式与典型的电话调研群组不同。

调研人员并不是给这一群组的成员打电话请他们参与，而是通过短信的方式通知他们正在进行一次调研。问题以短信的形式发出，答案也以短信的形式发回。显然，手机屏幕较小，因此问题不能很长，答案的数量也不能很多。整个调研必须在短时间内完成。

当前，这一行业正在摸索其道路，并进行了很多试验。我们可以想象一下未来的样子：移动电话群组的成员可以拍摄照片并把它们发回去。如果成百上千的消费者上传他们正在使用的产品、正在观看的电视节目、正在吃的食物以及任何与你的业务相关的照片，那么想象一下你会收集到多少重要信息。

如果条件恰当，那么移动电话群组将成为我们收集数据的另一种工具。

6. 弹出窗口式调研

任何一家在一周内可以吸引成千上万名浏览者访问其网站的企业都有一种具有潜在价值的调研工具——这种工具很可能还没有被充分利用。在未来的几年中，公司将会越来越习惯于将它们自己的网站作为一种调研工具。

与社交网络一样，在对自己网站的访问者进行调研时，同样存在着对有效性和代表性的质疑。但是，在每天、每周甚至每月访问一个网站的成千上万人中，有些是满意的顾客，有些是不满意的顾客，有些是购买竞争对手产品的潜在顾客，而有些潜在顾客只是来看看产品以确定它们是否会对其生活产生影响。不管是谁，他们都是公司的一个信息来源。

对网站访问者提问的方式很多。只需要一个回复的调研或弹出窗口式调研（pop-up survey）就可以为你带来宝贵的信息。

有时候，企业的问卷比较长，为了鼓励浏览者通过点击一个链接来完成这一问卷，企业会提供现金或其他激励，将这些内容突出出来，并为网站浏览者提供一个发表意见的链接，这是很容易做到的。同时，企业还可以就不同的激励对收集电话号码（供后续个人访谈使用）的有效性进行测试，或者对在未来某一时间完成一份在线问卷的意愿进行评估。

通过将访问者转变为快速、经济的信息来源，游击营销人员就可以利用其网站的流量，实现业务的增长。

7. 私有在线调研网络将越来越普遍

与弹出窗口式调研类似，企业认识到了开发其自己的在线调研网络

(online research networks）的好处。Inside Research 公司（一家跟踪营销调研支出的网络公司）的报告称，人们早已开始使用这种网络，预计 2008 年的调研收入将达到 6900 万美元。

在线调研网络由具有相似特征的消费者组成，并且是从公司数据库中招募的。例如，“我喜欢狗”群组是由 Del Monte 公司（一家为宠物生产食物的公司——译者注）建立的。其 400 名成员经过了精心挑选才得以加入这一私有网络，公司利用这一网络来创造新产品，并对营销活动进行测试。

《华尔街日报》网络版这样评论道：

> 公司正在努力探索如何利用网络接触消费者并满足消费者对其产品的预期，而这些私有网络正是这一努力的一部分。与电话调研或传统的焦点小组调研相比，它们的成本通常更低，并且更有效，因为与离线环境相比，公司可以通过更广泛、更深入的方式来选择参与者。

8. 消费者的情感与感觉将成为焦点

品牌与消费者建立情感上的联系将变得比以往更加重要。因为长久的印象和忠诚是通过情感、情绪和感觉来巩固的，未来的营销战争将更加注重赢得消费者的心，而不仅仅是他们的关注。

消费者越来越不相信“我们的产品更好、更方便、品种更多，或者是能干这个、能干那个”这类老套的推销词，在这个层面上与他们建立联系变得越来越困难。结果，公司将其重点从强调使用其品牌的理性利益转向更加情感性的方面。

营销调研人员需要更快地转向揭示出将消费者和个别品牌更紧密联系在一起的情感因素。他们还需要找到更好的调研方法来测试众多的情感因素，以确定哪一种最能抓住消费者的心，而这正是进行调研的品牌应该采用的情感因素。

9. 生理指标最终将被采用

在第 12 章关于情绪的分析中，我们讨论了早期采用的生理反应

（如皮肤电反应、瞳孔反应、音调的变化等）是如何被逐渐放弃的，部分原因是它们难以解释调研结果。

但是，关于这类自主行为（autonomic behavioral response）对营销刺激的反应的研究从来没有停止过，因为它们会迂回着向消费者提出一些理性问题。这意味着，这些技术回答了关于情感或潜在动机方面的问题，而消费者自己可能都不知道这些情感或潜在动机。另外，它们还解决了这样的问题：被调查者可能无法准确地回忆起在制定购买决策时的想法。重要的是，它们还为一些困难的问题（如关于被调查者可能会选择掩盖真相或言过其实）提供了答案。

现在，人们开始使用先进的技术来测量皮肤电传导、身体的微小运动、面部肌肉的轻微运动、心率、呼吸与脑电图、大脑电压等指标。

大约有十几家公司在这一高科技市场调研领域运营，每一家公司都使用不同的方法，并且赢得了进行市场调研的大型企业的青睐。至今最成功的是 NeuroFocus 公司，该公司测量营销激励对下面 3 个关键变量的影响：引人注意的价值、情感投入，以及被记住的程度。这种先进的技术正在被用来评估差不多所有的营销沟通方式，包括电视、印刷、广播、户外广告、因特网广告和文本广告、互动内容以及包装等。

现在，这些工具的使用成本很高，仍然处于实验阶段。我们预计其成本会快速下降，这一领域值得关注。

10. 营销调研人员将会发生改变

下面我们提供一些关于未来营销人员的观点。Incepta Marketing Intelligence 公司的董事长大卫·史密斯（David Smith）说：

> 有些调研人员既能够综合使用自己调研得出的数据，也能够综合使用来自不同来源的数据，我希望能与这样的调研人员协作。这些数据既包括硬数据（hard data）和其他数据库中的数据，也包括传闻信息。这一技能需要综合大量信息的能力。你可以称之为“体会言外之意”（reading between the lines）。这是个人的技能，但最终建立在非常可靠的调研数据基础之上。这种技能难以掌握。

华盛顿大学麦迪逊商学院 AC Nielsen 营销调研中心的执行总监、营销学教授尼拉吉·阿罗拉（Neeraj Arora）说：

> 营销调研在过去是一种幕后职能，但现在，营销调研人员和品牌经理之间的差别变得模糊了。营销调研人员必须具有品牌经理的商业智慧以及调研人员善于分析的头脑。他们需要具有创造性并能够承担风险、发现市场趋势，同时把信息传递给 CEO 们。

根据 Nielsen 中心的主管莫尼卡·温盖特（Monika Wingate）的说法：

> 管理层对调研人员揭示出突破性见解的期望值不断提高。营销调研人员的作用不再是度量和评估，而更多的是为企业提供战略指导。在整个企业界，营销调研人员的重要性不断提高。通过数据驱动的决策、发现新的市场机会并最终提高赢利能力，营销调研降低了经营的风险，其价值得到了越来越多公司的认同。

我们认为，未来的营销调研专家将肯定具有不同的技能。他们将不再局限于幕后，而将是心理学家、社会学家、询问者和敏锐的社会观察者的结合体。他们必须像过去一样合乎逻辑地评估信息，但要更有创造性。

他们需要具备将来自众多来源的大量信息进行综合并将其浓缩为少量重要见解的能力。他们需要令接受服务的人肃然起敬，让人们理解他们的方法，敢于坚持，并且不惧怕探索未知的领域。

最后，即使具备了所有的新技能，但情况仍然是营销人员处于一线，调研人员处于二线，因为调研永远都是协助制定更佳营销决策的一种工具。

11. 游击营销人员会将营销调研作为主要工具

在《哈佛商业评论》（*Harvard Business Review*）2006 年 1 月号上，托马斯·达文波特（Thomas Davenport）写道："有些公司借助收集、分析能力以及根据数据采取行动的能力很好地开展了业务。"达文波特这样描述道：

> 实际上，仅仅凭借产品来区分自己和竞争对手是不可能的。你的对手销售的产品与你销售的产品非常相似。由于海外劳动力成本很低，因此你很难在产品成本方面战胜海外竞争对手。

那么，游击营销人员应该做些什么？按达文波特的说法，就是要变成“分析型竞争对手”（analytics competitor），凭借更恰当的信息、更深刻的理解和更丰富的知识而获胜。

达文波特在其文章中提到了下列领先公司的名字，它们利用本书中讨论的工具以及数据开发获得了竞争的胜利，这些公司包括亚马逊（Amazon）、第一资本公司（Capital One）、波士顿红袜棒球队（Boston Red Sox）、嘉露酒庄（E&J Gallo）、Harrah's 赌场、万豪国际（Marriott International）、新英格兰爱国者橄榄球队（New England Patriots）、Oakland A's 棒球队、Owens & Minor 公司（一家医疗用品公司）、宝洁（Procter & Gamble）、前进保险（Progressive）、UPS 和沃尔玛（Walmart）。

看到我们赞同达文波特的观点并赞美这些卓越的公司，你一定不会感到惊讶。它们取得了成功，是因为与其众多的竞争对手相比，它们更了解顾客的需求，更了解哪些因素带来了顾客忠诚，更了解定价、产品开发、有效的广告和促销。

他们是一手资料营销调研一丝不苟的使用者。他们已经建立起了数据库，并对数据库进行了深入挖掘。他们进行了营销实验和测试。最重要的是，其文化特征是永不止步。正如有人所说的：“知识就是力量。”

我喜欢 Sarah Lee 面包公司退休 CEO 巴里·贝拉查（Barry Beracha）放在桌上的那块铭牌，上面写着：

> 我们相信上帝。其他人都要提交数据。

因此，在结束本书之前，我们可以想象一下未来的情景：游击营销人员拿起这本书，并开始根据知识而不是直觉经营其企业。他们肯定会这样做，因为营销调研确实有效——还因为它是获得更多利润的最快捷、最确定的方式。

术语表

头脑风暴（brainstorming）：开发新观点的几种特殊技术之一，这一方法要求出席者暂时不做出负面判断，并期望其他人提出一些观点。

品牌个性（brand personality）：消费者定义的品牌的性格，就好像品牌是一个活生生的人一样。

盈亏平衡（break-even）：在营销调研的环境中，盈亏平衡分析是计算需要额外卖出多少单位的产品才能覆盖调研成本。在确定某一调研项目是否值得进行时，这一简单的工具是一种强大的辅助手段。

聚类分析（cluster analysis）：聚类分析是一个统计程序，它将调研中的被调查者分成群组，使得在一个聚类中的被调查者之间的关联程度很高，而在不同聚类间的差别则尽可能大。聚类分析通常被用来识别消费者之间的生活方式细分。

置信区间（confidence interval）：参见误差范围（margin of error，error range）。

置信水平（confidence level）：一个统计指标，度量如果以相同的方式再进行一次调研，相同结果出现的确定性程度（如95%）。

联合分析（conjoint analysis）：联合分析通常被称为“权衡分析”（trade-off analysis），是一种统计工具，当对产品特性（包括价格）同时进行展示时，调研人员能够利用这种分析发现它们的相对重要性。

每次访谈成本（cost per interview，CPI）：一次调研的成本可以用每次访谈的成本来衡量。用调研的总成本（如20000美元）除以访谈的次数（如200次），就可以得出CPI（如100美元）。CPI使得公司可以根据相互竞争的调研提供商对调研进行定价，以确定哪家供应商的价格最具竞争力。在确定聘用哪家供应商的时候，应该从不同角度（如供应商将会提供的服务、它们的经验与专业性、在必要的时候提供调研结果的能力）对 CPI 进行比较。

有创造性的消费者（creative consumers）：特别招募的被调查者，他们更善言辞，表达能力更强，并能够对问题和观点进行推断。与不太具有创造性的消费者相比，他们通常更积极地讨论问题，更固执己见。在开发新观念或产品时，他们特别有帮助。

顾客满意度（customer satisfaction）：在激发顾客忠诚度方面，消费者对他们使用过的产品或服务的满意程度是一个关键要素。为了理解消费者是否满意，必须在他们购买并使用了公司的产品或服务之后对他们进行正式调研。

因变量（dependent variable）：调研中的一个关键指标，通常由一两个问题构成，这些问题度量了人们对一种产品或服务的总体满意度、对一家公司或一个品牌的一般态度，或者购买行为的水平。一个因变量问题得到的分数受到其他营销要素的影响，这些要素（可能包括对客户服务、便利性和产品质量的态度）同样也会被度量。

讨论指南（discussion guide）：一个动态的大纲，列出了在定性调研中一名主持人要讨论的领域。在指南中，提问的领域通常会改变，以更好地适应讨论中出现的问题。

二人组（dyad）：一种定性调研形式，对两名被调查者同时进行访谈。典型的二人组包括夫妻配对或父母与子女配对。

误差范围（error range，**或称为置信区间、误差幅度**）：在调研中，调研结果总是存在一个统计界限。这一范围就是重复进行调研时期望的数据波动范围。目标被调查者的样本量越大，误差范围就越小。

探索性调研（exploratory research）：一种泛称，表明调研在本质上是受到限制的。当问题不明确，或者当调研人员希望紧跟市场形势，并且/或者希望确定是否有必要进行更大规模的调研时，通常会进行这类调研。

要素分析（factor analysis）：在拥有大量变量（如对产品的态度或对品牌的认知）时，要素分析通常是一种可供使用的优秀工具。在这些情况下，根据被调查者回答的相似性，许多经过评级的属性和态度可以组合在一起。其结果是将变量数量减少到一个较小的集合中（被称为“要素”）。

现场服务（field service）：一家营销调研公司的主要业务是为定性调研招募被调查者或为定量调研管理问卷。现场服务通常不提供大量的咨询服务，而是在一名见多识广的调研人员提供明确指导的情况下收集数据。

焦点小组（focus group）：由 8 ~ 12 个人组成的小组，在人口统计学或产品使用方面，他们都具有调研人员期望的资格。这一小组在一位经验丰富的主持人的引导下对某一话题进行讨论。焦点小组使得调研人员能够观察到人们的表达方式和争论，并形成一些理论。焦点小组并不能确定一种结果对 1 个人或 100 万个人是否适用。它是最杰出的定性调研形式。

全方位服务提供商（full-service supplier）：一家营销调研公司可以从头到尾完成一次调研，通常是咨询性的。在确定调研目标、开发问卷、收集与处理数据、使用特殊的统计流程分析数据、准备一份报告并对调研结果提出建议、展示结果时，企业通常会向全方位服务提供商求助。

游击营销者（guerrilla）：在流行的商业术语中，游击营销人员是指那些以一种有条不紊的方式使用非传统的、创造性的方法来达到营销目标的企业或创业者，通常是指一家缺乏大量营销预算的小企业。但从更广泛的意义上讲，只要保持其离经叛道的思想，那么游击营销者可以是任何规模的企业。西南航空公司（Southwest Airlines，其销售额超过 100 亿美元）仍然可以被看成是游击营销者。

访谈者管理的问卷与独立填写的问卷：访谈者管理的问卷（interviewer-administered questionnaires）是由一个受过训练的人向被调查者提出问题。独立填写的问卷（self-administered questionnaires）是由被调查者填写。在编写访谈者管理的问卷和独立填写的问卷时有不同的考虑。

误差幅度（margin of error）：参见误差范围。

一对一访谈（one-on-one interview）：定量调研的一种形式，一次对一名被调查者进行访谈。

总体调研目标（overall research goal）：一句或两句陈述，说明了希望从调研中获得的要点。

一手资料调研（primary research）：你付费进行的调研，需要对顾客或潜在顾客进行访谈或观察。一手资料调研是定制的，旨在开发出有利于公司实现其营销目标的信息。

深入探索（probing）：当访谈者追踪一名被调查者的回答以产生更深层次的理解时，他或她就是在进行深入探索。在进行定性调研时，人们最经常使用深入探索技术，但当提出的问题是开放式问题时，这种方法也被用来进行定量调研。

可推广的调研（projectable research）：调研的样本量很大，足以代表目标人群总体对同一问题的回答。

定性定量调研（qualiquant）：在同一次调研中结合使用定量与定性方法。

定性调研（qualitative research）：一种泛称，是指小样本量的调研，其结果不能推广到总体。不可推广的调研用于形成关于顾客和潜在顾客态度的意见与假设。它包含一系列调研技术，包括焦点小组、一对一访谈、二人组、三人组和头脑风暴会议。

定量调研（quantitative research）：一种泛称，指可以推广的大样本量调研。其结果可以推广至大样本群体目标。电话、因特网、邮件、购物中心现场访谈是收集定量数据时常用的数据收集方法。定量调研通常用于证实从定性调研中获得的假设。

问卷（questionnaire）：在定量调研中收集数据时使用的脚本。访谈者必须按照书面答卷的内容和顺序提出问题，不得改变。问卷不是一种动态工具。

回归分析（regression analysis）：进行回归分析的目的是为了确定在对一个因变量问题的回答中哪些变量是重要的。

代表性样本（representative sample）：来自有代表性抽样过程（潜在被调查者被选择的方式）的样本。拥有代表性样本意味着假设被访谈者的回答与没有接受访谈者的回答是一样的。

调研行动计划（research action plan）：泛指调研者根据已经进行的营销调研而可能采取的行动。

调研控制组（research control）：在很多调研中，比较一个数据集与另一个数据集（被称为控制组）是非常必要的。控制组可能来自以前进行的调研，或是行业标准，或已知市场反应的调研。通常，调研的结果必须达到或超过控制组的水平才能做出继续前进的决定。

调研目标（research objectives）：调研目标说明了一次市场调研的目的。它通常来自以前获得认同的营销目标。在创建问卷或讨论指南时，清晰的调研目标对于确定大多数以行动为导向的问题是十分必要的。

调研计划（research plan）：调研计划描述了在一段时间内（通常是一年）需要进行的所有调研。编写调研计划的活动可以澄清调研的目标和目的，以及根据调研结果可能采取的行动。

调研专业人员（research professional）：泛指拥有营销调研行业工作经验的人。一个人在营销调研行业工作的时间长度再加上掌握的各种专业调研技术决定了他或她是否能够宣称自己是调研专业人员。

被调查者（respondent）：指顾客、潜在顾客、用户或具有影响力的人，在进行一手资料调研时，调查者从他们那里寻求答案。

筛选器（screener）：是指用来招募具有某些特征的人来参加焦点小组的问卷。调研人员要对被调查者进行"筛选"，以确定他们是否有资格，并排除那些不具有资格的人。

二手资料调研（secondary research）：指其他人为了满足他们自己的需求而进行的调研，但可以通过公开渠道免费获得，或者以远低于进行一手资料调研以解决类似问题所需的成本获得。其中的例子包括政府进行的人口普查、来自贸易协会的报告、印刷媒体上的文章、商业出版物进行的年度调查等。

显著性测试（significance test）：一种测试，旨在确定两个或更多个数字之间是否存在统计上可靠的差异。这些数字可以是百分数（如60%与40%），也可以是平均值（被称为"均值"，如5.5与4.5）。

战略调研（strategic research）：一种调研类型，协助确定一家公司或一个品牌应该采用的最有希望的行动步骤，以最大化其销售和/或利润。

交叉表设计（tab plan）：对来自调研问卷的答案进行排列的方式。在设计交叉表时，调研人员必须确定数据分析方法。

战术调研（tactical research）：范围有限的调研，协助确定如何最好地实现首要的战略目标。它有助于确定对有效实现首要战略目标非常重要但较小的要素。

目标被调查者（target respondents）：具有某种特征的顾客、潜在顾客或具有影响力的人，在定性或定量调研中接受访谈。

三人组（triad）：定性调研的一种形式，同时对 3 名被调查者进行访谈。当认为以较小的群组而不是较大的焦点小组对被调查者进行访谈更有利时，就会采用三人组的形式。调研的目标以及对调研成本的关注会使得三人组成为一种受欢迎的定性调研方式。

TURF 分析（TURF analysis）：TURF 是“总体不重复到达率与频率”（total unduplicated reach and frequency）的缩写。TURF 分析最初用来分析广告媒体活动，以回答“在已知受众会接触到不止一种媒体的情况下，何种媒体选择组合能够接触到最多的个体受众”这一问题。这一技术还可以用于分析产品线扩张和其他营销选择。

书系代码	书名	作者	定价
经营管理			
BM001	《并购成长》(Digital Deals)	Geis	29. 80
BM002	《绩效! 绩效!》(企业培训版) (Coaching for Improved Performance)	Fournie	39. 80
BM003	《质量无泪》(Quality Without Tears)	Crosby	39. 80
BM004	《海阔天空——我在 DELL 的岁月》	方国健	20. 00
BM005	《心时代——一个情感化的世界及其经济图景》	曹世潮	20. 00
BM006	《情境领导者》(The Situational Leader)	保罗·赫塞	18. 00
BM007	《EMBA 销售管理》(Sales Management)	Calvin	45. 00
BM008	《EMBA 财务管理》 (Finance and Accounting for Non-financing Managers)	Weston	49. 80
BM009	《EMBA 兼并与收购》(Mergers and Acquisitions)	Weston	38. 00
BM010	《EMBA 公司战略》(Corporate Strategy)	Colley	39. 80
BM011	《EMBA 创业管理》(Entrepreneurial Management)	Calvin	49. 80
BM012	《EMBA 领导艺术》(Managerial Leadership)	Topping	35. 00
BM013	《EMBA 战略营销管理》 (Strategic Marketing Management)	Parry	42. 00
BM014	《EMBA 公司治理》(Corporate Governance)	Colley 等	49. 80
BM015	《六西格玛是什么》(What is Six Sigma)	Pande	15. 00
BM016	《六西格玛基础教材》(The Six Sigma Basic Training Kit)	Juran	80. 00
BM017	《六西格玛团队实战手册》 (The Six Sigma Way Team Fieldbook)	Pande, Neuman, Cavanagh	49. 80
BM018	《六西格玛团队怎么做》(Six Sigma Team Pocket Guide)	Federico	16. 00
BM019	《杰克·韦尔奇领导艺术词典》 (Jack Welch Lexicon of Leadership)	Krames	32. 00
BM020	《杰克·韦尔奇的 29 个领导秘诀》 (29 Leadership Secrets from Jack Welch)	Slater	29. 80
BM021	《通用电气"群策群力"》(GE Work – Out)	Ulrich 等	39. 80
BM022	《顶峰》(Million Dollar Consulting)	Weiss	48. 00
BM023	《战略计划实务》(Applied Strategic Planning)	Goodstein 等	48. 00
BM024	《平衡计分卡实用指南》(Balanced Scorecard)	Paul Niven	49. 80
BM025	《战略物流管理》(Strategic Logistic Management)	Stock	80. 00
BM026	《整合——企业并购成功之道》(M&A Integration)	Schweiger	39. 80
BM027	《战略领导》(The Art and Discipline of Strategic Leadership)	Freedman	32. 00
BM028	《经理薪酬完全手册》 (The Complete Guide to Executive Compensation)	Bruce R. Ellig	65. 00

书系代码	书　　名	作　者	定 价
BM029	《突破困境的领导艺术》(Leadership When the Heat's On)	Cox, Hoover	39.80
BM030	《朱兰自传》(Architect of Quality)	Juran	50.00
BM031	《卓越领导》(The Extraordinary Leader)	Zenger 等	39.80
BM032	《精益六西格玛案例》(Learning into Six Sigma)	Wheat 等	18.00
BM033	《领袖魅力》(Executive Charisma)	Benton	39.80
BM034	《西南航空案例》(The Southwest Airlines Way)	Gittell	49.80
BM035	《危机领导》(Leader Shock)	Hicks	29.80
BM036	《应变》(Agile Business for Fragile Times)	麦卡锡 等	35.00
BM037	《绩效导向的领导力》(Results-Based Leadership)	Ulrich 等	49.80
BM038	《企业沟通的威力》(The Power of Corporate Communication)	Argenti 等	39.80
BM039	《贯彻执行　现在就做》(Why Can't We Get Anything Done Around Here?)	李夫顿 等	20.00
BM040	《高效能团队领导智慧》(Leadership Lessons of The Navy Seals)	坎农 等	39.80
BM041	《竞争性销售》(Hope is not a Strategy)	佩吉	39.80
BM042	《丰田汽车案例》(The Toyota Way)	莱克	49.80
BM043	《风险管理》(Risk Management)	科罗赫 等	80.00
BM044	《团队工作》(The Work of Teams)	卡岑巴赫	39.80
BM045	《通用电气案例》(GE Work-out)	Ulrich 等	49.80
BM046	《质量无泪》(修订版)	Crosby	39.80
BM047	《绩效改进19讲》(201 Ways to Turn any Employee Into a Star Performer)	霍利	29.80
BM048	《人性管理》(The Uncertain Art of Management)	奥斯曼	39.80
BM049	《透明管理》(The Transparency Edge)	佩格诺	29.80
BM050	《成本改进181法》(A Manager's Guide to Creative Cost Cutting)	大卫·杨	29.80
BM051	《直觉》(The Art of What Works)	杜根	39.80
BM052	《劣势者的优势》(The Underdog Advantage)	莫里	39.80
BM053	《精益六西格玛服务》(Lean Six Sigma for Service)	乔治	55.00
BM054	《活学活用博弈论》(Game Theory At Work)	米勒	39.80
BM055	《巅峰绩效》(Peak Performance)	卡岑巴赫	39.80
BM056	《丰田汽车:精益模式的实践》(The Toyota Way Fieldbook)	莱克 等	65.00
BM057	《什么是公司治理》(What is Corporate Govermance)	科利 等	18.00
BM058	《MBA名校的10堂课》(What the Best MBAs Know)	纳瓦洛	49.80
BM059	《现代企业管理教程》(Understanding Business)	尼科尔斯 等	50.00
BM060	《领导艺术》(The Art of Leadership)	曼宁 等	50.00
BM061	《产品生命周期管理》(Product Lifecycle Management)	格里夫斯	49.80
BM062	《创新从头开始》(What customers want)	伍维克	29.80
BM063	《创新引擎》(Fast Innovation)	George	39.80

书系代码	书　　名	作　　者	定价
BM064	《苹果电脑案例》(The Apple Way)	Cruikshank	39.80
BM065	《企业外包实务》(The Manager's Step-by-Step Guide to Outsourcing)	Dominguez	29.80
BM066	《重塑创业精神》(Lead Like an Entrepreneur)	桑伯里	45.00
BM067	《顾客导向》(The Outside-In Corporation)	邦德	39.80
BM068	《定价与收益优化》(Pricing and Revenue Optimization)	菲利普斯	60.00
BM069	《笑梁山》	陈实	35.00
BM070	《价值流管理:面向全局供应链的精益方法》	多尔斯麦思卡罗	43.00
BM071	《新企业所得税法与会计准则比较分析》	张炜	68.00
BM072	《丰田产品开发体系》	摩根,莱克	60.00
BM073	《联想:中国 IT 企业国际化品牌行销之道》	周锡冰	39.80
BM074	《每秒千桶》(A Thousand Barrels a Second)	特扎基安	39.80
BM075	《活学活用丰田生产方式》	田鹏	26.00
BM076	《什么是精益》(Lean Production Simplified)	丹尼斯	35.00
BM077	《纳税会计》	张炜	46.00
BM078	《精益办公价值流》(The Complete Lean Enterprise)	凯特,劳克尔	35.00
BM079	《超越平衡计分卡》(Beyond the Balanced Scorecard)	布朗	39.80
BM080	《超越约束理论》(Beyond the Theory of Constraints)	莱文森	35.00
BM081	《精益企业文化》(Creating a Lean Culture)	曼恩	39.80
BM082	《银行供应链金融》	汤曙光,任建标	45.00
经济学			
E-001	《中国经济》(Chinese Economy)	蔡昉,林毅夫	39.80
E-002	《宏观经济学》(Macroeconomics)	Dornbusch	60.00
E-003	《经济学》(Economics)	McConnell,Brue	79.00
E-004	《微观经济学》(Microeconomics and Behavior)	Frank	65.00
E-005	《环境经济学》(Introduction to Environmental Economics)	Field 等	50.00
E-006	《财富的诞生》(The Birth of Plenty)	Bernstein	49.80
E-007	《ArcView GIS® 与 ArcGIS® 地理信息统计分析》(Statistical Analysis of Geographic Information with ArcView GIS® and ArcGIS®)	David Wong 等	58.00
E-008	《MBA 宏观经济学》(Macroeconomic Patterns and Stories: A Guide for MBAs)	里默	55.00
管理学			
MT001	《战略物流管理》(Strategic Logistic Management)	Stock	80.00
MT002	《物流战略咨询》(Supply Chain Strategy)	Frazelle	49.80
MT003	《组织人员配置》(Staffing Organization)	Heneman, Judge	
MT004	《战略管理》(Strategic Management)	Dess 等	40.00

书系代码	书　　名	作　者	定 价
MT005	《数据模型与决策:运用电子表格建模与案例研究》(第1版)(Introduction to Management Science)	Hillier 等	75.00
MT006	《数据模型与决策:运用电子表格建模与案例研究》(第2版)(Introduction to Management Science)	Hillier 等	75.00
MT007	《电子商务导论》(Introduction to E-Commerce)	雷波特 等	58.00
MT008	《供应链设计与管理》(Designing and Managing The Supply Chain)	辛奇—利维 等	40.00
MT009	《管理学基础》(Management)	克尼基 等	48.00
MT010	《定价》(Pricing)	门罗	65.00
MT011	《精通战略》(Mastering Strategy)	雷格斯比 等	39.80
MT012	《战略采购管理》(Harnessing Value in the Supply Chain)	班菲尔德	39.80
MT013	《逆向管理》(Don't Oil the Squeaky Wheel)	Rinke	39.80
MT014	《跨国管理》(Transnational Management)	Bartlett 等	79.80
MT015	《运营管理》(Matching Supply with Demand)	Cachon 等	50.00
MT016	《供应链与价值网创新企业案例》	任建标	35.00
MT017	《数据模型与决策:运用电子表格建模与案例研究》(第3版)(Introduction to Management Science)	Hillier 等	79.00
MT018	《供应链管理》(Supply Chain Management)	李令遐	42.00
MT019	《服务运作管理》(Services Management)	范·路易	65.00
MT020	《儒家思想与中国商务》(Confucianism and Business Practices in China)	刘芊	116.00
MT021	《供应链成本管理》(Supply Chain Cost Management)	安克莱萨里亚	35.00
营销管理			
MM001	《定位》(Positioning)	Ries & Trout	39.80
MM002	《营销战》(修订版)(Marketing Warfare)	Ries & Trout	39.80
MM003	《营销革命》(Bottom-up Marketing)	Ries & Trout	39.80
MM004	《新定位》(The New Positioning)	Trout	39.80
MM005	《颠覆广告》(Disruption)	让—马贺·杜瑞	40.00
MM006	《创意的竞赛》(Which Ad Pulled Best?)	Purvis	39.80
MM007	《广告文案名人堂》(The Art of Writing Advertising)	Higgins	29.80
MM008	《产品经理的第一本书》(The Product Manager's Handbook)	Gorchels	39.80
MM009	《全球整合营销传播》(Communicating Globally)	舒尔茨	39.80
MM010	《整合营销传播:利用广告和促销建树品牌》(IMC: Using Advertising and Promotion to Build Brands)	Duncan	298.00
MM011	《市场战略》(The Market Makers)	Spulber	48.00
MM012	《全球营销》(Global Marketing)	乔尼·约翰逊	60.00

书系代码	书　　名	作　者	定 价
MM013	《网络营销》(Internet Marketing)	默罕默德 等	65.00
MM014	《产品经理的第二本书》(The Product Manager's Field Guide)	Linda Gorchels	39.80
MM015	《营销学基础》(Essentials of Marketing)	佩罗特,麦卡锡	60.00
MM016	《文案发烧》("Hey, Whipple, Squeeze This. ":A Guide to Creating Great Ads)	苏立文	39.80
MM017	《小鱼吃大鱼》(Eating the Big Fish)	摩根	45.00
MM018	《什么是战略》(Trout On Strategy)	特劳特	29.80
MM019	《整合营销传播:创造企业价值的五大关键步骤》(IMC: the Next Generation)	唐·舒尔茨 等	39.80
MM020	《促销管理的第一本书》	Schultz	39.80
MM021	《广告箴言》(And Now a Few Words From Me)	加菲尔德	29.80
MM022	《营销计划手册》(The Successful Marketing Plan)	赫宾 等	68.00
MM023	《渠道管理的第一本书》(The Manager's Guide to Distribution Channels)	哥乔斯 等	35.00
MM024	《项目管理的第一本书》(The McGraw-Hill 36 – Hour Project Management)	库克,塔特	
MM025	《细读杰克·韦尔奇》	Krame, Slater	39.80
MM026	《品牌资产管理》(Brand Asset Management)	戴维斯	39.80
MM027	《互愿营销》(Opt-In Marketing)	罗曼 等	39.80
MM028	《小技巧　大销售》(401 Killer Marketing Tactics)	费尔藤斯坦	39.80
MM029	《作业成本管理的第一本书》(Common Cents)	特尼	39.80
MM030	《产品经理手册》(The Product Manager's Handbook)	哥乔斯	55.00
MM031	《商战》(20 周年纪念版)(Marketing Warfare)	Ries & Trout	68.00
MM032	《博客营销》(Blog Marketing)	Jeremy Wright	39.80
MM033	《品牌驱动力》(Building the Brand-Driven Business)	戴维斯,邓恩	39.80
MM034	《定价的艺术》(The Art of Pricing)	Mohammed	29.80
MM035	《营销 7 堂课》(Mastering Marketing)	罗斯金-布朗	39.80
MM036	《心战之地:存亡之道,不可不察. 第 1 卷》	刘松涛	39.80
MM037	《游击营销调研》(More guerrilla marketing research)	卡登,林达 等	55.00
MM038	《心战法则:攻城为下,攻心为上. 第 2 卷》	刘松涛	68.00
销售管理			
SM001	《成功销售管理的 7 大秘诀》(7 Secrets to Successful Sales Management)	Wilner	39.80
SM002	《电话行销,轻松成交》	姚能笔	39.80
SM003	《摸透顾客心》(Ten Demandments)	Mooney Bergheim	39.80
SM004	《练就铁齿铜牙》(Secrets of Power Persuasion for Salespeople)	Dawson	39.80
SM005	《轻松收款》(Collections Made Easy)	卡罗尔	39.80

书系代码	书　　名	作　者	定 价
SM006	《打倒墨菲定律　挽救我的销售》(Beating the Deal Killers)	Giglio	39. 80
SM007	《增加销售的 12 种核心技术》(Beyond E)	Diorio	39. 80
SM008	《销售管理》(Sales Force Management)	Johnston 等	49. 00
SM009	《汽车销售的第一本书》	孙路弘	39. 80
SM010	《终极销售力》(Ultimate Selling Power)	莫伊,洛伊德	39. 80
SM011	《顶尖销售的 25 堂课》(Secrets of Top Performing Salespeople)	乔诺 等	29. 80
SM012	《引爆销售的 10 大黄金法则》	Desena	39. 80
SM013	《再造销售奇迹》	Eades	39. 80
SM014	《攻心式销售》	Bosworth	24. 80
SM015	《百万销售师》	Gardner	24. 50
SM016	《成交》	Victor	29. 80
SM017	《直销经理的第一本书》(Making Millions in Direct Sales)	马拉汉 等	39. 80
SM018	《直销 37 计》(The Ultimate Guide to Network Marketing)	乔·鲁比诺	39. 80
职场发展			
CD001	《外企面试宝典》(More Best Answers to the 201 Most Frequently Asked Interview Questions)	DeLuca	25. 00
CD002	《人才心理测评》(Psychological Testing at Work)	Hoffman	25. 00
CD003	《演讲的艺术》(Strictly Speaking)	Buckley	29. 80
CD004	《五大会计师行》	周年洋 等	24. 80
CD005	《职业经理自修手册》(The Manager's Self-development Guide)	Pedler	35. 00
CD006	《关键对话》(Crucial Conversations)	Patterson 等	29. 80
CD007	《静思录》(Finding Your Strength in Difficult Times)	David Viscott	19. 80
CD008	《商务英语书信写作精益求精篇》	康宁汉 等	29. 80
CD009	《商务人士日常书信写作》(Great Personal Letters for Busy People)	布赫	48. 00
CD010	《销售信函》(Sales Letters Ready to Go)	贝塞尔 等	32. 00
CD011	《商务信函》(Business Letters Ready to Go)	Bayse	39. 80
CD012	《我爱笨老板》(How to Work for an Idiot)	胡佛	29. 80
CD013	《实用英语动词短语》(Basic Phrasal Verbs)	斯皮尔斯	35. 00
CD014	《赛马》(Horse Sense)	里斯,特劳特	29. 80
CD015	《报刊装帧设计手册》(The Newspaper Designer's Handbook)	哈洛维	128. 00
CD016	《君子善言》(Speak Like a CEO)	贝茨	32. 00
CD017	《脱颖而出》(Shine)	汤普森	29. 80
CD018	《量子飞跃》	谢尔顿,刘芊	29. 80
CD019	《纳米说服力》	姚能笔	29. 80

书系代码	书　　名	作　者	定 价
CD020	《你就是品牌》(U R a Brand!)	卡普塔	29.80
CD021	《关键60秒——轻松赢面试》(The First 60 Seconds)	伯恩斯	35.00
CD022	《争论的十大金律》(How to Argue)	赫林	25.00
投资理财			
IF001	《赢得"输家的游戏"》(Winning the Loser's Game)	Ellis	29.80
IF002	《向格雷厄姆学思考,向巴菲特学投资》(How to Think Like Benjamin Graham and Invest Like Warren Buffett)	Cunningham	39.80
IF003	《巴菲特怎样选择成长股》(How to Pick Stocks Like Warren Buffett)	Vick	29.80
IF004	《最后的合伙人》(The Last Partnership)	Geisst	29.80
IF005	《财务报表分析与证券定价》(Financial Statement Analysis and Security Valuation)	Penman	98.00
IF006	《技术分析》(Technical Analysis Explained)	Pring	80.00
IF007	《技术分析A-Z》(Technical Analysis from A to Z)	Achelis	55.00
IF008	《股票价值评估》(Valuing a Stock)	Gray 等	39.80
IF009	《蜡烛图精解(第3版)》(Candlestick Charting Explained)	Morris	60.00
IF010	《技术分析习题集》(Study Guide for Technical Analysis Explained)	Pring	25.00
IF011	《股票市场的时机选择》(Timing the Stock Market)	亚历山大	48.00
IF012	《最佳卖出点》(It's when You Sell that Counts)	卡西迪	39.80
IF013	《股市名言》(Buy the Rumor, Sell the Fact)	麦洛	29.80
IF014	《向格雷厄姆学思考,向巴菲特学投资》(修订版)	Cunningham	39.80
IF015	《华尔街投资银行史》	Geisst	49.80
IF016	《信用风险:度量与管理》	瑟维吉尼	65.00
IF017	《财务报表分析与证券定价》(第二版)(Financial Statement Analysis and Security Valuation)	Penman	98.00
IF018	《信用评分模型技术与应用》	陈建	60.00
IF019	《现代信用卡管理》	陈建	80.00
IF020	《标准普尔教你做好个人理财》(The Standard & Poor's Guide to Personal Finance)	道尼	25.00
IF021	《标准普尔教你做好第一笔投资》(The Standard & Poor's Guide for the New Investor)	马蒂夫	25.00
IF022	《标准普尔教你做好长期投资》(The Standard & Poor's Guide to Long-Term Investing)	提格	20.00
IF023	《股市法则》(Stock Market Rules)	沙伊莫	29.80
IF024	《股指期货100问》	中国国际期货武汉研究中心	25.00

书系代码	书　　名	作　者	定 价
IF025	《巴菲特选股魔法》	洪瑞泰	25.00
IF026	《发现机会》(Discover the Upside of Down)	科比	39.80
IF027	《对冲基金经理笔记》(Money Mavericks:Confessions of a Hedge Fund Manager)	克罗耶	39.80

(具体数据以出书为准)